环境规制与企业创新

ENVIRONMENTAL REGULATION

AND

ENTERPRISE INNOVATION

翟柱玉　著

社会科学文献出版社
SOCIAL SCIENCES ACADEMIC PRESS (CHINA)

序

改革开放 40 多年来，我国充分利用劳动力、土地、资源等方面的比较优势，通过有效的制度创新，使要素配置效率大大提升，在较短的时间内走过发达国家几百年的工业化进程，成为世界第一制造大国和贸易大国，创造了经济持续快速增长的"中国奇迹"。但是，不可否认的是，我国经济增长在很大程度上是以过量消耗资源与牺牲环境为代价的。以往我国经济发展采取了以规模扩张为主导的粗放模式，其不仅消耗了大量能源资源，带来了严重的环境影响，而且在质量效益、结构优化和可持续发展等方面，与发达国家相比仍有较大的提升空间。

党的十八大以来，以习近平同志为核心的党中央高度重视生态文明建设，重视环境保护工作，曾多次就该问题进行了研讨。党的十九大报告又指出，要"坚持人与自然和谐共生。建设生态文明是中华民族永续发展的千年大计""像对待生命一样对待生态环境，统筹山水林田湖草系统治理，实行最严格的生态环境保护制度"。这是党站在历史发展前沿，科学提出并认真对待和处理人与自然、经济发展与生态保护关系的指导思想，也抓住了我国当前环境保护工作亟待解决的问题。可以说，环境保护问题已经成为当前乃至未来一段时期内，保证经济健康有序发展的重要抓手。企业作为社会经济发展的细胞，技术创新是企业立足的根本，能否平衡环境保护与经济增长之间的关系，在很大程度上取决于环境规制与企业技术创新是否能够找到最佳的契合点，这为本书的研究提供了强有力的时代背景和现实价值。

翟柱玉博士的这部著作紧紧围绕我国环境规制政策与企业创新之间的互动机制这一主题，从理论和实证两个层面进行了深入探讨。理论研究层面，其在探讨了环境规制一般理论的基础上，梳理了规制理论的发展历程，从理论角度分析了环境规制对企业技术创新的影响，理顺了我国环境规制政策，并对比分析了我国环境规制政策与发达国家之间的区别，提出了"创新导向的环境规制政策"。其定性研究的逻辑性较强，理论功底扎实，能够将理论应用于实际问题，清晰把握了我国环境规制政策的发展脉络，摸清了当前我国环境规制政策存在的问题，以及亟待解决的事项，为本书研究奠定了较好的基础。

从定量角度来看，本书的研究框架合理，从演化博弈论的视角分析了环境规制与企业生产行为、政府监管行为的关系，且基于技术进步内生化模型研究了不同行业的企业对环境规制的反应速度。本书所选取的模型恰当，数据处理正确，实证结果可信，很好地阐述了环境规制与企业创新之间的互动机制。从全书来看，其很好地兼顾了定性研究和定量研究的优势，使全书研究更加饱满，富有逻辑性和思考性。

伴随着工业化和城市化的不断推进，资源匮乏和环境污染的负外部性问题将会变得更加突出，资源配置也将在一定时期内偏离最优状态。此时，环境规制与企业创新便成为研究的焦点。目前，学术界对于环境规制与企业技术创新之间的关系，仍然存在截然相反的两种观点。一种观点认为，适当的环境规制能够刺激企业技术创新，使其以此获得竞争力，形成比较优势，环境规制对企业技术创新具有正向作用；另一种观点则认为，环境规制会在一定程度上加重企业额外的成本负担，限制企业的技术创新。两者都有合理之处，但是，任何理论都需要指导实践，实践反过来验证理论，两种观点孰对孰错，都需要实践进行检验。当前，我国正处于经济增长方式转型升级的关键时期，生态文明和绿色发展将成为下一阶段的主题。而环境问题大多是人类社会发展与大自然保护矛盾的结果，解铃还须系铃人，通过企业技术创新与进步，以及人类对环保工作的高度重视，相信我们一定会共同拥有美好的未来。

中国工程院院士、中国社会科学院学部委员

2018 年 10 月于北京

摘　要

　　改革开放 40 多年以来，我国经济保持了快速增长，社会经济发展取得了显著成效。我国已经跃居世界第二大经济体，综合国力和世界影响力也在不断提升。但是，回顾 40 多年的发展，不难看出，在经济发展的同时，由于受到增长方式、管理方式等方面的影响，我国经济增长方式仍为粗放型，随之带来的环境污染、生态破坏等问题集中凸显出来，尤其是城市地区的环境污染愈演愈烈，已严重影响到居民的正常生活和经济发展。党的十九大报告已经明确提出，我国经济已由高速增长阶段转向高质量发展阶段，正处在转变发展方式、优化经济结构、转换增长动力的攻关期。面对经济发展新常态，为降低能源消耗，防治环境污染，我国政府不断提高对保护环境的重视程度，环境规制手段越来越丰富，对相关政策进行评估的研究也越来越多。

　　然而，随着环境规制的实施和强度的提高，其对经济和社会也会产生一系列影响，在一定程度上损失环境效率。这就需要转变过去只注重排污量减少、能耗降低等指标的片面环保观，优化调整环境规制政策，推动环境规制政策转向创新，促进技术创新和环境政策的融合，激励企业进行绿色生产技术和环境技术创新。本书通过对我国环境规制政策的创新激励研究，尝试在技术创新与环境规制之间寻求一种融合和联动机制，既使环境条件得到改善，又兼顾经济发展和民生改善，探索生态、经济和民生相协调的可持续发展道路。

　　结合理论和实证分析，本书的主要结论如下。

　　第一，污染的均衡水平是由政府和企业的行为共同决定的。如果监管机构有充裕的公共执法资源，同时给予监管机构足够的激励，那么仅靠政府强制性力量就能应对污染，否则，必须发挥各种社会力量的作用。

　　第二，实证分析表明，不论是从行业的视角还是从区域的视角来看，环境规制对技术创新的作用都呈"U"形曲线关系，但由于不同行业和不同地区存在显著差异，因此，需要灵活地运用各种规制工具，并进行动态调整。同时，政府还需协调环境规制政策与技术政策，实现技术政策与环境规制政策的执行力度、类别的互补，使创新政策对环境规制政策形成有益的补充。

　　第三，以理论和实证分析的结论为基础，本书提出"创新导向的环境规制政策"这一观点，这也是本书的创新点所在。目前，我们已经观察到创新政策与经济政策和能源政策的融合，创新政策与环境政策的融合也将成为一种发展趋势。为此，需要为企业提供内部激励、外部激励等创新的驱动力。

　　关键词：环境规制　创新　激励　博弈

Abstract

Since more than 40 years of the reform and opening up, China's economy has kept rapid growth, the social and economic development has achieved remarkable results. China has become the second largest economy in the world, comprehensive national strength and world influence are also constantly improving, however, looking back to the development of more than 40 years, it is not difficult to see that, along with economic development, due to the reasons of growth mode and management mode, the mode of economic growth in China is still extensive growth, and the problems of environmental pollution and ecological damage brought about by it are embodied in a concentrated way. Especially, the environmental pollution in urban areas is getting worse and worse, which has seriously affected the normal life of residents. The report of the Nineteenth National Congress of the Communist Party of China has clearly pointed out that China's economy has shifted from the high-speed growth stage to the high-quality development stage, and is in the key period of transforming the mode of development, optimizing the economic structure and transforming the driving force of growth. Faced with the new normal of economic development, in order to reduce energy consumption and prevent environmental pollution, our government should constantly strengthen the importance of environmental protection, environmental regulation means become more and more abundant, and researches on the evaluation of relevant policies are also increasing.

However, with the implementation and the improvement of intensity of environmental regulations, it will have a series of impacts on the economy and society, and the environmental efficiency will be lost to some extent. This requires a reform of the one-sided environmental protection concept that only focuses on reduction of pollutant discharge volume and energy consumption, optimizes and adjusts environmental regulation policy, promotes environmental regulation policy toward innovation orientation, promotes the integration of technological innovation and environmental policy, and encourages enterprises to implement green production technologies and environmental technology innovation. Through the research on the innovation and incentive of China's environmental regulation policy, this book tries to seek a fusion and linkage mechanism between technological innovation and environmental regulation, which can not only improve the environmental conditions, but also take economic development and improvement of people's livelihood into account, and explores the sustainable development path of harmony between the ecology, the economy and the people's livelihood.

Combined with theoretical and empirical analysis, the main conclusions of this book are as follows.

Firstly, the equilibrium level of pollution is determined by both the government and the company's behavior. If the regulatory agency has sufficient public law enforcement resources, and gives regulatory government enough incentives, then relying solely on government coercive forces will be able to cope with the pollution, otherwise, it must play a role of various social forces.

Secondly, the empirical analysis shows that, no matter from the perspective of the industry or from a regional perspective, the effect of environmental regulation on technological innovation is a "U" curve, but there are significant differences between different industries and regions, so it is necessary to use a variety of regulatory tools flexibly and make dynamic adjustments. At the same time, the government also needs to coordinate environmental regulation policy and technology policy, achieve the complementarity of implementation and categories of technology policy and environmental regulation policy, and make innovation policy form a useful complement to environmental regulation policy.

Thirdly, based on the theoretical and empirical analysis results, this book puts forward the viewpoint of "innovation-oriented environmental regulation policy", which is also the original innovation point. At present, we have observed the integration of innovation policy with economic policy and energy policy, the integration of innovation policy and environmental policy will also become a development trend. Therefore, it is necessary to provide companies with internal incentives, external incentives and other innovation driving forces.

Keywords: Environmental Regulation; Innovation; Incentive; Game

目　录

第一章 导论

在唯物辩证法看来，世界上任何事物都是矛盾的统一体。我们所处的社会就是由人类社会和自然界组成的矛盾统一体，两者之间是辩证统一的关系。人与自然的关系自古以来就备受关注，特别是到了近代社会，人类改造世界、利用自然的能力逐渐增强，表现为人类对于自然资源的掠夺能力不断被强化，人类已经将自己摆在了自然的对立面，开始向自然宣战。早在100多年前，恩格斯就曾经告诫人类，"不要过分陶醉于我们对自然界的胜利。对于每一次这样的胜利，自然界都报复了我们"。特别是工业革命以来，人类对自然的掠夺更加疯狂，造成了地球生态系统的失衡，大自然的调节能力越来越被削弱，自然灾害出现的频次越来越多，间隔时间越来越短。工业革命和新技术的推进，使人类社会获得了巨大的物质性成就，但对自然环境造成了严重的负面影响。1900年，全球人口只有大约15亿，今天已经超过了70亿。根据联合国2017年6月发布的《世界人口展望》中的有关数据，至少到2050年，世界人口将持续增长，按照中位数预测结果，到2030年，全球总人口将达到大约86亿，2050年将达到大约98亿，2100年将达到大约112亿，其中在2017~2050年，全球超过一半的人口增长将来自非洲地区，大约为13亿人口，亚洲地区大约新增7.5亿人口，只有欧洲地区面临人口负增长。① 人口的不断增长以及人均收入的不断增长对资源和环境形成

---

① 乌拉尔·沙尔赛开：《世界人口展望：人口、资源与环境》，《生态经济》2017年第9期。

了巨大压力，尤其是对于广大发展中国家来说，其尚处于工业化进程中，大量高污染、高耗能行业仍然在国民经济中占据核心地位，难以在一朝一夕之间解决人口、资源、环境之间的矛盾。人类对于自然资源的无节制开发利用，造成了寅吃卯粮、竭泽而渔的困境，这也就必然会给人类未来的生存和发展带来不利的影响。也就是说，严重的环境污染与生态环境危机给人类生活带来了不利影响。

与发达国家相比，发展中国家不仅在技术上面临推动绿色发展、解决环境问题的困难，也欠缺完善的制度规制企业的污染行为。发展中国家由于受到历史、社会、经济等的影响，起步晚、发展慢，对于自然资源的掠夺也在增加，明显高于发达国家。人类社会经济的发展都经历了对自然资源的疯狂掠夺后，才走向不断了解自然、认识自然的阶段，并且对于人与自然之间的关系有了越来越明确的认识，开始与自然和谐共处，对过去反思。党的十九大报告明确指出："我国经济已由高速增长阶段转向高质量发展阶段，正处在转变发展方式、优化经济结构、转换增长动力的攻关期。"[①] 绿色发展是高质量发展中的应有之义，如何推动绿色发展，协调人口、资源、环境之间的矛盾，不仅仅是一个技术问题，也是一个制度建设问题；不仅仅是一个与环境规制有关的"强制过程"，也是一个与激励机制设计有关的"自愿行为"。绿色发展事关民生工程，早在2013年中央政治局常委会会议上，习近平同志就明确提出，如果仍是粗放发展，即使实现了国内生产总值翻一番的目标，那污染又会是一种什么情况？届时资源环境恐怕完全承载不了。经济上去了，老百姓的幸福感大打折扣，甚至强烈的不满情绪上来了，那是什么形势？这里面有很大的政治。良好的生态环境是人们对于美好生活的向往，这是本届政府对于民生问题最大的思考，也是最直接、最关系到未

----

① 《如何理解中国经济转向高质量发展》，人民网，http://finance.people.com.cn/n1/2017/1031/c1004 - 29617524. html。

来发展的重大战略性问题。实现绿色发展，推进人与自然的和谐发展，才是未来发展之路，才是未来社会经济发展的重要奠基石。从世界范围来看，宇宙作为一个统一整体，人类共同拥有一个地球。世界各国和地区都有责任和义务保护地球环境不受侵害。就当前而言，人类社会共同面临生态环境恶化的现实窘境，走绿色发展、低碳循环的可持续发展之路，是人类社会共同的发展所趋。建设生态文明，处理好人与自然的关系，正逐渐成为越来越多国家和人民的共识，成为当今世界发展的必然趋向。作为发展中大国，也是负责任的大国，我国在人与自然的和谐共处中具有不可推卸的责任。因此，从长远来看，绿色发展是民生所向、大势所趋。

第一节 研究背景及意义

伴随着我国经济的不断发展，环境污染日益严重，而我国政府也不断提高对污染治理的要求。在党的十七大报告中，我国首次将"生态文明"这一概念写入大会报告；党的十八大报告提出，必须以更大的决心和力度来推动生态文明的建设，彻底改变生态环境不断恶化的情况；在党的十八届三中全会中提出的五大体制改革里，生态文明体制改革位列其中，其提倡建立保护环境的制度体系。习近平总书记在 2018 年召开的全国生态环境大会上指出："生态文明建设是关系中华民族永续发展的根本大计。中华民族向来尊重自然、热爱自然，绵延 5000 多年的中华文明孕育着丰富的生态文化。生态兴则文明兴，生态衰则文明衰。"① 党的十九大报告（《决胜全面建成小康社会 夺取新时代中国特色社会主义伟大胜利》）在第一部分（过去五年的工作和历史性变革）、第三部分（新时代中国特色社会

---

① 《习近平谈生态文明 10 大金句》，人民网，http: // politics. people. com. cn/n1/2018/0523/c1001 - 30006614. html。

主义思想和基本方略）、第九部分（加快生态文明体制改革，建设美丽中国）等，专门就"生态文明"建设做出了阶段性回顾以及战略部署。十九大报告在总结以往实践的基础上，提出了新时代坚持和发展中国特色社会主义基本方略的"十四条坚持"，其中，明确就生态文明提出的就有要"坚持人与自然和谐共生"，并且在政府公开的报告中首次提出了要"像对待生命一样对待生态环境"，"打赢蓝天保卫战"的理念。这一切都彰显出了习近平总书记对于生态文明建设的清晰认识和理性思考。

从我国治理污染的发展历程来看，其首先通过制定法律强化对环境的监管。我国是法治国家，特别是党的十八届四中全会指出，要全面推进依法治国，其总目标在于建设中国特色社会主义法治体系，建设社会主义法治国家，这在党的历史上尚属首次，这是对新中国成立以来我国民主和法制建设的一次深刻总结，由此表明，我国要在法律范畴内对社会经济各项事业加以治理。在环境监管方面，《中华人民共和国宪法》第二十六条指出，国家保护和改善生活环境和生态环境，防治污染和其他公害；《中华人民共和国刑法》第三百三十八条、第三百三十九条、第三百四十条、第四百零七条、第四百零八条均对破坏环境资源的行为作出了清晰界定；在各专项领域，《中华人民共和国土壤污染防治法》《中华人民共和国水污染防治法》《中华人民共和国大气污染防治法》《中华人民共和国水法》《中华人民共和国海洋环境保护法》《中华人民共和国放射性污染防治法》《中华人民共和国核安全法》《中华人民共和国固体废物污染环境防治法》都对环境进行了严格监管。这样保证了国家各项工作的顺利开展。其次是采取行政手段来控制污染，比如中央和地方政府设定控制污染总量的目标。行政手段主要指国家和地方各级行政管理机关，根据国家行政法规所赋予的组织和指挥权力，制定方针、政策，建立法规、颁布标准，进行监督协调，对环境资源保护工作实施行政决策和管理，主要包括环境管理部门采取定期或者不定期的方式，对各级政府部门的环境进行检测，对国家有关环境保护工作作出监管；组织制定国家和地方的环境保护政策法规；运用行政权力对某些区域采取特定措施，如划分自然保护区、重点污染防治区、环境保护特区等。最后是通过经济手段来治理污染，经济手段是指利用价值规律，运用价格、税收、信贷等经济杠杆，控制生产者在资源开发中的行为，以便根治损害环境的社会经济活动，奖励积极治理污染的单位，促进节约和合理利用资源，充分发挥价值规律在环境管理中的杠杆作用。其方法主要包括各级环境管理部门对积极防治环境污染而在经济上有困难的企业、事业单位发放环境保护补助资金；对排放污染物超过国家规定标准的单位，按照污染物的种类、数量和浓度征收排污费；对违反规定造成严重污染的单位和个人处以罚款；对排放污染物损害人群健康或造成财产损失的排污单位，责令其对受害者赔偿损失；对积极开展"三废"综合利用、减少排污量的企业给予减免税和利润留成的奖励；推行开发、利用自然资源的征税制度；等。比如从 1982 年开始实行的排污费政策，同时在特殊时期会推出一些临时的环保政策，比如在 2008 年奥运会期间制定的相关政策。

专栏 1-1　《中华人民共和国宪法》《中华人民共和国刑法》对环境的监管条目

《中华人民共和国宪法》中主要包括第九条、第十条、第二十六条。

第九条　矿藏、水流、森林、山岭、草原、荒地、滩涂等自然资源，都属于国家所有，即全民所有；由法律规定属于集体所有的森林和山岭、草原、荒地、滩涂除外。

国家保障自然资源的合理利用，保护珍贵的动物和植物。禁止任何组织或者个人用任何手段侵占或者破坏自然资源。

第十条　城市的土地属于国家所有。农村和城市郊区的土地，除由法律规定属于国家所有的以外，属于集体所有；宅基地和自留地、自留山，也属于集体所有。

国家为了公共利益的需要，可以依照法律规定对土地实行征收或者征用并给予补偿。

任何组织或者个人不得侵占、买卖或者以其他形式非法转让土地。土地的使用权可以依照法律的规定转让。

一切使用土地的组织和个人必须合理地利用土地。

第二十六条　国家保护和改善生活环境和生态环境，防治污染和其他公害。

国家组织和鼓励植树造林，保护林木。

《中华人民共和国刑法》主要包括第三百三十八条、第三百三十九条、第三百四十条、第四百零七条、第四百零八条。

第三百三十八条　违反国家规定，排放、倾倒或者处置有放射性的废物、含传染病病原体的废物、有毒物质或者其他有害物质，严重污染环境的，处三年以下有期徒刑或者拘役，并处或者单处罚金；后果特别严重的，处三年以上七年以下有期徒刑，并处罚金。

第三百三十九条　违反国家规定，将境外的固体废物进境倾倒、堆放、处置的，处五年以下有期徒刑或者拘役，并处罚金；造成重大环境污染事故，致使公私财产遭受重大损失或者严重危害人体健康的，处五年以上十年以下有期徒刑，并处罚金；后果特别严重的，处十年以上有期徒刑，并处罚金。

未经国务院有关主管部门许可，擅自进口固体废物用作原料，造成重大环境污染事故，致使公私财产遭受重大损失或者严重危害人体健康的，处五年以下有期徒刑或者拘役，并处罚金；

后果特别严重的，处五年以上十年以下有期徒刑，并处罚金。

以原料利用为名，进口不能用作原料的固体废物、液态废物和气态废物的，依照本法第一百五十二条第二款、第三款的规定定罪处罚。

第三百四十条　违反保护水产资源法规，在禁渔区、禁渔期或者使用禁用的工具、方法捕捞水产品，情节严重的，处三年以下有期徒刑、拘役、管制或者罚金。

第四百零七条　林业主管部门的工作人员违反森林法的规定，超过批准的年采伐限额发放林木采伐许可证或者违反规定滥发林木采伐许可证，情节严重，致使森林遭受严重破坏的，处三年以下有期徒刑或者拘役。

第四百零八条　负有环境保护监督管理职责的国家机关工作人员严重不负责任，导致发生重大环境污染事故，致使公私财产遭受重大损失或者造成人身伤亡的严重后果的，处三年以下有期徒刑或者拘役。

资料来源：《中华人民共和国宪法（2018 年修正）》《中华人民共和国刑法》。

长期以来，我国的环境规制政策强调更高的环境规制强度，提高企业的环境准入标准，这种方式达到了一定的削减污染的目标，但是一方面损失了环境效率，另一方面，传统的"先污染、后治理"的方式仍然没有发生变化。从长远来看，这种环境规制理念难以彻底解决环境污染问题。当前政府虽然积极倡导企业采用清洁的生产方式，但是企业进行技术研发和投入的动力不足，尤其对于污染密集型企业而言，其由于对设备的投资较大，转换生产方式的成本较高，因此进行绿色创新的动力不足。在这种情况下，一味提高环境规制强度不仅难以实现规制目标，还可能导致企业采取其他方式躲避监管，比如污染转移或者"俘获"监管主体等等。因此，在我国当前的环境政策中迫切需要加入对激励企业创新的考虑。一方面要继续采用环境规制、社会力量监督等方式加强对污染的治理，促进企业创新活动；另一方面，也是更重要的，要提高企业的主动创新行为，以政策引导、激励措施等方式使企业确立新的生产经营理念，改变污染生产的方式，基于社会整体收益最大化的考虑来为企业的环境创新行为提供更大力度的支持。

在相当长的时期内，我国的环境规制政策都让位于经济发展的需要，这不仅使各种资源不能实现市场定价，同时由于资源要素的价格较低，企业往往采取粗放型的生产方式，没有环保生产的动力。企业只要还有一定的生存空间，便没有改变生产方式的动力。随着环境问题的日益突出，经济增长的环境约束越来越紧，政府的环境规制强度也越来越高，同时在传统的规制手段之外，经济手段也逐渐被采用。但是在新的历史条件下，强制性环境规制的政策效果正在逐渐减弱，尤其是环境规制政策缺乏对企业创新的关注。

党的十八届五中全会确立了"创新、协调、绿色、开放、共享"的发展理念，这被视为关系我国发展全局的一场深刻变革。毫无疑问，环境规制问题涉及五大发展理念中的"绿色"发展理念，但五大发展理念并不是孤立的，而是相互贯通、相互促进、具有内在联系的集合体。这引导我们从新的角度来审视环境规制问题，尤其是改变"监督""制定标准""惩罚"等传统的环境规制理念，将环境规制政策置于"创新驱动发展"的宏观背景中，以"要想实现绿色发展，需要不断地技术创新"为新的环境规制政策的制定理念，使环境规制政策不仅成为企业绿色生产的"压力"，也成为企业绿色创新的重要动力。

生态环境得到有效保护，关系到我国的长远发展和中华民族伟大复兴中国梦的实现，习近平总书记在 2018 年 5 月召开的全国生态环境保护大会上指出："生态环境是关系党的使命宗旨的重大政治问题，也是关系民生的重大社会问题。广大人民群众热切期盼加快提高生态环境质量。我们要积极回应人民群众所想、所盼、所急，大力推进生态文明建设，提供更多优质生态产品，不断满足人民群众日益增长的优美生态环境需要。"[1] 生态环境保护，是关系国计民生、关系人民群众幸福感提升的重要保证。生态环境得不到很好的保证，人民群众的获得感、幸福感和满足感也就无从谈起。改革开放 40 多年来，我国社会经济取得了重要的发展成就，人民生活水平得到了提升，已经基本解决了温饱问题，并且生活质量有了明显提升。与此同时，对精神文化生活和生活环境逐步提高了要求。由于生态环境没有替代品，其将直接影响人民群众对于生活的感知，影响社会经济各项指标的发展。

环境技术创新活动不仅可以实现环境治理的目标，也可以提高企业的市场竞争力，进而将环境收益内部化。从长远来看，国家为了实现经济的可持续发展和社会福利的最大化，环境规制渐见成效。然而，目前，环境污染问题依然严峻。环境规制政策的制定和实施在提高环境质量的同时能够提高产业集聚程度从而促进经济增长，在一定程度上反映了环境规制达到经济发展和环境保护的"双赢"目的。[2] 这对环境规制政策提出了新的要求，也就是说，环境规制政策必须与创新政策结合起来，但从我国当前的政策来看，创新政策尚未与环境规制政策实现较好的结合，迫切需要设计以技术创新为导向的环境规制政策。

第二节　研究内容与研究方法

本书以政策研究、文献研究、比较研究、实证研究等为基本方

---

① 《习近平谈生态文明 10 大金句》，人民网，http://politics.people.com.cn/n1/2018/0523/c1001-30006614.html。

② 王昕：《环境规制政策的创新机制研究》，《现代经济信息》2018 年第 4 期。

法，按照"现状分析—国际比较—理论研究—实证研究—对策措施"的基本思路建立总体框架，主要研究内容如下。

第一章，导论。本章主要阐述全书的写作背景及时代价值，提出本书的研究内容和研究方法，尝试性提出本书的创新点，指出研究存在的不足之处。

第二章，国内外研究综述。本章首先梳理了规制理论的发展脉络，包括公共利益理论、规制俘获理论、规制经济理论等理论派别，这些理论是我们分析环境规制的重要理论基础；其次对环境治理的概念进行了梳理，并着重分析了环境规制的影响，主要包括环境规制对技术创新的影响、环境规制对比较优势的影响、环境规制与污染转移之间的关系。

第三章，我国环境规制政策及成效。本章首先回顾了我国环境政策体系的演进过程，其次分析了几种主要的环境规制工具的特征和手段，同时对不同环境规制工具的治污效果进行了比较，最后对经济手段治污的前景和挑战进行了展望。

第四章，基于国际比较的视角对创新驱动的环境规制进行分析。本章通过阐述发达国家的案例，对环境规制与创新之间的关系进行了分析，从中提炼出创新友好型环境规制的主要因素。

第五章，以博弈论为基础，分析企业的清洁/污染生产与政府监管行为之间的关系。针对不断出现的环境污染问题，我国不仅设立了遍布全国的环境监管机构，也投入了大量的资源用于强化对环境的监管，但是，我国的环保问题并没有很好地实现预期目标。从博弈论的角度来看，针对环境污染，政府已经做了大量工作，但是环境规制的过程往往牵扯多重利益与多个影响因素，规制方与被规制方之间存在复杂的博弈关系。本章将从演化博弈的视角对企业的生产行为与政府的监管行为进行分析，并提出政策建议。

第六章，对创新视角下的环境规制进行理论与实证分析。本章首先从理论上分析创新规制对创新的影响，其次基于行业差异分析环境规制对技术创新的影响，最后基于地区差异分析环境规制对技术创新的影响。

第七章，创新导向的环境规制政策。本章首先对以创新为导向的环境规制政策的必要性进行了分析，其次对创新政策与经济政策和能源政策的融合进行了分析，再次探讨了创新导向的环境规制政策的激励机制问题，最后提出了创新政策与环境政策融合的新观点。

第八章，结论和政策建议。

第三节　研究创新与不足

本书的创新点主要体现在如下两个方面。

1. 本书提出"创新导向的环境规制政策"，将五大发展理念中的"创新"与"绿色"两个理念融合到环境规制政策中，使环境规制政策兼容创新导向和环保目标，具有一定的理论意义和实践意义。

2. 环境规制活动在微观层面上体现为政府监管机构与企业之间的互动行为，因此，环境污染的均衡水平并不简单地取决于政府单方面的监管行为，而是由监管机构和企业两个群体的行为共同来决定的，不管是政府机构，还是生产企业，都是理性主体，都有各自的利益追求，因此，需要不断协调二者的关系。本书以博弈论为基础，分析了企业生产行为方式与政府监管机构之间的互动关系，改变了以往单纯关注政府监管政策的做法，在环境监管的实践当中，企业并不是被动的被规制的主体，而是根据监管机构的行为变化不断调整自身行为，这一分析角度具有一定的创新性。

受研究水平以及数据收集的限制，本书也存在一些不足之处。

1. 环境政策与创新之间具有复杂的关系，在不同国家、不同时期、不同行业、不同地区都会得出不同的结论。本书虽然提出了

"创新导向的环境规制政策"这一观点，但目前我国环境政策还未实现这一转变，究竟创新导向的环境规制政策是否可以获得更好的政策效果，仍然有待实践进行检验。

2. 部分发达国家的环境政策已经出现了与创新政策融合的趋势，限于数据等问题，本书未能进行相关实证研究。

第二章　国内外研究综述

本章将从理论角度阐述规制的基本概念和理论来源，从规制的一般理论，理顺规制理论的发展历程，从规制公共利益理论、规制俘获理论和规制经济理论的角度阐述规制理论的来源，并最终提出环境规制的概念，阐释环境规制对技术创新和污染转移的影响。

第一节　规制的一般理论

监管的一般理论始于一个简单的问题：为什么要监管。这又可以分为两个小问题：为何仅依靠市场本身的力量是不够的；如果政府出面干预，怎样选择规制形式。

一　政府干预的必要性

环境物品的本质是一种公共物品，其在缺乏法律保护的情况下，必然会因不具有排他性而遭到破坏，因此有必要围绕环境保护制定一系列法律法规。企业经营的目的是追求利润最大化，在技术水平一定的情况下，企业能够通过增加对要素的投入获得更大的利润，企业也不会主动寻求增加技术研发来提高创新水平以及加快生产设备的更新换代，因此有必要通过环境规制提高破坏环境的成本，使企业粗放式地使用资源和破坏生态环境的行为得到控制，从而实现企业的转型升级。

（一）传统的市场失灵

亚当·斯密认为，市场的力量可以自动达到一个有效率的水平，这一观点被许多经济学家认同。阿罗和德布鲁进一步对市场有效假说的含义进行了阐释和证明，也就是所谓的帕累托效率，即除非降低一部分人的效用，否则不可能增加另外一部分人的效用，同时给出了有效市场成立的基本条件：完全竞争的市场环境、不存在外部性、没有任何公共物品。但是由于现实中存在信息不对称现象，同时，完全竞争也仅仅是一种理想状态，因此市场并不会时刻处于帕累托最优状态。所谓的市场失灵，是指通过市场配置资源不能实现资源的最优配置。一般认为，市场失灵的主要原因在于垄断、外部性、公共物品和不完全信息等。以垄断造成低效率的分析角度来看，垄断形式的存在容易产生垄断价格，导致资源的配置效率低下，对经济福利造成了一定程度的损失。而且，企业为了维持垄断地位，会通过非法的"寻租"活动，进而导致经济福利进一步缩小。正是这种垄断所带来的资源配置效率低下和造成的社会不公平现象，才使垄断企业为了得到更多的企业利润，使消费者的利益和社会福利都受到损失，这说明非常有必要对垄断进行政府管制。

传统的市场失灵会带来收入与财富分配不公平，以及外部负效应等问题。在收入与财富分配不公平方面，由于资本与效率之间存在"马太效应"，从市场机制本身来看，市场机制遵循资本与效率的双重原则，属于正常现象，只有拥有更多的资本投入，效率才有可能在最大可能性上获得提高，这时候收入与财富才会向资本和效率集中。反之，如果资本家对雇员不断剥夺，压榨更多的价值，这就迫使雇员越来越趋于贫困，而财富不断在资本家手中扩张，由此带来了收入与分配的进一步扩大。这种扩大又会在另一种程度上影响到消费水平，使市场规模相对缩小，进而影响了生产，限制了社会经济资源的最大效用的发挥。在外部负效应方面，外部负效应主要是指某一主体在生产和消费的过程中，对其他主体造成的损害。外部负效应实际上是生产和消费过程中的成本外部化，但生产或消费单位为追求更多利润或利差，会放任外部负效应的产生与蔓延。如化工厂，它的内在动因是赚钱，为了赚钱，对企业来讲，最好是让工厂对排出的废水不加处理而使其进入下水道、河流、江湖等，这样就可降低治污成本，增加企业利润，会给环境保护、其他企业的生产和居民的生活带来危害。社会若要治理，就会增加负担。

一些自由市场的支持者认为，虽然存在市场失灵，但仅仅会出现在很小的范围内，更多支持自由市场的学者认为，政府的干预行动不仅不会消除市场失灵，而且往往会使事情变得更坏。政府规制无效的案例确实是存在的，然而我们也看到，在不受约束的情况下，市场力量也带来了很多灾难，这说明，一定的规制是合理的和必要的。部分支持自由市场的学者指出，在科斯定理成立的情况下，一种说法是，虽然经济中存在外部性，但只要产权的界定是明晰的，那么人们就能够通过资源交易实现最优结果。但是由于信息是不完全的，也存在交易成本，那么上述分析就很难在现实中成立。

科斯定理的另外一种说法是，伤者应该（有权）起诉那些致人伤者。如果有关侵权的法律体系（包括集体诉讼）较完善，人们就会有动机去起诉。但是一些保守派的观点认为，既要放松规制，又要呼吁降低人们的索赔能力。这些观点对法律体系的批评是：在一些领域中存在超额赔付的现象，因而索赔动机较强；而在另一些领域，索赔动机不足。更一般的，补偿个体损伤所需的数额可能无法提供适当的激励。将二者结合起来看，激励通常并不是最优化的。此外，在很多情况下，能解决问题并不能完全依赖货币激励。例如，如果人们因为不卫生的食品而丢掉性命，那么无论何种货币补偿也无法弥补失去亲人的痛苦。

现在人们逐渐意识到，市场机制的其他形式也不能保证最优结果的实现。如声誉机制会有一定的效果，但也不能确保效率的实现。因此，规制在应对市场失灵时可以发挥重要作用。有几类特定的市场失灵值得我们关注。有的规制旨在减轻外部性的程度，如分区管制（zoning restrictions）和环境规制（environmental regulation）；有的规制旨在维护竞争（限制反竞争行为），确保自然垄断者不会滥用其垄断地位（公共事业规制）；还有大量的规制是为了保护消费者（如要求开办存款业务的银行经营稳健，确保食品及其他产品安全，以及消费者不会被企业、广告商或贷款人利用）。在上述情形中，信息披露是非常重要的，但规制的作用远不局限于此。还有两类与信息不对称问题相关的市场失灵。第一类市场失灵与保险有关。私营部门的合约安排经常出现貌似"规制"的结构。例如，保险公司要求受保人安装喷水系统，有时保险公司以价格机制为手段，向安装该系统的投保人提供优惠价格。有时若投保人未安装相关设备，保险公司根本不会出具保单。很多政府规制措施也是类似的：政府若承担风险，就会做出某种限制以降低风险。例如，政府或明或暗地提供洪水和地震保险（地震发生时，政府明白它不会坐视不救），并要求房屋要建得足够牢固以减少损失和降低风险。但由于道德风险以及风险大小不能准确评估，个人往往不太在乎。

第二类市场失灵与认证有关。例如，许多肉类包装商需要某种认证，即它们的产品是以安全、人性化的方式生产出来的。企业也知道，只有政府才能提供可信的认证。如果肉类包装商直接向认证机构付费，就会出现利益冲突。一个典型的例子是，会计师事务所和评级机构暴露出的私营认证问题。美国安然公司的丑闻表明，会计师事务所的激励机制被扭曲了。《萨班斯—奥克斯利法》尽管起到了一定的作用，但是并没有完全避免问题的出现。类似的，如果金融企业付费，请评级机构为其创造复杂的金融产品评级，评级机构给高风险产品评 AAA 级可能也就不足为奇了，例如次贷危机中的情况。

专栏 2-1　安然事件

安然，曾是一家位于美国得克萨斯州休斯敦市的能源类公司。在 2001 年宣告破产之前，安然拥有约 21000 名雇员，是世界上最大的电力、天然气以及电讯公司之一，2000 年披露的营业额达 1010 亿美元之巨。公司连续六年被《财富》杂志评选为"美国最具创新精神公司"，然而，真正使安然在全世界"声名大噪"的，却是使这个拥有上千亿资产的公司 2002 年在几周内破产的财务造假丑闻。安然欧洲分公司于 2001 年 11 月 30 日申请破产，美国本部于两日后同样申请破产保护。公司的留守人员主要进行资产清理、执行破产程序以及应对法律诉讼。

事件起因

2001 年初，一家有良好声誉的投资机构老板吉姆·切欧斯公开对安然的盈利模式表示了怀疑。他指出，安然的业务虽然看起来很辉煌，但实际上赚不到什么钱，也没有人能够说清安然是怎么赚钱的。据他分析，安然的盈利率在 2000 年为 5%，到了 2001 年初就降到 2% 以下，对于投资者来说，投资回报率仅在 7% 左右。

切欧斯还注意到有些文件涉及了安然背后的合伙公司，这些公司和安然有说不清的幕后交易，作为安然的首席执行官，斯基林一直在抛出手中持有的安然股票——而他不断宣称安然的股票会从当时的 70 美元左右升至 126 美元。而且按照美国法律规定，公司董事会成员如果没有离开董事会，就不能抛出手中持有的公司股票。

破产过程

也许正是这一点引发了人们对安然的怀疑，使其开始真正追究安然的盈利情况和现金流向。到了 2001 年 8 月中旬，人们对于安然的疑问越来越多，其最终导致了股价下跌。2001 年 8 月 9 日，安然股价已经从年初的 80 美元左右跌到了 42 美元。

2001 年 10 月 16 日，安然发表 2001 年第二季度财务报表（是第三季财务报表），宣布公司亏损总计达到 6.18 亿美元，即每股亏损 1.11 美元。其同时首次透露因首席财务官安德鲁·法斯托与合伙公司经营不当，公司股东资产缩水 12 亿美元。

2001 年 10 月 22 日，美国证券交易委员会盯上安然，要求公司自动提交某些交易的细节内容，并最终于 10 月 31 日开始对安然及其合伙公司进行正式调查。

2001 年 11 月 1 日，安然抵押了公司部分资产，获得了 J.P. 摩根和所罗门史密斯巴尼的 10 亿美元信贷额度担保，但美林和标普公司仍然再次调低了对安然的评级。

2001 年 11 月 8 日，安然被迫承认做了假账，虚报数字让人瞠目结舌：自 1997 年以来，安然虚报盈利共计近 6 亿美元。

2001 年 11 月 9 日，迪诺基公司宣布准备用 80 亿美元收购安然，并承担 130 亿美元的债务。当天午盘安然股价下挫 0.16 美元。

2001 年 11 月 28 日，标准普尔公司将安然债务评级调低至"垃圾债券"级。

2001 年 11 月 30 日，安然股价跌至 0.26 美元，市值由峰值时的 800 亿美元跌至 2 亿美元。

2001 年 12 月 2 日，安然正式向破产法院申请破产保护，破产清单中所列资产高达 498 亿美元，成为美国历史上最大的破产企业。当天，安然还向法院提出诉讼，声称迪诺基中止对其合并不合规定，要求赔偿。

事件发展

首先遭到质疑的是安然的管理层，包括董事会、监事会和公司高级管理人员。他们面临的指控包括疏于职守、虚报账目、误导投资人以及牟取私利等。

在 2001 年 10 月 16 日安然公布第二季度财务报表以前，安然的财务报告是所有投资者都乐于见到的。回首安然过去的财务报告，2000 年第四季度，"公司天然气业务成长增长 3 倍，公司能源服务零售业务增长 5 倍"；2001 年第一季度，"季营收增长 4 倍，是连续 21 个盈余增长的财季"……在安然，衡量业务成长的单位不是百分比，而是倍数，这让所有投资者都笑逐颜开。到了 2001 年第二季度，公司突然亏损了，而且亏损额还高达 6.18 亿美元！

然后，一直隐藏在安然背后的合伙公司"露出水面"。经过调查，这些合伙公司大多被安然高层官员控制，安然对外的巨额贷款经常被列入这些公司，而不出现在安然的资产负债表上。这样，安然高达 130 亿美元的巨额债务就不会为投资人所知。

更让投资者气愤的是，显然安然的高层对于公司运营中出现的问题非常了解，但长期以来熟视无睹甚至有意隐瞒。包括首席执行官斯基林在内的许多董事会成员一方面鼓吹股价还将继续上升，另一方面却在秘密抛售公司股票。而公司的 14 名监事会成员中有 7 名与安然关系特殊，要么正在与安然进行交易，要么供职于安然支持的非营利机构，对安然的种种"劣迹"睁一只眼闭一只眼。

假账问题

安然假账问题也让其审计公司安达信面临被诉讼的危险。位列世界第一的会计师事务所安达信作为安然公司财务报告的审计者，既未审计出安然虚报利润，也未发现其巨额债务。2001 年 6 月，安达信曾因审计工作中出现欺诈行为被美国证券交易委员会罚款 700 万美元。

安然的核心业务就是能源及其相关产品，但在安然，这种买卖被称作"能源交易"。据介绍，该种买卖构建在信用的基础上，也就是能源供应者及消费者以安然为媒介建立合约，承诺在几个月或几年之后履行合约义务。在这种买卖中，安然作为"中间人"可以在很短时间内提升业绩。由于这种生意以中间人的信用为基础，一旦安然出现任何丑闻，其信用必将大打折扣，生意马上就有中止的危险。

此外，这种业务模式对于安然的现金流向也有重大影响。大多数安然的业务是基于"未来市场"的合同，虽然签订的合同收入将被计入公司财务报表，但合同在履行之前并不能给安然带来任何现金。合同签订得越多，账面数字和实际现金收入之间的差距就越大。

安然不愿意承认自己是贸易公司，一个重要的理由就是抬升股价。作为贸易公司，其由于天生面临交易收入不稳定的风险，很难在股市上得到过高评价。安然鼎盛时期的市值曾达到其盈利的 70 倍甚至更多。

为了保住其自封的"世界领先公司"地位，安然的业务不断扩张，不仅包括传统的天然气和电力业务，还包括风力、水力、投资、木材、广告等等。2000 年，宽带业务盛极一时，安然又投资了宽带业务。

如此折腾，安然终于在 2001 年 10 月在资产负债平衡表上拉出了高达 6.18 亿美元的"大口子"。

破产原因

安然的崩溃并不仅仅是因为假账，也不全是高层的腐败，更深层次的原因是急功近利，其使安然在走向成功的同时也预掘了失败之墓。

安然的核心文化就是盈利，在安然，经营者追求的目标就是"高获利、高股价、高成长"。《财富》杂志撰文指出：正是由于安然公司的主管们建立了以盈利增长为核心的文化，经理们才有了很大的动力去涉险，安然追求的目标最后也只剩下一个，那就是盈利。

安然的公司精神就是冒险。安然鼓励的是不惜一切代价追求利润的冒险精神，用高盈利换取高报酬、高奖金、高回扣、高期权。安然甚至把坚持传统做法的人视为保守，很快将其"清理"出去。同时安然内部不断地进行"大换血"，新人一进门就会立即获得五百万元的炒作能源期货大权。

事件影响

在安然破产事件中，损失最惨重的无疑是那些投资者，尤其是仍然掌握大量安然股票的普通投资者。按照美国法律，在申请破产保护之后，安然的资产将优先缴纳税款、赔还银行借款、发放员工薪资等，本来就已经不值钱的公司再经这么一折腾，投资人肯定血本无归。

投资人为挽回损失只有提起诉讼。按照美国法律，股市投资人可以对安达信在财务审计时未尽职责提起诉讼，如果法庭判定指控成立，安达信将不得不为他们的损失做出赔偿。

在此事件中受到影响的还有安然的交易对象和那些大的金融财团。据统计，在安然破产案中，杜克集团损失了1亿美元，米伦特公司损失了8000万美元，迪诺基损失了7500万美元。在财团中，损失比较惨重的是 J. P. 摩根和花旗集团。仅 J. P. 摩根对安然的无担保贷款就高达5亿美元，据称花旗集团的损失也与此相当。此外，安然的债主还包括德意志银行、中国人民银行、中国招商银行、日本三家银行等。另外，安然内部的审计人员也对公司的财务状况提出自己的看法，表示怀疑报表的真实性。这对安然舞弊案件的进程起到了推进的作用。

资料来源：安然事件。

https：//baike. baidu. com/item/% E5% AE% 89% E7% 84% B6 E4% BA% 8B% E4% BB% B6/2875381？fr = aladdin.

信息是一种公共物品。所有储户都希望当他们到银行提款时，银行仍安然无恙。在一定程度上，政府对银行的规制是一种认证：政府设定银行必须达到的标准，并检查银行是否做到。当然政府也可以无所作为，允许个人将钱存入未经"认证"的银行。但政府没有这样做，而是要求银行必须满足某些条件，否则不得经营。部分原因在于，政府知道银行一旦倒闭，其不可能坐视不救，而是会积极救助，避免金融危机的出现。

（二）非理性

"理性人"假设，是经济学中最重要的理论假设，理性人可以作为分析任何经济问题和出现任何经济现象的解释。作为经济分析的"理性人"假设，认为人们做出的任何决策都是基于对代价和效用的考量，总是希望通过最低的代价换取最高的收益，或者说最大的效用。但是，从现实来看，"理性人"的假设是描述和预测人们行为的模型，这种被描述者往往是一个个具有主观能动性的个体，进而激发一部分群体的"叛逆精神"，进而感性主义被提出。人们是具有感情的动物，每个人的思想中都会伴有感性的部分。但是，当理性和感性发生冲突时，对于大部分人而言，其被情感支配，情感战胜了理智。"非理性"作为一个专业术语，通常被认为是"理性所不能够理解的""用逻辑概念所不能表达的"等，其与直观或者直觉相互对立开来，在现代哲学和伦理学中被广为研究，最早出现在19世纪末20世纪初的西方哲学思想中。就总体而言，"非理性"是精神危机的哲学，非理性主义的演变经历了"意志主义—生命哲学—存在主义—弗洛伊德主义—法兰克福学派"等阶段，其强调人的精神生活中出现的各种非理性因素，但不可避免地过分夸大了理性的局限和缺陷，否认了人们利用理性去认识世界和改造世界的能力。同时，"非理性"不认为世界是一个合乎理性的整体，它把世界看成一个无序的、偶然的、不可理解的世界。

可以从三个层次来分析规制的必要性，从帕累托效率的基本假设分析而引出的市场失灵论只是第一个层次，第二个层次主要关注市场中的"非理性"行为。在主流的竞争均衡模型中假定所有的经济行为主体都是理性主体，在价格机制充分发挥作用的市场上，理性的个人或家庭与以利润最大化为目标的企业之间展开合作和互动，但是这种机制并不能确保符合帕累托效率的资源配置状态的实现。这是由于，个体并不一定是理性的行为主体，甚至有时候会大大偏离理性的状态。例如，市场有时候会陷入非理性"繁荣"的状态，有时候又会陷入非理性"悲观"的状态。

在行为经济学的最新研究出现之前，经济学家通常对有关政府干预的家长式做法抱有偏见。行为经济学质疑，为什么假设政府要比个人更加理性、掌握的信息更多。为什么我们能把自己关于理性的看法加诸他人。经典的市场失灵理论可以部分地回答这些问题。有些观点指出，只要个体行为的成本由自身承担，那么政府的干预就失去了必要性。但实际上，个体的行为往往会对其他主体造成不利影响，也就是外部性的存在，而规制则可以在一定程度上减小这种可能性。

个体的非理性行为可能转化为机构的非理性行为，比如个体储蓄不足，可能导致个体陷入忍饥挨饿的困境，但是这个时候社会力量并不会袖手旁观，而会采取救助行为，一旦形成救助的预期，那么个体就会失去储蓄的动机，就会引致银行冒更大的风险。因此，政府应加强规制，确保个体有足够的储蓄，银行没有过度冒险行为。但新的行为经济学为这些问题提供了新的视角：从某种意义上看，如果迫使个人有所为有所不为，他们就会过得更好。一个容易酗酒或吸毒的人可能意识到自己会沉迷于此而不能自拔。在上瘾之前，他清楚自己将为此悔恨，但恶习难改。因此，他希望政府（或其他人）使他无法染上恶习。类似的，个人可能知道，如果仅根据雇主通常设定的收入比率存钱，他们容易出现储蓄过少或过多的问题。此时，他们可能希望政府能够迫使企业在深入研究之后，设定合理的储蓄比率，使之退休后能过得舒服，同时不过分牺牲当期消费。

在传统的福利经济学范式内，对这种规制进行正式的福利分析当然存在困难：在评估政策干预效果时，是用个体事前的预期效用（例如有关其行为后果的不当预期），还是用事后实现的（平均）效用，仍然是一个悬而未决的问题。

（三）分配公平

公平是伦理学的基本范畴，是指公平正直，没有偏私。作为一种价值判断，分配公平，不仅仅关系到人民生活水平的平衡，也作为判定社会经济公平度的有效评价指标，备受社会各界关注。党的十八大以来，习近平总书记把保障和改善民生、促进社会公平正义作为深化社会制度改革、推进基本公共服务均等化的有效解决方式，在加快促进形成合理有序的收入分配格局等方面采取了一系列的措施。分配公平，在宏观意义上讲，应该放在收入分配格局中考虑，良好的收入分配格局是确保经济可持续增长的必要条件。在宏观经济学中，人们习惯将拉动经济增长的"三驾马车"定义为消费、投资和出口三项。但是，从发达国家道路来看，在经济发展初期，投资和出口作为推动经济增长的主要方式，已经发挥了重要的作用，然而当社会经济发展到一定的阶段后，经济增长的动力必然回归到消费上来，这对于经济大国来说尤为关键。反观经济增长依靠消费拉动的机理，理性消费必然要求收入分配格局呈"橄榄型"，这样就能够形成一个较大规模的中产阶层，进而刺激消费，拉动社会经济发展。作为中产阶层，其消费水平和层次要略低于高收入阶层，但要高于低收入群体，成为消费的主力军。只有保证收入分配公平，才能够推进社会经济平稳健康发展。从微观角度来看，收入水平决定消费者的购买能力和消费偏好。社会经济发展的良性循环，在很大程度上取决于社会收入在高中低三个阶层的合理分配，只有分配公平，才能够推动有序发展。收入分配的合理性，会影响经济体中的消费者对创新产品的需求能力和空间，进而深刻影响微观企业创新活动的整体实现能力，以及微观企业创新动力的利益补偿激励机制，从而影响该经济体中微观企业创新活动的生存能力，这些影响也会作用于该经济体中高研发密度、高技术含量新产业的诞生和发展，最终会影响产业结构的转化与调整能力。

政府干预的理由是：虽然市场经济能够依靠自发力量产生有效的结果，却不一定能够实现社会公平。特别是如果政府面临严格的硬预算约束，那么规制就可以用来实现分配目标。在多数情况下，市场经济都不能自发实现公平分配的目标，尤其是在网络经济条件下，收入和资本呈现幂指数的积累和增长状态，因此，收入分配差距过大的可能性相比传统经济条件更大了。

二 规制与其他形式的政府干预

规制就是政府设置（出台）规定进行限制。规制作为具体的制度安排，是"政府对经济行为的管理或制约"，是在市场经济体制下，以矫正和改善市场机制内在的问题为目的，政府干预经济主体（特别是企业）活动的行为，"包容了市场经济条件下政府几乎所有的旨在克服广义市场失败现象的法律制度以及以法律为基础地对微观经济活动进行某种干预、限制或约束的行为"。

规制的批评者认为，采取税收、补贴等市场化干预措施，能够以较小的成本实现规制目标。如果吸烟有外部性，就对吸烟进行征税；若温室气体造成全球变暖，就对温室气体排放进行征税。价格干预确有许多值得骄傲之处：一视同仁，简单易行，交易成本也往往比较低。但过去数十年的研究表明，政府的价格干预也有很大的局限性。信息不完善、信息不对称等导致市场力量自身无法实现帕累托最优，也正说明仅靠价格进行干预是远远不够的。

（一）不完全信息与不完备合约

最重要的是，由于存在不完全信息和不完备合约，最优激励机制往往是高度非线性的，也就是不采用价格干预形式，有时甚至需要采取某种限制，比如采取配给的方式。

在一定意义上，大多数规制可被视为各种形式的非线性价格安排。但无论在私人部门还是在公共部门，现实中几乎没有什么价格安排具备最优激励计划所具有的复杂性。特定的规制架构与简单的非线性价格安排孰优孰劣难以定论。当然，许多文献都对纯粹价格体系和纯粹数量规制这两种极端形式进行过比较研究。但是极端情况并没有太多的现实意义，而且在许多情况下，标准表述也没有什么实际意义。

（二）价格与数量

价格是商品同货币交换时单位商品量货币的多少，其是价值的表现。价格会在商品产生交换时，在流通环节，由交换价值转化为价值。在经济学理论中，价格是以货币为表现形式，为商品、服务及资产所订立的价值数字。价格由商品交易中的需求和供给两方面共同决定，二者之间相互影响、相互平衡的结果，便成为价格。在古典马克思主义经济学中，价格是对商品内在价值的外在表现。在微观经济学中，价格是由价值的变动所产生的支配性的因素，价值是价格产生的基础。但是，由于商品的价格既是由商品本身的价值决定的，也是由货币本身的价值决定的，因此，商品价格的变动不一定反映商品价值的变动。

尽管如此，许多文献正是围绕极端情况展开的。例如，有学者认为，根据需求和供给曲线所受冲击的性质，数量干预（规制）可能比价格干预的预期效用高。例如，有人认为温室气体问题是数量管制更优的典型案例。在价格干预下，温室气体排放量不确定，需求或供给曲线的变化都可能导致排放量偏离合理水平。不过，这种说法很难令人信服。全球变暖与大气中的温室气体集中度有关，某一年温室气体的排放并非关键。实际上，我们对温室气体的排放与温室气体集中度变化之间的关系、温室气体的集中度与精确的气候变化之间的关系甚至都不十分确定。随着时间的推移，应对温室气体可排放量有所调整。即便使用价格手段（如征收排放税），这种调整也在所难免，只不过增加了税收与排放量的关系这一不确定因素。假定调整能够较及时地进行，我们关心的温室气体集中度、气候变化等变量就不会存在其他风险。

但也有管制可能优于价格干预的情况。如果一国进口供给函数很容易变化，而国内供给和需求较稳定，那么设定关税会导致价格、国内产出和生产剧烈波动。此时，配额政策会消除"输入"的高风险。因此，从配额转向关税可能不会增进福利。

三 规制工具

市场作为一种交换机制，往往通过价格的形式变现，通过市场对价格的反映，来形成多样化的表现形式。但是，如果从严格意义上来讲，价格能够把资源分配给那些给出相对较高价位的群体。对于环境而言，如果价格没有准确地沟通社会的愿望和约束，这种资源的配置就会缺乏效率，形成效率的低下或者无效率，也就很容易带来市场失灵。实际上，资源环境属于公共产品范畴，价格容易在沟通过程中出现偏差，这时候就需要政府规范企业行为，也就形成了环境规制。环境规制是指由于环境污染具有外部不经济性，社会成本和产商成本之间存在差异，于是政府制定相应的政策与措施对厂商的经济活动进行调整，以达到保护环境和经济发展相协调的目标。

（一）信息披露

信息披露主要是指公众公司以招股说明书、上市公告书以及定期报告和临时报告等形式，把公司及与公司相关的信息，向投资者和社会公众公开披露的行为。上市公司信息披露是公众公司与投资者和社会公众全面沟通信息的桥梁。投资者和社会公众对上市公司信息的获取，主要通过大众媒体阅读各类临时公告和定期报告。投资者和社会公众在获取这些信息后，可以将其作为投资抉择的主要依据。只有真实、全面、及时、充分地进行信息披露才能对那些持价值投资理念的投资者真正有帮助。市场力量难以保证企业向政府或社会提供全面而且有效的信息。因此，政府往往会对企业提出一定的信息披露要求。在信息不对称、不完善的经济环境中，市场的功能往往不能完全得到发挥，因此更加完善的信息有利于实现资源的优化配置。

但是，信息披露的规制要求也会引起预想不到的复杂问题。即使风险确实存在，有些信息的披露方式实际上也无法警示消费者，这就是"香烟警告方式"要受到严格规制的原因。所有的投资说明书都列明投资者可能面临的大量风险，信息确实完全披露了，但无助于投资者区分企业投资的风险程度。股票期权会稀释股东价值，但至今相关披露未能有效地告知大部分股东这一信息。公司及其效力者拼命进行游说，到目前为止成功地抵制了信息披露的要求。在计算稀释的价值时存在技术细节问题，但很显然，不能把稀释价值定为零。

有关潜在利益冲突、所有权和薪酬等信息的披露有助于市场参与者"理解"他人行为。例如，如果我们了解销售人员因某种商品的销量很高就可以获得较高的佣金，那么我们就很容易明白为何他出售的商品能够得到大家赞赏。如果我们了解股票分析师的薪酬不仅取决于其预测的股价的准确程度，而且取决于其给企业带来了多少收益，那么我们就会对股票分析师的判断持保留态度。如果我们了解 CEO 的报酬与会计报表的表现具有直接关系，那么我们就会质疑会计报表的准确性。

与限制和强制等规制措施相比，信息披露的力量似乎没有那么强大。但是在很多领域中，企业的信息披露并不能完全解决市场失灵问题，原因之一是市场参与者没有处理企业信息的能力和动力。此外，即使市场参与者能够了解企业的信息，但此时企业仍然有可能存在不良行为。例如，市民对公之于众的环境污染企业施加压力，也许对某些企业有效，但还会有一些企业继续肆无忌惮地制造污染。有些信息本来是可以知晓的，但人们还可能被蒙在鼓里，一些企业乐于利用这一点，继续生产不安全产品。这就是要实行限制和强制措施的原因。

（二）限制

最直接的限制就是禁止某些行为，如公司不得共谋定价或进行其他有碍竞争的活动，银行不得发放内部人贷款等。

有关银行贷款的限制揭示了一个一般性原则：最好能告知银行仅发放"好贷款"，而不是给其朋友提供优待。但规制者不能区分贷款好坏，只能判别激励机制何时可能出现扭曲。因此，规制常常关注影响行为的因素而非行为本身。

反托拉斯领域也存在类似问题。企业一直千方百计寻找绝顶聪明的办法以减少竞争。如果规制者对特定行为施以限制，垄断企业会创新出貌似合规的手段来抑制竞争。唯一能够减少有碍竞争行为的办法是影响激励机制，即采取拆分垄断企业、限制知识产权保护范围等结构性措施。

（三）强制

由于无须花钱就能实现公共目标，强制措施越来越受到欢迎。但批评者指出，强制措施实际上是一种隐性税收，其影响经常难以评估。同时，隐性税收或支出项目往往低效、不公平。

然而，一些强制措施能有效解决涉及外部性的复杂社会问题。例如，银行营业执照是一种具有市场价值的权利。政府通常不会通过拍卖将营业执照颁给最高出价者。这样社会上存在一种交换，即权利（如中央银行的贴现窗口）和责任（如向享受较少服务的社区放贷）的交换。作为土地使用限制的分区政策的一部分，这种交换已变得特别普遍。虽然透明度的缺乏令人焦虑，但交换常常很有效，这部分抵消了透明度问题的负面影响，尤其在有预算约束的情况下。

（四）所有权限制

所有权限制，是指现代民法关于所有权的内容及其行使的限制原则。近代社会以前，传统民法基本上奉行罗马法以来形成的所有权绝对原则。自19世纪末叶开始，资产阶级各国民法对所有权的限制逐渐形成明显的趋势。在立法精神和法律形式上主要表现如下。（1）所有权纯粹私权观为法定权利思想所取代，立法不再将所有权视为个人绝对意志自由的领域，而对其内容、范围、客体种类加以限定，所有权仅在法定范围内才得以存在。（2）以财产所有为中心演化为以财产利用为中心。立法确定了禁止所有权滥用原则，确认土地所有权不及于对权利人毫无利益的高度和深度，确认不动产租赁权的物权化，即所谓"买卖不击破租赁"原则，等。（3）权利个人本位观发展为权利社会本位观。法律对所有权的行使规定有各类义务限制，其中包括容忍他人合法侵害的义务，不违反社会公共利益和他人权益的不作为义务，以及某些作为义务。前文已经说明，规制可以迫使企业披露有关信息，如果不采用强制手段，企业往往不会披露相关信息。但是对企业的信息披露行为进行约束也存在一定的问题，主要问题之一就是企业的具体信息不易观测，同时观察结果也存在一定的时滞。除了对信息披露进行规制之外，政府还有可能对企业的所有权进行一定的限制。例如，我们很难相信垄断企业会停止有碍竞争的行为，因此政府不仅要限制垄断行为，还要对垄断企业进行拆分。在美国电报电话公司（AT&T）被拆分之前，政府也曾试图限制该公司有碍竞争的行为，但都失败了，最终只得将其拆分。微软没有被拆分，尽管它同意不再从事有碍竞争的活动，但仍禁不住利用其垄断权。这是没有改变激励机制（如拆分微软公司）的后果，既在预料之中，也不幸被言中。

　　之所以不允许银行股东给自己贷款，是因为其动机不纯。股东赢利了，但作为存款担保人的政府要承担很大风险。即使不考虑动机问题，他们也可能做出扭曲的判断，低估自己的实际风险。同样，1933 年的《格拉斯—斯蒂尔法》之所以禁止商业银行与投资银行相互持股，部分原因在于潜在利益冲突。20 世纪 90 年代，在讨论是否废止该法案时，废止派声称不必担心，银行自己会设置防火墙。但问题在于防火墙真的建起来后，如何实现取消限制想达到的范围经济？最终，由于银行的游说，法案被废止了，而有关利益冲突的担忧在后来安然和环球电讯的"丑闻"中得到了证实。

　　在许多国家，政府规定航空公司等关键资产仅限本国公民持有。其他国家意识到，与亚当·斯密的说法不同，在某些领域，私人所有者的利益与公共利益的冲突在所难免。在使用公有土地上的自然资源时，私营企业希望支出最小化，政府则要求收入最大化，两者利益明显对立。如果资源市场竞争充分，信息完善，资源以合理的方式被出售，那么利益冲突尚可协调。但采矿和石油行业的利益集团会竭尽全力，避免出现上述情形。此时，公有制可能就是合理的。通过规制措施要求私人所有者顾及公众利益往往难以奏效。实际上，在更大层面上，只有满足非常严格的条件，才能通过私有化完成社会目标，这些条件与保证市场竞争有效性的前提假设十分相似。

　　但在大多数情况下，政府并不采取所有权限制的做法，部分原因是通常政府不掌握所有权的信息，有时，搜集这类信息还可能会侵犯个人隐私。我们不知道对冲基金和私募股权公司的所有者，由于许多公司的所有者在海外注册，判断谁是最终受益者并非易事。此外，尽管所有权信息可以提醒我们，某种与社会利益相悖的行为发生的概率变大，但其实只要这种行为可能发生，就必须加以限制，无论它出于何种动机。

四　法律与规制

虽然规制通常针对环境、安全、银行和公共事业等领域，但许多影响经济活动的法律也可从规制视角来分析。破产法限制了各主体之间可签订的合约，当债务人无力履约时，无论合约如何规定，如果与破产法相悖，都以破产法为准。类似的，公司治理法对公司自我治理的方式作出了限制。

规制与实施规制的程序有很大不同。通常就规制而言，其存在一定的授权：立法部门授权给规制机构，这些机构被认为在处理复杂的技术问题方面有更高的专业技能。由于有授权，人们担心民主公信力问题，尤其在规制机构经常被特殊利益集团"俘获"的情况下更是如此。立法评估程序并不能完全消除人们的疑虑。虽然为了提高民主公信力（包括透明度），对规制机构如何制定规制措施（例如规制程序）有一套规定，但有学者对此仍有质疑。

中央银行也存在相关问题。独立中央银行的绩效较好，许多学者认为这是合理的，但有关论据并不令人信服。事实证明，专注于通货膨胀的独立中央银行确能将通货膨胀保持在较低水平，但在经济增长、失业率、实际工资等其他相关的方面，中央银行对经济的作用并不显著，甚至在统计意义上也是如此。中央银行更多地通过干预而非价格规制，有效地控制利率这一关键的市场价格。许多经济体的中央银行甚至还控制另一关键价格——汇率。关于政府是否应该控制汇率，有许多教条式的争辩。但有讽刺意味的是，几乎没有人讨论是否应该控制利率。

对于中央银行独立性的争论是有关民主公信力这一更大辩题的一部分。独立的中央银行可以有更广泛的代表性，例如有些国家坚持中央银行中应有劳动者代表，这些代表可能更关心失业而非通货膨胀；有些国家则限制金融行业的代表性。在英国，政府制定通货膨胀目标，英格兰银行独立决定如何实施。独立性不一定意味着中央银行可以一成不变地进行暗箱操作。例如，英格兰银行在提高透明度方面一直领先。

五　政府失灵

由于市场会经常失灵，因此规制有了强有力的理由。原则上，政府干预可能会增进社会福利。上文中指出，仅靠价格干预的手段往往是不够的，规制非常必要。对此持反对意见的学者认为，政府失灵的程度被低估了。政府失灵不仅是一种可能，更是无可置疑的现实。有时是因为政府能力有限，有时是因为政府的腐败。

我们需要分析的问题如下。第一，上述问题是否不可避免。第二，当问题发生时，是否有相关的纠错机制。第三，是否存在不太可能被破坏的规制措施和规程。最近有许多经济学家研究如何减少市场失灵的恶果，同样，我们也可以探讨如何降低政府失灵的可能性及其危害性。

政府失灵，至少近年来我们所看到的某种程度的政府失灵，并非不可避免。通过协调一致的努力，我们可以提高政府的效率和反应能力。此外，在私人部门能够发挥作用的改革措施同样也可以适用于公共领域，如提高竞争力和透明度、改善激励机制等。此时，产出能够得到合理、准确的界定，个人的贡献也十分明晰。只要存在足够的透明度和竞争，纠错机制就能起作用。失灵的政府会失去公信力和合法性，将会被取代。无可置疑，正如市场上所发生的那样，政府官员也会试图抑制竞争和掩盖失败。

第四，某些规制措施比其他做法更易出现"公共失灵"问题。设计规制体系的艺术，在一定程度上体现在发现哪些规制手段不易被滥用，哪些规制主体会玩忽职守。支持信息披露要求的理由之一是这些措施不易被滥用，而反对易货贸易的一个理由是，这种安排不可能做到完全透明，因此容易被滥用。

实行多重规制（如对银行和证券市场的规制）的原因之一，是其可以减少规制俘获的可能性。即使规制体系出现部分失灵，其他部分也可以正常工作。政府失灵的可能性越大，所产生的后果越严重，多重监管就越有价值。

第二节 规制理论的发展历程

规制（regulation，也被称作"管制"），指的是作为规制主体的政府有针对性地限制规定个人或企业等行为主体的经济活动，比如设定价格上限，设立排放标准，等等。规制理论涉及规制的出发点、受益对象及相关的产业问题等核心内容。从规制理论的演化进程来看，其是由最初的规制公共利益理论演化出规制俘获理论，进而演化出规制经济理论等理论派别的。

一 规制公共利益理论

规制公共利益理论是以假定存在外部性、信息不对称及自然垄断等情况的市场失灵为前提的，也就是假定市场机制难以有效发挥作用。此时政府规制便具有了运行的空间。以自然垄断为例，政府往往会让一家企业负责所有生产活动，同时对企业进行价格规制，进而实现资源的优化配置。在经济活动存在外部性的条件下，政府会通过税收的方式降低负外部性的影响，同时对产生正外部性的企业给予补贴，如果此时政府不进行规制，那么负外部性活动就会大大增加，而正外部性活动则会不断减少。总之，当市场机制难以发挥作用时，规制理论认为政府的直接干预有可能提高社会的整体福利。

国外学者 Posner 和 Ehrlich 在研究规制公共利益理论时提出以下两个假设：（1）无规制的自由市场在遭遇风险时运行不稳定，且在运作过程中效率低下甚至无效率；（2）政府规制无须投入成本，即规制成本为零。① 若基于此的规制公共利益理论不存在错误风险，政府应据此于外部效应、信息不对称、自然及人为垄断等更宽泛的产业领域内进行相应规制政策的实施。规制公共利益理论等同于政府通过规制手段影响外部效应、信息不对称等现象以最大化地降低市场失灵，从而使市场在竞争中运行。在市场中的成本或需求情况出现改变、外部效应及信息不对称等市场失灵被最大限度地降低或规避，从而使放松规制成为最优状况时，社会中便会出现放松规制。

规制公共利益理论在一定程度上可被视为规范反应，该规范反应主要是针对自然垄断等市场失灵现象的实证分析。从理论意义上来说，实证分析表明市场会引起资源的无效配置，规范分析能够适时地实施规制。根据规制公共利益理论，政府为纠正市场引起的各种不良现象而做出的反应主要为制定相关政策。作为规范分析理论，其指出规制存在的原因在于它能够依据公众需求及时地制止市场实践中存在的失灵及不公平现象。该理论也指出，自由竞争会使得过多经济主体进行生产等活动，规制的实施能够形成净福利收益，自然垄断市场中的行为个体就会因此而需要政府对本产业实施规制。因而，规制公共利益理论是基于规范分析方法（规制应产生的时间点）而形成的实证理论（规制真正产生的时间点）。

二 规制俘获理论

学术界通过回顾 19 世纪 80 年代后期美国州际商业委员会关于铁路的规制及相关的美国规制史，得出了与规制公共利益理论不同的结论，即规制与市场失灵之间的关系不显著。自 19 世纪末

① Ehrlich I., Posner R. A. "An Economic Analysis of Legal Rulemaking", *Journal of Legal Studies*, 1974, 3 (1): 257 – 286.

至 20 世纪 60 年代，规制在潜在竞争行业中允许供给方具有高于成本的定价并形成进入壁垒以抑制新的供给方进入行业，同时，其在自然垄断行业中对价格的影响极小，这致使行业中原有供给方可获取超出正常利润的经济利润。由此可见，规制在一定程度上保护并提高了生产者等供给方的利益，规制俘获理论便据此应运而生，顺势发展。

规制俘获理论提出了不同于规制公共利益理论的观点，该理论指出政府规制的立法者和规制者被规制中的产业控制和逐渐俘获，其所提出的规制恰好符合产业对其的需求。这一理论认为，规制为产业所俘获，无论政策如何，其本质都是提高产业利润，而非潜在的社会净福利。

该理论观点因符合经验事实而更具说服力。即便如此，该理论也因缺乏能够解释规制怎样被产业俘获等问题的理论基础而受到了来自学术界的否认。该理论起初仅仅解释了规制有利于生产者，并未对更深层次的问题进行解释。即使存在较多支持这一理论的相关证据，仍存在一些与之相悖的事实。规制具有交叉补贴和偏向小生产者的特性。前者指生产多样化商品的生产者的定价原则会有悖于生产者利润最大化的目标，将定价低于平均成本的部分产品产生的亏损通过抬高（超过平均成本）其他产品的定价来填充，同时，生产者会在向不同消费者提供的产品边际成本不同的前提下以相同价格售出，在这一层面上，规制并非偏向生产者；后者指在规制政策下，小规模生产者能够获得相较于非规制政策更多的利润，同时，也较大规模厂商的多。

此外，存在一种规制引起行业整体利润水平下降的现象，如石油、天然气价格规制，关于环境、产品安全、工人安全的社会规制等，此类规制不被产业支持，从而更不存在规制俘获一说，这种现象成了最能反驳规制俘获理论的依据。国外学者 Magat 提出，20 世纪 70 年代后期，在石油、航空、天然气定价等方面的放松规制的出现及 1986 年通过的转移家庭税至企业[①]的税改法案的事实，均有力地证明了规制俘获理论的错误性。也就是说，规制俘获理论无法合理地解释许多产业在受到规制后又被放松规制的现象。

三 规制经济理论

以规制与市场失灵为基础条件的规制公共利益理论以及以规制偏向于生产者的规制俘获理论分别与理论分析及实践经验相矛盾与冲突，二者都仅仅可分别被称为理论假设和经验概括，不能被视为十分正确的具有普适性的规制理论。回顾规制的具体实践可知，亟须新的规制理论来解释为何会出现规制不同程度地提高了不同经济主体社会福利的现象，同时这种新的理论需要能够解释规制实施及放松的内在原因。在这样的背景下，施蒂格勒于 1971 年在其《经济规制论》一文中首创了规制经济理论，该理论通过经济学的角度和分析方法来研究规制。这一新的理论能够从假设出发论证假设符合逻辑推理从而有理有据地解释规制政策实施及放松的原因。此后，学术界在施蒂格勒的基础上，逐步完善了规制经济理论。

（一）施蒂格勒模型

一直以来，在政治学领域，学者们都是将规制视为政治过程进行研究的，而在经济学领域，学者们则是将其视为外生变量进行研究的。施蒂格勒关于规制的理论研究是基于规制俘获理论进行的，他的《经济规制论》经典之处并非在于其对规制偏向于生产者的预判，而是其关于"为何要进行规制"[②] 问题的提出方式。施蒂格勒

---

① Magat W. A., "Managing the Transition to Deregulation-Introduction", *Law & Contemporary Problems*, 1981, 44 (1): 1 – 7.

② Viscusi W. K., Harrington J. E., Vernon J. M., *Economics of Regulation and Antitrust*, MIT press, 2005.

根据经济学领域的研究方法对规制的产生进行了探索研究，不同于此前的规制公共利益理论和规制俘获理论，他做出了一系列假设，并对一系列假设内在的具体逻辑进行了独特分析，如规制政策涉及哪些产业以及各规制政策应具体以何种形式实施等。其中的主要假设有以下两个。一是强制力是政府的根本资源。市场中的行为主体可以劝说政府调用其资源为该行为主体谋取更多的福利和利益，其追求的目标是收入最大化。二是各个规制行为主体是基于理性进行选择的，即追求的目标是效用的最大化。规制行为主体的供给与市场行为主体的需求相适应时，即前者的效用最大化和后者的收入最大化相匹配时，在规制政策的施行下，市场行为主体可扩大其利益。由此，施蒂格勒提出规制是一个由需求和供给共同作用的内生变量。

施蒂格勒提出的经济模型是围绕"规制是基于产业建立的，以产业利益为依据设计并运作"这一论题建立的。施蒂格勒模型主要有以下三个因素。（1）规制立法能够实现财富的再分配。施蒂格勒在不考虑规制其他作用的情况下指出，规制形式主要是由社会成员间财富的转移方式来决定的。（2）规制立法者具有持续维持当权者地位的意愿，因而其在设计规制政策的过程中追求政治支持最大化。（3）市场行为主体会依据规制立法者的行为方式通过提供其所需的政治支持以使立法者制定有利于自身的规制立法。基于以上三个因素，规制政策的结果往往有利于组织良好的市场行为主体。此外，施蒂格勒还从生产者与消费者对规制立法影响程度的视角进行分析并指出"规制偏好于生产者，生产者常胜"，他认为，相较于数量庞大且异质性较大的消费者群体，生产者群体具有数量少且同质性大的优势，能够在消耗很低成本的情况下形成组织，同时生产者可强行将高于平均收入的部分分摊于消费者平均损失，从而使其获得行动激励，综合以上原因，在规制立法的过程中生产者相较于消费者拥有明显的优势，从而使规制的结果更倾向于拥护生产者的利益。施蒂格勒的研究结论与美国 19 世纪"生产者规模大,勇于挑战;消费者群体势弱,难于组织"的现象相吻合。

(二) 佩尔兹曼模型

佩尔兹曼于 1976 年在施蒂格勒理论的基础上进行了进一步的格式化和正式化的研究探索,最终将施蒂格勒模型扩展并完善为"佩尔兹曼模型"。

差异于施蒂格勒模型,佩尔兹曼模型更多地考虑规制供给方的立法者,模型主要从供给方进行假设,即假设规制设立机构依据使其政治支持最大化的原则进行规制政策的制定。该模型中规制立法者能够在多方面拥有决策主动权,比如,其可以决定规制获利对象(市场行为主体)的企业规模及财富再分配过程中流转入他们手中的财富数量,这一决策可通过对价格结构的设定产生影响,即在某价格结构下部分指定消费者能够通过低于成本的买价购入产品而获益,部分指定消费者却只能通过高于成本的买价购入产品而遭受损失以及市场企业主体以利润为标准衡量获利大小。

佩尔兹曼模型关注的问题主要在于规制最大概率涉及哪些领域的产业。基于以上模型,从供给方提出假设,规制供给立法者或规制机构优先选择有利于其政治支持最大化的价格。假设政治支持函数由 $M(P, \pi)$ 表示,其中 P 为价格,π 为产业利润。较高的 P,增强消费者的政治反对,从而 $M(P, \pi)$ 相应减少,π 增长时,其与政治支持呈正相关,对应的 $M(P, \pi)$ 较大。$\pi(p)$ 为利润函数,利润是价格的函数。当产品定价低于垄断价格 P_m 时,$\pi(p)$ 与 P 呈正相关;当产品定价高于垄断价格 P_m 时,$\pi(p)$ 与 P 呈负相关。$P < P_m$ 意味着立法者将价格抬高,会增强消费者反对,所以 $M(P, \pi)$ 是价格的反函数,立法者如果在抬高价格的同时也增强产业支持,$\pi(p)$ 均与 P 和 π 呈正相关。如图 2-1 所示。

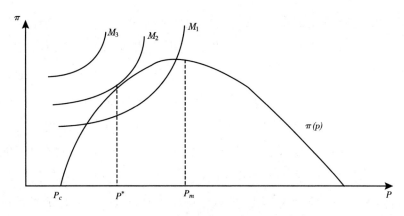

图 2 - 1　佩尔兹曼模型（最优规制政策）

佩尔兹曼模型以 $\pi = \pi$（p）为条件说明了以政治支持函数 M（P，π）最大化为目标制定政策时的价格关系问题，图 2 - 1 中标示了类似于消费者无差异曲线的某立法者的无差异曲线（斜率为正），其中曲线 M_1 表示形成 M_1 政治支持的所有价格和产业利润组合。据图 2 - 1 可知，在拟得到相同程度的政治支持时，减少消费者支持所对应的较高的产品价格所带来的能够增强产业支持的产业利润一定较高。M（P，π）随 P 而减少，随 π 而增多，则可得 $M_3 > M_2 > M_1$。根据 $\pi = \pi$（P）关系曲线与无差异曲线切点所对应的点，可以看出规制的最优价格为 P^*，该价格以 π（p）为约束条件，为政治支持实现最大化时对应的价格，且 $P_m > P^* > P_c$，其中 P_m 为产业利润最大化的垄断价格，P_c 为利润为零时的竞争性价格。据此，佩尔兹曼指出，立法者设定的规制政策价格不会满足市场行为主体使其实现产业利润的最大化。

学术界称佩尔兹曼模型中形成的规制政策为最优规制政策，这一政策模型的提出为进一步研究规制政策会涉及哪些产业并使其从中最大限度地获利提供了新视角。佩尔兹曼模型可以得出以下结论：当某产业在无规制或少规制的条件下形成的均衡产品价格趋近于有规制条件下的均衡产品价格 P^* 时，规制不会出现；当产品价格相对不变，致使原本能够通过规制获取更多利益的市场行为主体无法获取更多利益时，该市场行为主体不会进一步投入成本以获得规制；非规制均衡价格趋近于 P_c 的产业归属于具有相对竞争性的产业，非规制均衡价格趋近于 P_m 的产业归属于具有相对垄断性的产业，$P_m > P^* > P_c$ 意味着非规制均衡价格趋近于 P_c 和 P_m 的产业被规制的概率较大，也就是说，具有相对竞争性或垄断性的产业受规制的可能性较大，二者的不同之处在于规制状态下产业中的受益人不同，相对竞争性产业中的受益人为市场行为主体（即企业），相对垄断性产业中的受益人为消费者。事实经验亦表明，相对竞争性产业（保险业、原油产品及出租车等）及垄断性产业（电力、铁路、室内及长途电话等）更偏好于实施规制政策。

（三）贝克尔模型

不同于前述基于规制供给方规制机构追求政治支持最大化的假设前提进行研究的佩尔兹曼模型，贝克尔模型侧重于规制需求方市场行为主体之间的竞争。该模型指出规制政策的制定主要服务于市场内竞争的利益主体中势力和影响力更大的一方，帮助其提高福利。

贝克尔假定市场中有两个行为主体，即行为主体 1 和行为主体 2，二者均拟通过影响规制政策的制定来实现自身福利的提高。行为主体 1 和行为主体 2 制定的产品价格分别为 P_1 和 P_2，P 在一定程度上代表行为主体施予规制机构的压力，压力的大小与行为主体的规模及拥有的资源量相关，两个行为主体即通过价格对规制机构施予压力来获得财富再分配过程中的财富流入。对规制机构施予较大压力的行为主体能够更大程度地影响政治程序，进而获得更多的财富流入。若 T 代表行为主体 1 因规制而产生的财富流入增加，那么 $T = I(P_1, P_2)$，$I(P_1, P_2)$ 称作影响函数。假设 $I(P_1, P_2)$ 与行为主体 1 的压力呈正相关而与行为主体 2 的压力呈负相关，那么

若拟将数量为 T 的财富流入行为主体1，行为主体2的财富则必将减少 $(1+X) T$，$X \geqslant 0$。当 $X > 0$ 时，更多的财富从行为主体2流入行为主体1。二者之间有 XT 量的财富"流失"了，这一流失的财富被称为规制引起的福利损失。

贝克尔模型中各市场行为主体加总形成的影响固定不变，因而规制运作是由各个行为主体的相对影响决定的。假若某行为主体拟施予较大压力，则必定要消耗其内部较多的资源，因而各行为主体都不想消耗过多成本施予过多压力，而是拟追随假定的其他行为主体已选择的压力水平来选择使自身福利最大化的压力水平，且最终各行为主体加总的压力固定不变。施予压力需要考虑相应的成本与收益，给定任何 P_2 值，能得到最优 P_1 值。设 $\psi_1 (P_2)$ 是行为主体1的"最佳的反应函数"，它代表行为主体1相对于行为主体2的最佳压力水平。若行为主体2预期运用 P_2 的压力，则行为主体1的最优压力水平为 $\psi_1 (P_2)$。行为主体2的压力与行为主体1的压力呈负向变化，行为主体1会施予更多的压力以抵消行为主体2较大的压力以实现自身最优，也就是说，$\psi (P_2)$ 与 P_2 呈正相关（如图 2-2 所示）。

当不存在使两个行为主体改变自身压力水平的因素时，便可出现政治均衡。假设行为主体2运用压力 P_2^*，P_1^* 为行为主体1福利最大化的压力水平；行为主体1运用压力 $(P_1^*，P_2^*)$ 为行为主体2福利最大化的压力水平，则 $(P_1^*，P_2^*)$ 即政治均衡点。不难理解，两个行为主体的最佳反应函数 $\psi (P_2)$ 和 $\psi (P_1)$ 的交叉点即政治均衡点，该点意味着两个行为主体均以最优的水平施予压力，且均是在较低成本的前提下实现同水平的相对影响，但由于行为主体双方在通过竞争达到该均衡点的过程中消耗了大量的资源成本，因而该均衡点并未达到帕累托最优状态。

基于政治均衡理论，贝克尔指出，由规制引起的边际净损失 X 与以财富再分配时的流动数量 T 来衡量的规制活动量呈反向变化。

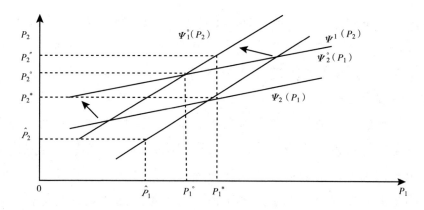

图 2-2 贝克尔模型（政治均衡）

边际净损失 X 正向增长表明行为主体 2 将承受较大的损失来对应行为主体 1 获得的财富流入。这种可能承受较大损失的风险会影响行为主体 2 施予更多的压力来防范行为主体 1 假定的任何预期压力水平。边际净损失 X 上升可以行为主体 2 的最佳反应函数从 $\psi_2(P_1)$ 移动到 $\psi_2^\circ(P_1)$ 来表示。X 值高还表明行为主体 1 获得的财富流入相对于等量行为主体 2 的损失将减少。行为主体 1 会由于缺乏投资规制的动力而相应地减少施压。与 X 的变化相对应，其最佳反应函数从 $\psi_1(P_2)$ 转移到 $\psi_1^\circ(P_2)$，从而实现新的政治均衡点为 $(P_1^\circ,\ P_2^\circ)$，这需要行为主体 2 施予更多的压力 $(P_2^* < P_2^\circ)$，行为主体 1 施予更少的压力 $(P_1^* > P_1^\circ)$。由于财富流转数量 $T = I(P_1,\ P_2)$，且 $I(P_1,\ P_2)$ 与 P_1 呈正相关而与 P_2 呈负相关，因此 $I(P_1^\circ,\ P_2^\circ) < I(P_1^*,\ P_2^*)$。由财富再分配时财富流转量来衡量的规制活动，将同与之相关的边际净损失呈负相关。

　　贝克尔模型的这一结论揭示了能够改善社会福利的规制政策被执行的概率较大。在规制政策的实施下，竞争性产业的福利净损失相较于自然垄断产业的福利净损失往往更多。据此对自然垄断产业进行规制能够实现更多的财富流转，因而行为主体将通过对自然垄断产业施予更多的压力而实施规制。贝克尔模型还揭示了受信息不对称等市场失灵影响的产业被规制的概率更大，这些产业的 X 值相对较低甚至小于 0。获益的行为主体与受害的行为主体会做出不同的反应，前者为获取更多的潜在利益会施予更高水平的压力，后者因较低的净损失而避免承受更多的损害，往往会施予低水平的压力以抵制规制政策。

在规制公共利益理论方面，贝克尔模型相较于施蒂格勒与佩尔兹曼模型提供了更多的解释，如处于容易产生信息不对称等市场失灵情况的市场中的产业相较于其他产业会有相对较大的压力进行规制。但该模型又差异于规制公共利益理论，它并未指出规制仅在市场失灵时出现，而认为市场主体间的相互影响引发了规制的产生和实施，这种相互影响由规制的福利效应及市场行为主体向规制机构施予压力的相对效率两种因素共同决定。

第三节　环境规制及其影响

一　环境规制的概念

规制是由具有法律地位，相对独立的政府管理部门为矫正和改善市场机制内在问题而对微观经济活动强制执行的某种干预、限制或约束行为。规制的基本出发点是保护公共权益不受侵害，政府既是特殊的市场主体也是不可或缺的规制主体。规制按照作用对象的不同，通常分为三类：一是直接经济干预，如价格管制、产权管制和合同规定限制等；二是生产者决策约束，即通过影响企业行为决策，加强对供给层面的硬性制约，如生产工艺规定、"三废"（即废水、废气、固体废物）排放规定和产品的环保、质量、耐用性和安全性等特性规定；三是消费者行为约束，即通过影响消费者的行为决策，从需求层面加强限制。依据规制的概念，环境规制可视为政府职能部门为预防和控制污染、保护生态环境而对市场经济活动采取的一系列干预或约束行为，是政府实施环境管理的主要手段。传统的规制理论认为，环境外部性的存在必然影响市场资源的配置效率，环境规制目的在于纠正这一市场失灵现象。同时，环境规制是一种社会性规制，不仅对一般公众产生相当广泛的社会收益，还会给污染者带来相对集中的额外成本。这体现为一种"利益守恒"，即在一些利益群体因规制政策获益的同时，必然伴随着其他利益群体的损失。因此，现实的环境规制行为不能单纯作为对市场失灵的直接反应，还可能是不同利益集团之间博弈的结果。政府在实施环境规制时，既要考虑对污染者的行为约束，也要考虑对一般社会公众乃至环保主义者的影响，是在各种约束条件下做出的一种多方权衡。

学术界主要以规制对象的性质为划分依据，将规制划分为经济性规制与社会性规制。前者的规制对象主要是自然垄断或信息严重不对称领域的某个具体产业，后者的规制对象并非具体的产业，而主要是市场失灵中外部性及信息不对称现象领域涉及的环境保护、健康卫生及安全等方面的多产业化及全方位化的规制。

环境规制起源于环境污染造成的外部性，其对应的规制政策是政府为直接或间接影响经济主体（如厂商等）的活动以降低外部性带来的不利影响而制定的，旨在为经济可持续发展提供环境保障[①]，属于社会性规制。学术界就环境规制的概念界定进行了持续的探索研究。国内学者赵玉民等以环境规制的建立主体、途径、对象、目标及性质五个方面为依据，将其划分为隐性与显性两类环境规制。前者指社会个体内在的环保意识、态度和观念等，后者基于被规制对象的主动性可划分为命令控制型环境规制、基于市场的激励性环

---

① 熊鹰、徐翔：《环境管制对中国外商直接投资的影响——基于面板数据模型的实证分析》，《经济评论》2007 年第 2 期。

境规制与自愿性环境规制（见图 2-3）。^① 赵玉民等学者划分出的以上四种环境规制分别是在不同的时期背景下形成的，因而各环境规制在实施成本及各自对技术创新效率激励的作用方面也无法达成一致。被规制对象的自主性越高，环境规制的实施成本越低，也就是说命令控制型环境规制、基于市场的激励性环境规制、隐性环境规制、自愿性环境规制的实施成本逐渐降低；被规制对象的自主性越高，环境规制对企业技术创新的激励作用越小，即命令控制型环境规制相较于其他三种环境规制，对企业技术创新的激励贡献较小。

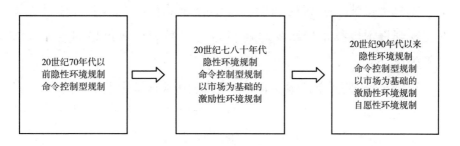

图 2-3　环境规制的演进过程

资料来源：赵玉民、朱方明、贺立龙：《环境规制的界定、分类与演进研究》，《中国人口·资源与环境》2009 年第 6 期。

比较回顾国内外的文献发现，国外文献在研究环境污染与治理问题时，环境规制与环境政策在概念界定上几乎是无差别的，而在国内二者内涵有较大差别，环境规制仅包括国内环境政策，而环境政策则更全面地囊括了国内外的环境政策。

二　环境规制对技术创新的影响

创新作为当前社会经济发展过程中举足轻重的驱动力，具有战略性支撑作用，有必要引起政府的重视，学术界也认可并强调政府

---

① 赵玉民、朱方明、贺立龙：《环境规制的界定、分类与演进研究》，《中国人口·资源与环境》2009 年第 6 期。

应在创新方面发挥积极作用，可以通过规制提高市场行为主体等的技术创新能力。政府发挥其对技术创新的积极作用主要有两种方法，第一种方法是采取积极的补贴及资助等扶持措施，该方法可直接作用于技术创新；第二种方法是制定标准及规范等来实施政府规制，该方法对技术创新的作用是间接的。第二种方法虽仅间接作用于技术创新，但其影响程度并不亚于第一种方法。企业等行为主体在规制政策出现后通常以过程和产品方面的渐进式创新及技术扩散等方式缓解规制压力，适应规制要求。因而，规制的严格程度在一定意义上能够决定技术创新的程度，推动企业等行为主体突破渐进式创新实现到根本性技术创新的跨越可通过产品禁令等严格的规制措施对其施压。①

20世纪后期至今，逐步深入细化的国际分工引起了国与国、地区与地区之间贸易及投资的白热化，但这种看似良好的发展态势背后隐藏着环境污染的危机问题，随着环境污染逐渐加剧，政府不得不迫于压力实施环境规制。随着政府环境规制政策的实施，学者们也开始关注环境规制、降低污染外部性损害对企业创新绩效和技术变迁等产生的影响，目前关于环境规制对技术创新的影响往往与产业绩效挂钩。

国外学者 Porter 于 1991 年提出了著名的"波特假说"②，该假说指出政府适度地实施环境规制有利于激发企业技术创新活动，有助于企业在降低成本的同时提高质量，从而使企业能够形成具有可持续性的竞争力。Porter 这一观点引发了国内外学者和政府机构关于环境规制与技术创新关系的研究热潮。回顾分析以往的研究文献，不难看出，学术界主要就"波特假说"的合理性及可行性进行了深入的探析，具体形成了以下三种观点。

---

① Kemp R., " Environmental Regulation and Innovation: Key Issues and Questions for Research", *Waterlines*, 2012, 31 (3): 170 – 183.
② Porter M. E., "America's Green Strategy", *Scientific American*, 1991: 193 – 246.

（一）环境规制对技术创新的影响：消极论

关于"波特假说"提出的环境规制与技术创新和企业竞争力的正向影响关系，国内外部分学者持消极态度。他们指出，关于支持"波特假说"的实证研究存在的很大的偶然性致使研究结果缺乏普遍性，即并非对所有的样本进行实证研究均符合"波特假说"，存在环境规制抑制企业技术创新的实证研究结果，关于这一现象的产生，"波特假说"不能给予合理的解释。

Brännlund 等收集了瑞典 41 个纸浆与造纸企业 1989 年和 1990 年的利润数据，通过企业是否受到规制的非参数数据包络分析法（DEA）分析样本企业的利润获取情况，结果显示，政府施行行政命令式环境规制政策时，部分企业的利润无变化，但部分企业的利润会显著减少，表明强制程度大的环境规制非但不利于企业利润的增长，反而会使利润出现负增长。[①] Barbera 和 Mcconnell 以美国 5 个污染严重的产业（有色金属制造业、钢铁制造业、黏土及玻璃制造业、造纸业、石材及化学制品业）企业为样本进行研究，得出以下结论：环境规制对这 5 个产业企业的竞争力产生了直接的负向作用，环境规制引起生产成本的增加，同时产量却并未随之增加；而对于不同产业的间接作用则存在可能为正、可能为负，也可能为零的情况；环境规制与全要素生产率呈反比例关系。[②] Gray 和 Shadbegian 进一步收集整理了美国 51 家炼钢企业、101 家石油提炼企业及 117 家纸浆与造纸企业从 1979 年至 1990 年的数据，考察分析了政府环境规制政策对全

①　Brännlund R., Färe R., Grosskopf S., "Environmental Regulation and Profitability: An Application to Swedish Pulp and Paper Mills", *Environmental & Resource Economics*, 1995, 6 (1): 23 – 36.

②　Barbera A. J., Mcconnell V. D., "The Impact of Environmental Regulations on Industry Productivity, Direct and Indirect Effects", *Journal of Environmental Economics and Management*, 1990, 18 (1): 50 – 65.

要素生产率的影响①，研究结果与 Barbera 和 Mcconnell 的一致，即规制程度越大，全要素生产率越低。他们的研究指出，环境治理的成本、执法力度及对标准的遵守程度越大，全要素生产率越低，不同行业的影响程度不同，在环境规制实施的情况下，企业并不能获得高于遵守规制付出成本的相应利润。

此外，新古典主义经济学派的学者们对"波特假说"持消极态度。新古典主义经济学假设企业等市场行为主体是完全理性的，是以追求利润最大化来进行经济活动和相关决策的，因而政府无须通过实施规制政策介入其经济活动以帮助其获得最大化的利润。

在新古典环境经济学的传统主义者看来，环境规制是一种政府通过将负的外部性转化到产品的成本中以纠正负的外部性和"市场失灵"的政策手段。他们通常假定市场行为主体的技术等资源的禀赋及面临的市场需求量是固定不变的，在此基础上研究环境规制对企业竞争力产生的作用及影响。② 也就是说，新古典环境经济学的传统主义者是基于静态的角度探索研究环境规制如何影响企业竞争力的。他们的研究结果表明：在严格的环境规制下运作的企业生产成本高且国际市场占有率低，企业的国际竞争力显著不足。

（二）环境规制对技术创新的影响：积极论

支持"波特假说"的学者们从与新古典主义传统经济学派否定"波特假说"的静态的研究角度相对立的动态角度出发支持验证"波特假说"，即他们认为企业的竞争力不是在静态的固定约束条件下进行利润最大化的经济活动，而是在动态的资源约束条件下不断进行技术创新，以实现利润最大化从而维持竞争优势，基于此，形成了著名的"波特假说"。

① Gray W. B., Shadbegian R. J., "Pollution Abatement Cost, Regulation, and Plant-Level Productivity", Working Paper 4994, National Bureau of Economic Research, Cambridge, Mass, 1995.
② Cropper M. L., Oates W. E., "Environmental Economics: A Survey", *Journal of Economic Literature*, 1992, 30 (2): 675 – 740.

不同于持"消极论"观点的学者们,"积极论"学者们提出的"波特假说"指出:环境规制的严格程度较高,或者更加适当,既有助于形成好的社会外部性,也有助于形成好的企业等行为个体外部性。恰当程度高的环境规制可促进企业提高技术创新能力,形成由技术创新能力提高带来的补偿效应,从而进入环境与经济均实现帕累托改进的双赢状态。此外,"波特假说"还指出:环境规制推动企业在生产与产品清洁方面增加研发投入,有助于快速地更新生产能够有效降低污染的机器设备等。

支持"波特假说"的理论中典型的模型是 Xepapadeas 和 Zeeuw 提出的 X-Z 模型。[①] 该模型结合分析实施环境规制政策产生的生产率效应和利润-污染排放效应,得出以下结论:环境规制严格程度与产业利润水平呈反作用关系,但由于环境规制会产生降低污染的效果,故其反向作用强度并非"消极论"所指出的那么大。

继 X-Z 模型之后,国外学者 Mohr 引入了"规模经济外部性"的假设,并指出环境规制不仅会产生降低污染的效果,还会促进生产率的提高。[②] Mohr 改进的 X-Z 模型指出不同层面的主体对支持环境规制与否的态度上会有所不同,由于环境规制从短期看来会引起企业生产等成本的上升,但长期来看,环境规制是有助于产业可持续发展获利的,因而企业个体会不支持环境规制的实施,产业整体会更愿意支持环境规制活动;该模型也提出基于后发国家会赶超发达国家现象存在的国际背景,环境规制的实施会为后发的发展中国家带来更大的利益。[③] 基于以上两点,Mohr 的研究强有力地支持了"波特假说"。

此外,国外的许多学者还通过不同的研究方法和视角进行研究,

---

① Xepapadeas A. , Zeeuw A. D. , " Environmental Policy and Competitiveness: The Porter Hypothesis and the Composition of Capital", *Journal of Environmental Economics & Management*, 1999, 37 (2): 165 –182.

② Mohr R. D. , "Technical Change, External Economies, and the Porter Hypothesis", *Journal of Environmental Economics & Management*, 2002, 43 (1): 158 –168.

③ Mohr R. D. , "Technical Change, External Economies, and the Porter Hypothesis", *Journal of Environmental Economics & Management*, 2002, 43 (1): 158 –168.

支持了"波特假说"。如 Lanjouw 和 Mody 通过系统方法研究探讨了
20 世纪七八十年代美国、日本、德国等自身环境规制与环保技术创
新的影响关系及各国自身环境规制与他国环保技术创新之间的影响
关系。研究结果显示：各国的环保专利数量正向作用于本国的污染
减排支出，本国的环保技术创新正向作用于他国的环境规制。[①] 该研
究并未就其他变量之间的影响进行进一步的考察研究。在 Lanjouw
和 Mody 研究的基础上，Jaffe 和 Palmer 以降污减排成本测量环境规
制强度，以研发经费总支出与专利成功申请总量测量技术创新，实
证研究了 1975 年至 1991 年美国制造业中环境规制与技术创新的影
响关系。研究结论如下：以行业特征为控制变量，降污减排成本的
增加正向促进研发支出的增加，即环境规制强度与研发支出有显著
的正向关系；降污减排成本的增加对专利成功申请量无显著影响，
即环境规制强度与专利成功申请量无显著影响关系，但这并不意味
着二者没有关系，其统计显著，仅仅是正向关系系数很小。[②] Murty
和 Kumar 实证检验了"波特假说"提出的环境与经济均实现帕累托
改进的双赢状态，他们以 1996 年至 1999 年印度 92 家制糖企业的面
板数据为样本，研究发现企业的技术创新与环境规制政策的实施强
度呈正相关。[③] Arimura 等收集了 2003 年 7 个经济合作与发展组织国
家的环保与商业绩效、环保政策与研发支出的数据进行研究，指出
环境规制的实施正向影响环保研发投入。[④] Horbach 通过实证研究探

① Lanjouw J. O., Mody A., "Innovation and the International Diffusion of Environmentally Responsive Technology", *Research Policy*, 1996, 25 (4): 549 –571.

② Brunnermeier S. B., Cohen M. A., "Determinants of Environmental Innovation in U. S. Manufacturing Industries", *Journal of Environmental Economics & Management*, 2003, 45 (2): 278 –293.

③ Murty M. N., Kumar S., "Win – Win Opportunities and Environmental Regulation: Testing of Porter Hypothesis for Indian Manufacturing Industries", *Journal of Environmental Management*, 2003.

④ Arimura T., Hibiki A., Johnstone N., "An Empirical Study of Environmental R&D: What Encourages Facilities to be Environmentally-Innovative?" in: Johnstone N. (ed.), *Corporate Behavior and Environmental Policy*, Cheltenham UK: Edward Elgar in associate with OECD, 2007.

析了德国企业层面环保创新的内在影响因素，结果发现不仅环境规制对企业环保创新有决定性作用，环境管理工具及组织结构的改良也对其有显著的正向影响。[①] Ambec 则通过文献回顾法，发现 17 篇相关研究的论文中，有 14 篇都是支持"波特假说"的。[②]

基于以上关于"积极论"的研究回顾，不难发现，目前学术界在关于环境规制与技术创新的研究中，更多的学者是支持"波特假说"的。出现这一研究现象主要有以下两方面原因：一是世界各国在环境规制政策的设计与实施活动中不断学习改进，使环境规制逐步趋于成熟化、市场化和灵活化；二是目前的研究多偏向于实证研究，而实证研究存在的时间滞后性会在一定程度上有助于对"波特假说"的推广与支持。[③]

（三）环境规制对技术创新的长期影响不确定

环境规制的过程实质上是政府机构与企业等市场行为主体之间的博弈过程，处于规制政策下市场行为主体的创新环境、博弈策略、生命周期及政府的博弈策略都会随着外界市场条件的改变而发生改变，其博弈结果受多方面因素影响。此外，环境规制供给方的体制机制不同也会影响博弈结果，因而环境规制过程中博弈结果并不稳定，环境规制与企业竞争力可能在实现双赢与彼此制约之间转化。

综合上述关于"波特假说"的积极论和消极论，可以得出与 Jaffe 等在《环境规制与美国制造业竞争力：证据告诉我们什么》中相一致的结论，即目前学术界仅有很少的研究、实践中仅有很少的经验能够支持

① Horbach J. , " Determinants of Environmental Innovation New Evidence from German Panel Data Sources", *Research Policy*, 2008, 37 (1): 163 – 173.
② Ambec S. , Cohen M. A. , Elgie S. , Lanoie P. , "The Porter Hypothesis Regulation at 20: Can Environmental Regulation Enhance Innovation and Competitiveness?" Paper presented at the DiME Final Conference 6 – 8 April 2011, Maastricht.
③ Lanoie P. , Patry M. , Lajeunesse R. , "Environmental Regulation and Productivity: Testing the Porter Hypothesis", *Journal of Productivity Analysis*, 2008, 30 (2): 121 – 128.

"波特假说", 与之相对应的, 也有很少甚至没有证据能够证明不支持环境规制的实施会有助于技术创新、维持企业竞争优势, 即目前的研究观点尚处于"波特假说"的积极论和消极论的中间区域。[①]

学术界关于反对"波特假说"的声音主要集中体现在以下三点。一是认为"波特假说"缺乏普适性。以 Palmer 为代表的学者们指出关于"波特假说"的支持研究具有一定的推测性和偶然性, 其研究结论仅符合少数情况, 无法适用于一般情况, 后续研究有待全面化和系统化。二是认为"波特假说"的核心思想存在问题。[②] 以 Simpson 和 Bradford 为代表的学者们指出"波特假说"有违经济学关于企业是追求利润最大化的完全理性的"经济人"的个体假设, "波特假说"中暗含一个意义, 就是企业在一定程度上放弃了追求利润最大化的机会, 而有通过政府的规制政策实现其目标的意愿。[③] 三是认为"波特假说"的主要内容存在问题。以 Jaffe 为代表的学者们认为市场中的企业作为利益主体, 可能会出现无效率经营情况, 但这种情况并不是普遍的, 企业完全可以通过自发地进行技术创新活动以提高自身竞争力并维持竞争优势, 而不必依赖政府的环境规制政策来激发其研究开发的意愿。[④]

以 Sinclair-Desgagné 为代表的部分学者指出, 如果坚持狭隘的新古典经济学理念, "波特假说"在理论层面是能够得到证实的。[⑤]

---

① Jaffe A. B., Peterson S. R., Portney P. R., "Environmental Regulation and the Competitiveness of U. S. Manufacturing: What does the Evidence Tell Us?" *Journal of Economic Literature*, 1995, 33 (1): 132 – 163.

② Palmer K., Oates W. E., Portney P. R., "Tightening Environmental Regulation Standard: The Benefit-Cost or the No-Cost Paradigm?" *Journal of Economic Perspectives*, 1995, 9 (4): 119 – 132.

③ Simpson R. D., Bradford R. L., "Taxing Variable Cost: Environmental Regulation as Industrial Policy", *Journal of Environmental Economics & Management*, 1996, 30 (3): 282 – 300.

④ Jaffe A. B., Peterson S. R., Portney P. R., "Environmental Regulation and the Competitiveness of U. S. Manufacturing: What does the Evidence Tell Us?" *Journal of Economic Literature*, 1995, 33 (1): 132 – 163.

⑤ Sinclair-Desgagné B., "Remarks on Environmental Regulation, Firm Behavior and Innovation", *Cirano Working Papers*, 1999.

Sinclair-Desgagné 将技术创新分为"渐进性创新、降低风险创新、突破性创新"进行研究，提出企业所追求的创新种类在很大程度上能够决定"波特假说"的成立。此外，Lanoie 等学者分别以国别、产业及环境规制工具为出发点，实证研究了环境规制对生产率产生的差异性影响。这些实证研究为不确定论提供了实证支持。[1][2][3]

（四）针对中国的相关研究

目前我国学者们关于环境规制对企业技术创新、产业业绩及竞争力的影响研究尚不够成熟，研究过程中使用的方法主要有调查法、案例分析法及逻辑推导法等。

1. 环境规制对技术创新绩效的影响

许庆瑞等通过对江浙 50 余家企业 62 项环境技术走访调查发现：企业外部环境技术创新原动力在于政府政策法令的颁布，社会舆论、环境污染收费等措施在企业技术创新推动上的作用是很小的，而且认为进一步完善环境技术创新惩罚系统以及提高企业环境技术创新的积极性是很有必要的，并就此提出相应的对策建议。[4]

张其仔等在"十五"期间我国工业污染的预防和治理调整研究中对比分析得出：我国工业发展和环境保护的关系仍未达到倒"U"形曲线的顶点处，排污水平非但没有下降反而在不断升高。[5] 这种现象的产生是因为环境保护政策与科技创新政策没有实现协调的一致

---

① Alpay E. , Kerkvliet J. , Buccola S. , "Productivity Growth and Environmental Regulation in Mexican and U. S. Food Manufacturing", *American Journal of Agricultural Economics*, 2002, 84 (4): 887 – 901.

② Lanoie P. , Patry M. , Lajeunesse R. , "Environmental Regulation and Productivity : Testing the Porter Hypothesis", *Journal of Productivity Analysis*, 2008, 30 (2): 121 – 128.

③ Majumdar S. K. , Marcus A. , "Do Environmental Regulations Retard Productivity? Evidence from U. S. Electric Utilities", *University of Michigan Business School Working Paper*, 1999.

④ 许庆瑞、王伟强、吕燕：《中国企业环境技术创新研究》，《中国软科学》1995 年第 5 期。

⑤ 张其仔、郭朝天、孙天法：《中国工业污染防治的制度性缺陷及其纠正》，《中国工业经济》2006 年第 8 期。

性，工业产值污染排放率的降低并不是因为创新科技的实施使高污染密集产业比重下降，而是通过增大低污染密集产业的比重来实现。鉴于这种现象的存在，学者们建议应促进科技创新，发挥其在环境规制政策工具中的作用。

黄德春等以海尔为典型案例，深度研究了该企业如何通过技术创新在竞争中脱颖而出的。结论显示：环境规制的合理应用不但使环境质量得到了进一步改善，也使市场需求得到了更深入的挖掘并促使企业利润得到提高；动态技术创新能力的大小在企业竞争中显示出了更大的影响力，而资源禀赋差异的影响作用则越来越小了。[1]

王俊豪等通过对 78 家浙江纺织企业的问卷调查的结果进行汇总和研究，考察在环境规制方面各企业采取措施的不同，他们将样本主体划分为"主动型"企业与"防御型"企业，实证结果表明"主动型"企业在实行环保工艺或产品的创新能力方面都较"防御型"企业强。[2]

赵红通过收集我国 30 个省份工业企业 1996 年至 2004 年的面板数据，就环境规制对研发投入强度与专利授权量的影响关系进行了考察研究，发现环境规制对我国工业企业的技术创新的提高起到了不可或缺的作用。[3] 江珂在赵红的研究基础上通过专利发明测量技术创新，研究结果与其一致。[4] 同时，他进一步研究了不同区域和领域中技术创新能力受环境规制的影响作用，结果显示在东部地区，环境规制显著影响技术创新能力，而在我国西部、东北、南部等地区，技术创新的影响作用微乎其微。

2. 环境规制对生产率的影响

吴军等在全要素生产率的测算模型中考虑了环境因子，对我国

① 黄德春、刘志彪：《环境规制与企业自主创新——基于波特假设的企业竞争优势构建》，《中国工业经济》2006 年第 3 期。
② 王俊豪、李云雁：《民营企业应对环境管制的战略导向与创新行为——基于浙江纺织行业调查的实证分析》，《中国工业经济》2009 年第 9 期。
③ 赵红：《环境规制对中国企业技术创新影响的实证分析》，《管理现代化》2008 年第 3 期。
④ 江珂：《环境规制对中国技术创新能力影响及区域差异分析——基于中国 1995～2007 年省际面板数据分析》，《中国科技论坛》2009 年第 10 期。

三大区域 2000 年至 2007 年的生产效率、技术进步及全要素生产率进行了测算，结果显示：在 SO_2 和 COD 排放得到有效的控制后，全国全要素生产率增长率的占比不及传统 TFP 增长速率的三分之一；在环境规制的压力下，中部、东部及西部的全要素生产率增长率由低到高依次排列；排除环境因子的影响作用时排序为西部、中部、东部。[①]

张夏和胡益鸣对我国 28 个省份在 1991 年至 2005 年对 SO_2 排放管制下是否纳入影响因子的技术进步指数进行具体测算，结果表明：将环境规制纳入研究因子后，我国省际平均技术提升速度为 0.25%，明显高于环境因子未纳入时的技术进步提升速度。[②]

王兵等认为，环境规制政策实施后，我国中部工业 TFP 最低，西部次之，东部反而最高；技术效率和 TFP 受到能源结构、FDI、工业结构、人口密度、人均 GDP 等要素不同程度的作用影响。[③]

张成等在构建了数理模型后发现生产技术进步与环境规制之间呈现"U"形关系，通过对省际数据中 1998 年至 2007 年的面板数据进行进一步研究，指出中、东部地区技术进步率与环境规制之间的"U"形关系得到证实，而西部地区两者之间的"U"形关系未得到明确证实。[④]

李玲等在研究环境规制强度与环保全要素生产率的关联强度时将制造业的污染程度分为轻、中及重三个等级，测算我国 1999 年至 2009 年三大类产业的环保全要素生产率，并就面板模型进行研究。

---

① 吴军、笪凤媛、张建华：《环境管制与中国区域生产率增长》，《统计研究》2010 年第 1 期。

② 张夏、胡益鸣：《环境管制与中国省际技术进步——基于 Malmquist-Luenberger 指数研究》，《宁夏大学学报》（人文社会科学版）2010 年第 9 期。

③ 王兵、王丽：《环境约束下中国区域工业技术效率与生产率及其影响因素实证研究》，《南方经济》2010 年第 11 期。

④ 张成、陆旸、郭路、于同申：《环境规制强度和生产技术进步》，《经济研究》2011 年第 2 期。

结果发现：技术效率、技术进步及环保全要素生产率与环境规制强度的关系，在重度污染产业领域呈倒"U"形，却在中、轻度污染产业领域，呈现与倒"U"形相反的正"U"形。[①]

三　环境规制与污染转移

环境规制是一种影响企业创新行为的重要因素，会激励企业积极开展创新活动，但创新需要付出一定的成本，同时面临较大的风险，并不是所有的创新活动都能成功。因此，当面对环境规制时，企业很可能会采取其他成本更低的方式来进行应对，比如将生产活动转移至环境规制相对较低甚至没有规制的地区。而且，随着企业所面临的环境规制逐渐增加，企业为满足环境规制所需要的成本也在增加，通过技术创新开发新技术的难度不断上升，此时理性的企业可以通过重新选址来降低环境规制带来的成本增加[②]，即污染避难所效应。

国内外学者对于污染避难所效应的研究最早大多是从国家层面进行的，其主要研究影响跨国资本投入环境标准更低的落后国家的核心因素是更低的环境标准还是其他因素。同时，也有不少学者通过实证检验来分析污染避难所效应的大小与方向，但其研究结果存在较大差异，有的学者分析发现跨国资本明显偏好于环境标准更低的国家或地区，也有学者分析发现不存在污染避难所效应，跨国资本的投入与环境规制无关。[③] 这种实证研究结果存在差异的原因有许多种，既有可能是研究样本与研究方法的不同，即只有选择某些特

---

① 李玲、陶锋:《污染密集型产业的绿色全要素生产率及影响因素——基于 SBM 方向性距离函数的实证分析》,《经济学家》2011 年第 12 期。

② Becker R., Henderson V., "Effects of Air Quality Regulations on Polluting Industries", *Journal of Political Economy*, 2000, 108 (2): 379 – 421.

③ Xing Y., Kolstad C. D., "Do Lax Environmental Regulations Attract Foreign Investment?" *Environmental & Resource Economics*, 2002, 21 (1): 1 – 22.

定的样本才会发现污染避难所效应[1]，也有可能是各学者用于度量环境规制政策的程度的方法不同，在测度时选取不同的指标，从而使得对环境规制与污染转移关系的估计产生误差。[2]

对于中国吸引跨国资本是否环境规制导致，朱平芳等进行实证检验，发现污染避难所效应在中国也不成立，更低的环境标准并没有显著地吸引更多的 FDI。[3] 由于中国东、中、西部地区的经济发展存在明显差异，各地方的环境规制程度也有所不同，有不少学者开始探讨中国国内是否存在污染避难所效应。其中，有的学者重点关注行政区域内的污染转移问题，比如 Duvivier 和 Xiong 基于河北省的县级数据模型进行实证分析，发现河北省的边界地区比内部地区更能吸引污染企业的投资。[4] 该结论得到 Cai 等的证实，Cai 等运用 DDD 估计方法分析了中国 24 条主要河流附近各县的行业活动，发现下游县域的水污染活动要明显高于其他相同县域，由于下游县域对水污染征收费用更宽松，水污染企业倾向于在省域内河流下游设厂。[5]

跨区域污染存在负外部性，严重影响其他地区的环境，很容易导致受污染影响的地区之间出现冲突，而伴随着产业在行政区域间的转移增加，跨行政区域的污染转移问题可能更加普遍。这类跨行政区域的污染转移问题也得到部分学者的关注，他们主要

---

① Eskeland G. S., Harrison A. E., "Moving to Greener Pastures? Multinationals and the Pollution Haven Hypothesis", *Journal of Development Economics*, 2003, 70 (1): 1 – 23.

② Keller W., Levinson A., "Pollution Abatement Costs and Foreign Direct Investment Inflows to U. S. States", *Review of Economics & Statistics*, 2002, 84 (4): 691 – 703.

③ 朱平芳、张征宇、姜国麟：《FDI 与环境规制：基于地方分权视角的实证研究》，《经济研究》2011 年第 6 期。

④ Duvivier C., Xiong H., "Transboundary Pollution in China: A Study of Polluting Firms' Location Choices in Hebei Province", *Environment & Development Economics*, 2013, 18 (4): 459 – 483.

⑤ Cai H., Chen Y., Gong Q., "Polluting the Neighbor: Unintended Consequences of China's Pollution Reduction Mandates", *Journal of Environmental Economics & Management*, 2016, 76: 86 – 104.

分析污染产业从东部转移至西部所产生的问题,比如 Wu 等利用企业微观数据分析企业的污染转移行为,发现当更高的环境规制目标确定后,越来越多的排污企业选择到西部设厂,东、西部地区存在明显的污染转移现象。[1] 林伯强和邹楚沅基于 ACT 模型,利用相关数据实证检验了"世界—中国"和"东部—西部"由于经济活动转移带来的污染转移问题,发现"东部—西部"引致的污染转移在不断增强,其弹性已经高过了"世界—中国"引致的污染转移[2]。

四　有助于技术创新的政策选择

环境规制的政策工具有多种,各种政策工具对于技术创新造成的影响也存在较大差异,如此,对不同政策工具在技术创新中所起的作用进行比较分析就显得非常有意义,到底哪种政策工具更适合值得深刻探索,此类研究目前主要以理论分析为主。综合已有的文献来看,如果目标是激励技术创新,一般采用市场化的环境政策工具;如果目标是减少排放量,则采用命令控制型的管制工具更适合。从理论上来说,环境规制的政策工具对企业的创新行为产生作用的途径主要有三种:一是减排成本途径,企业为降低排放量不得不通过加强技术创新来降低其减排成本;二是模仿途径,企业会模仿其他主体行为从而减少创新投入;三是排放支付途径,企业开发新技术后其排放成本将降低,其进一步技术创新的意愿将下降。在这三种不同途径的作用下,不同政策工具最终对技术创新产生不同的影响。[3]

---

① Wu H., Guo H., Zhang B. et al., "Westward Movement of New Polluting Firms in China: Pollution Reduction Mandates and Location Choice", *Journal of Comparative Economics*, 2017.

② 林伯强、邹楚沅:《发展阶段变迁与中国环境政策选择》,《中国社会科学》2014 年第5 期。

③ Johnstone N., Haščič I., Popp D., "Renewable Energy Policies and Technological Innovation: Evidence Based on Patent Counts", *Environmental & Resource Economics*, 2010, 45 (1): 133 – 155.

　　除理论分析外，也有不少学者对不同政策工具的技术创新效应进行了实证检验。Johnstone 等基于专利与其他变量的跨国面板数据，通过实证分析发现，在决定专利申请的过程中，环境规制政策扮演着十分重要的角色，当然，不同类型、不同程度的政策的作用存在差异，适用于不同的可再生能源，诸如可交易能源证书此类一般性的政策工具更有利于激励与化石燃料相竞争的技术创新。[①] Veugelers 运用企业微观层面的调查数据分析发现，企业会通过技术创新来应对政府相关政策的干预，为达到激励企业积极开展创新活动的目的，政府应当采取组合形式的干预政策，不仅要实施补贴技术创新的政策，也要实施碳税政策，只有两种政策配合使用才能达到更好的效果。[②] 王班班和齐绍洲采用面板数据对比分析了不同节能减排政策工具在促进我国工业行业节能减排技术创新方面所发挥的作用，发现两种政策工具的作用存在明显差异：市场型政策工具产生的技术创新效应存在外溢性，而命令型政策工具在节能减排技术创新方面能够发挥更大的作用；而且这两种政策工具的技术创新效应在不同行业中的表现不同。[③] 彭星和李斌基于动态面板数据的实证分析也发现了不同类型的环境规制政策工具对绿色技术创新的影响存在明显差异：命令控制型政策工具与绿色技术创新没有表现出非线性关系，经济激励型和自愿型政策工具与绿色技术创新之间存在明显的正相关关系，有助于促进工业绿色转型。[④] 张平等基于省级面板数据构建实证分析模型，发现不同类型

① Johnstone N., Haščič I., Popp D., "Renewable Energy Policies and Technological Innovation: Evidence Based on Patent Counts", *Environmental & Resource Economics*, 2010, 45 (1): 133–155.

② Veugelers R., "Which Policy Instruments to Induce Clean Innovating?" *Research Policy*, 2012, 41 (10): 1770–1778.

③ 王班班、齐绍洲：《市场型和命令型政策工具的节能减排技术创新效应——基于中国工业行业专利数据的实证》，《中国工业经济》2016 年第 6 期。

④ 彭星、李斌：《不同类型环境规制下中国工业绿色转型问题研究》，《财经研究》2016 年第 7 期。

的环境规制政策在企业技术创新中所起的作用是不一样的：费用型环境规制不利于企业积极开展技术创新，会对企业的技术研发产生显著的"挤出效应"；而投资型环境规制有利于企业增加对技术创新的研发投入，能够实现激励企业进行技术创新的目标。①

---

① 张平、张鹏鹏、蔡国庆：《不同类型环境规制对企业技术创新影响比较研究》，《中国人口·资源与环境》2016 年第 4 期。

第三章 我国环境规制政策及成效

第一节 环境政策体系的演进

一 新中国成立初期至 20 世纪 80 年代的环境政策

在国际形势和国内经济发展的影响下，新中国成立初期，我国实施的经济发展战略大体上是一种赶超战略，即在经济、军事及社会发展水平诸方面力图赶上和超过西方发达国家。所谓的赶超战略，是指政府采取扭曲产品或者要素价格的形式，以计划制度替代市场机制的制度安排，以达到提高国家动员资源的能力，通过现有发展水平，突破资金稀缺的比较劣势对资金密集型产业发展的制约，使资金密集型产业能够在极低的起点上得到发展并在短期内实现飞跃，进而使得产业结构达到先行发达国家水平的发展战略。这种赶超战略在全球来看，主要表现在两类国家上：一类是以苏联和中国为代表的社会主义国家；而另一类是以印度、阿根廷等为代表的非社会主义发展中国家。赶超战略可以追溯到 20 世纪 20 年代的苏联，由于当时苏联经济在发展过程中，工业占比较少，大部分以农业为主，农业在社会经济结构中占有主导地位。在当时的情况下，为更快解决工业增长下市场需求不足以及国民经济运用何种机制加以调节的问题被政界和学术界关注，在辩论中，"超工业化派"提出在社会主义过渡时期，由于存在原始积累规律和价值规律这两种相对独立且对立的调节机制，两者各有其调节范围，并且原始积累规律和积累规律将逐渐取代价值规律，因此，计划和市场就成为对立的两面。为此，以普列奥布拉任斯基为代表的"超工业化派"主张应该由国家利用垄断地位，运用工农业产品的不等价交换，对非社会主义经济成分征收高额赋税和实行通货膨胀等方法进行强制性工业化积累。对于赶超战略来说，其核心目标就是快速推进工业化的实现，而工业化的发展把重工业发展放在首位，在所有重工业的发展中又优先发展钢铁工业。我国实行赶超战略具有特定的历史发展背景，第二次世界大战结束之后，新中国刚刚成立，由于考虑到当时的国际和国内形势，政治还未全面巩固，经济百业待兴，当时选择了优先发展重工业的赶超战略。特别是在"一五"计划时期，赶超战略的核心思想是通过苏联援建的 156 项重点工程，拉动当时新中国的重工业发展，以尽快健全工业体系，实现社会经济的快速恢复。相关数据显示，"一五"时期，我国重工业的基建投资占工业基建投资的比重高达 85%，占工农业基建总投资的比重也有 72.95%。重工业作为资本密集型产业具有三个基本特征：建设周期长；在发展的早期，大部分设备需要从国外引进；初始投资规模巨大。当时中国经济的三个基本特征则是：资金短缺，利率高昂；可供出口的产品少，外汇短缺，市场汇率水平高；经济剩余少，资金动员能力弱。这样，优先发展重工业的战略目标与当时条件下的资源禀赋特点以及资源动员能力产生了直接的矛盾。依靠市场机制来配置资源，是不可能把投入导向重工业部门的，相反倒可能诱致以轻工业为主导的工业化，无法实现重工业优先增长的目标。解决这一困难的办法就是作出适当的制度安排，人为压低重工业发展的成本，即压低资本、外汇、能源、原材料、农产品和劳动的价格以降低重工业资本形成的门槛。于是，排斥市场机制作用，以全面扭曲产品和要素价格为内容的宏观政策环境形成了。这类政策环境包括：低利率政策、低汇率政策、低工资和低能源、原材料价格政策、低农产品价格和其他生活必需品及服务价格政策等。

由于采取了上述赶超发展战略，我国经济发展的速度得到提高，尽管改革前我国就已经制定了比较详细的环境规划和政策，但令人遗憾的是，由于种种原因，有关部门一直缺乏有效执行这些环境政策的能力。像诸多政治运动一样，环境治理目标也主要靠群众运动来实现。

但随着国际形势的变化，尤其在我国恢复在联合国的席位后，越来越多的环境保护思潮进入国内，我国对环境保护的重视程度日益增强。1972 年联合国人类环境大会在斯德哥尔摩举行，我国首次正式派代表团参加，此次事件可看作新中国环境保护事业的一个新起点。[1] 在这次会议上，我国代表在发言中提出了环境政策的指导方针，即"全面规划、合理布局、综合利用、化害为利、依靠群众、大家动手、保护环境、造福人民"。1973 年，我国召开了首次全国性的环境保护工作会议，会议将上述几项方针确立为环境保护工作需要遵循的基本方针。

从环境保护机构建设方面来看，1973 年 8 月，国务院召开第一次全国环境保护会议，设立了环境保护工作机构，名称定为"国务院环境保护领导小组办公室"，这是我国首次成立国家级的环境保护机构，其很快就开展了治理工业"三废"的工作。1974 年 10 月，国务院环境保护领导小组正式成立，主要职责是：制定环境保护的方针、政策和规定，审定全国环境保护规划，组织协调和督促检查各地区、各部门的环境保护工作。1982 年 5 月，第五届全国人大常委会第二十三次会议决定，将国家建设委员会、国家城市建设总局、国家建筑工程总局、国家测绘局与国务院环境保护领导小组办公室进行合并，成立城乡建设环境保护部。1983 年，环境保护被提到基本国策的战略高度，第二次全国环境保护会议提出了"三同步、三

---

① 张晓：《中国环境政策的总体评价》，《中国社会科学》1999 年第 3 期。

统一"的基本方针，具体是：经济发展、城乡建设和环境保护三者要进行同步规划，相关计划要同步实施，三项目标要同步发展，从而将经济、社会和环境三者的发展统一起来。1984 年 5 月（国发〔1984〕64 号），成立国务院环境保护委员会，其任务是：研究审定有关环境保护的方针、政策，提出规划要求，领导和组织协调全国的环境保护工作。委员会主任由副总理兼任，办事机构设在城乡建设环境保护部（由环境保护局代行）。1988 年 7 月（国机编〔1988〕4 号），将环保工作从城乡建设部分离出来，成立独立的国家环境保护局（副部级），明确为国务院综合管理环境保护的职能部门，作为国务院直属机构，也是国务院环境保护委员会的办事机构。1998 年 6 月（国发〔1998〕5 号，国办发〔1998〕80 号），国家环境保护局升格为国家环境保护总局（正部级），是国务院主管环境保护工作的直属机构，撤销国务院环境保护委员会。2008 年 7 月（国办发〔2008〕73 号），国家环境保护总局升格为环境保护部，成为国务院组成部门。2018 年 3 月 13 日，十三届全国人大一次会议第四次全体会议在北京人民大会堂举行，会议决定组建生态环境部，不再保留环境保护部。2018 年 4 月 16 日，中华人民共和国生态环境部正式揭牌。

20 世纪 80 年代，我国逐渐形成了"预防为主原则、明确责任原则和强化环境监督管理原则"，以此三项原则为基础出现了一系列后续制度安排和政策措施。预防为主的原则指的是，要从源头上解决环境污染问题，而不能先污染、后治理，或者不断污染、不断治理，在项目开始之前就做好环境评估工作，从源头上保护生态环境，改变在事后出现环境污染问题时才采取措施的做法，达到降低环境问题治理代价的目的。其内容可概括为"预防为主、防治结合、综合治理"，由此衍生的环境政策具体包括：在国民经济发展五年或者十年计划中要强调环境保护的重要性，并将其作为一项重要指标，实现与其他发展目标的平衡；开展城市地区环境综合整治行动；对建设项目开展事前环境影响评价；实行"三同时"制度。

明确责任原则，主要是明确环境保护的责任主体，通过明确责任的归属促使相关主体采取保护环境的行动。此原则具体来说包括以下内容：地方政府对本行政区域的环境质量负责的原则；环境保护方面的"谁污染，谁治理""谁开发，谁保护"的原则；自然保护方面的"自然资源开发、利用与保护、增殖并重"的原则。其中，由"谁污染，谁治理"的原则衍生的政策包括：结合技术改造对工业污染实现预防与控制；实施污染物排放许可证制度和征收排污费；限期治理工业污染；环境保护目标责任制；企业环保考核；等。

强化环境监督管理原则，主要强调环境保护政策的重点应放在强化监督管理上，通过加强对环境问题的监督管理减少环境问题的产生。根据该原则，我国当前保护和改善环境最重要的是通过制定适当的相关政策引导人的行为变得更为合理，特别在经济发展和治理环境中，引导人的决策行为更有利于对环境进行保护，而不能仅仅关注对环保的投入，或者企业技术水平的提高。具体政策包括：进一步强化环境保护立法工作，提高执法水平；建立高效运行的环境管理机构；建立全国性的环境保护网络系统；鼓励公众参与环境保护的监督活动。

从上述分析不难看出，在 20 世纪 80 年代之前，我国的环境政策以强制性环境政策或命令控制型（Command and Control，CAC）政策为主，这些政策是国家自上而下实行的具有强制约束力的制度性安排，经济主体必须按照政策相关规定规范自身行为。环境保护政策与制度是我国长期环境保护工作的经验总结，我国通过这些政策与制度的实施以期达到环境保护的目的，其中有很大一部分政策与制度已通过立法的形式固化下来，获得了正式的法律制度地位，比如《环境保护法》，只有少部分政策与制度仍然以政府命令的形式出现，比如限期达标与限期关停企业的制度。除了强制性环境政策外，我国的环境政策还有少部分的市场化政策，例如污染物排放许可证制度、排污收费制度等，这些政策工具通过运用市场化的经济手段对经济主体进行激励与约束，使其基于自身利益最大化的原则，选择有利于保护环境的行为。

二 20 世纪 90 年代以来的环境政策

20 世纪 90 年代初，随着社会主义市场经济体制的逐步形成，我国经济增长加速，随之而来的是我国国内环境问题的日益突出，同时国际环境问题也日益受到关注，我国的环境政策发生了一些变化。这些政策变化体现了如下三个特点：一是生态环境良好成为我国发展的重要目标；二是环境制度尤其是环境法制建设得到加强；三是国际环境合作得到加强。

（一）我国的环境保护进一步得到重视

1992 年，在巴西里约热内卢召开了国际性的环境保护会议，会议结束后，我国制定了《中国环境与发展十大对策》，其中明确提出我国要开始实施可持续发展战略。此后，我国的环境保护政策开始与国家发展战略，特别是经济发展战略相结合，注重在经济发展的同时加强对环境的保护。1994 年，我国制定了具有重要意义的《中国 21 世纪议程》，该议程成为推动可持续发展战略的总规划。这一议程旨在实现国民经济和社会长期、协调可持续发展。1996 年，全国人大审议通过了《国民经济与社会发展"九五"计划和 2010 年远景目标纲要》，明确了两项重大发展战略：一是推行可持续发展战略；二是推行科技兴国战略。

2002 年，党在十六大会议上明确提出了全面建设小康社会的目标，尤其强调了要大力推动可持续发展能力的建设，改善人们生产生活的环境。2005 年，《国务院关于落实科学发展观加强环境保护的决定》提出，面对日益恶化的环境问题，必须提高对环境保护的重视力度，将其提升到战略高度，采取多种手段来强化对环境的保护。2006 年通过的《国民经济和社会发展第十一个五年规划纲要》提出，要改变我国传统的生产方式，构建起低投入、高产出、低消耗、少排放、能循环、可持续的经济发展模式，推动资源节约型生产方式的发展，构建环境友好型社会。

2006 年 10 月，党的十六届六中全会通过了《中共中央关于构建社会主义和谐社会若干重大问题的决定》。该决定提出了构建社会主义和谐社会的目标，其中强调了环境保护任务的重要性，并强调一要提高资源的利用效率，二要改善恶化的生态环境。2007 年 10 月，党的十七大会议首次提出生态文明建设，要"基本形成节约能源资源和保护生态环境的产业结构、增长方式、消费模式"。2008 年 7 月，中华人民共和国环境保护部经国务院批准设立，为国务院组成部门。

2012 年 11 月，党的十八大进一步将生态文明建设提升为我国特色社会主义建设"五位一体"总体布局的重要一位。2013 年 11 月，党的十八届三中全会进一步提出一系列生态文明建设的制度体系建设目标。党的十八大以来，习近平总书记高度关注环境保护工作，并在推动生态环境保护工作上做出了极大努力，对生态环境保护的决心之大、力度之强、成效之快前所未有，建设生态文明，保护生态环境，关乎人民福祉，关乎民族未来。其通过对生态文明建设的深刻认识，做出了一系列的重要决断，提出了一系列的新理念、新思想、新战略，深刻回答了为什么建设生态文明、建设什么样的生态文明、怎样建设生态文明等重大问题，形成了科学系统的生态文明建设重要战略思想。将生态文明建设作为实现美丽中国和中华民族永续发展的目标，已经成为党和人民共同关注的话题之一。只有把生态文明建设作为统筹推进"五位一体"总体布局和协调推进"四个全面"战略布局的重要内容，把推动形成绿色发展方式和生活方式融入经济建设、政治建设、文化建设、社会建设等各方面和全面建成小康社会全过程，才能推动生态环境保护工作从认识到实践发生历史性、转折性和全局性变化。

（二）环境制度尤其是法制建设得到加强

20 世纪 90 年代以来，我国工业污染防治开始得到强化，全面改变对污染的治理和控制，比如从"末端治理"向全过程控制转变，从分散治理向分散与集中治理相结合转变，从点源治理向流域和区域综合治理转变，等。在工业污染防治转变的过程中，我国陆续推出了一系列非常有影响的环境保护政策与措施，如排污收费改革、推行清洁生产、发展生态工业园区以及循环经济，这使得我国的环境制度更加完善。

2003 年，国务院颁布的《排污费征收使用管理条例》规定，自 2003 年 7 月 1 日起实施新的排污收费办法，以污染当量为核定依据，根据排污者污染排放总量征收排污费，同时对排放浓度超标者加倍收费。此举改变了原来按浓度超标收费的单一方式，增强了排污者降低污染物排放量的积极性。2005 年 10 月，国家发改委会同国家环保总局、科技部、财政部、商务部、国家统计局等有关部门和省级人民政府，在重点行业、重点领域、产业园区和省份组织开展了第一批全国循环经济试点，探索循环经济的良性发展。

在环境保护不断得到重视的情况下，我国在出台各种环境保护规划、纲要和措施的同时，环境法规体系也得到了不断完善。从 1996 年开始，国家制定或者修订了大量的环境法律，比如水污染防治法律，保护海洋环境的法律，针对大气污染防治等问题的众多与环境保护关系密切的法律，从而构建起了基本适应我国当前发展需要的环境政策法律体系。例如，我国从 1993 年就倡导企业采用清洁生产方式，2002 年通过了《中华人民共和国清洁生产促进法》，在一定程度上推动了企业清洁生产方式的发展。这部法律获得了外界较高的评价，其认为这项法律的制定标志着我国推动可持续发展战略的决心，实现了历史性的突破，清洁生产对推动我国经济增长、促进社会和谐将起到极其重要的作用。①

为进一步加强从源头控制环境污染和生态破坏的力度，2003 年开始实施的《中华人民共和国环境影响评价法》提出，要将仅对建设项目进行评价的环境影响评价制度扩展到各类开发建设规划中，促进经济社会与环境的协调发展。此外，我国也积极推进循环经济的发展，2008 年通过《中华人民共和国循环经济促进法》，并于 2009 年施行。循环经济是我国转变增长方式、调整经济结构的重要抓手，通过循环经济可以较好地完成节能减排的任务，能够显著地改善我国的生态环境，实现经济较快发展与环境保护的双重目标。因此，《中华人民共和国循环经济促进法》的颁布实施意味着我国大力发展循环经济，继而推进转变经济增长方式已经有法可依。这部渗透着科学性、战略性、综合性、系统性的法律将是我国落实科学发展观、大力发展循环经济、全面实施可持续发展战略、构建资源节约型和环境友好型社会的有力保障和助推器。

2015 年 1 月 1 日开始实施的新修订的《中华人民共和国环境保护法》则被誉为史上最严的环保法。此次修订重点提到了地方政府承担环境保护职责问题，强化了环保问责制度和法律责任。为了加强地方环保机构的职能，其于 2016 年开始实施省以下环保机构监测监察执法垂直管理制度改革。环保督察巡视工作作为一种新的组织形式，是我国在新时期加强环境保护的一项创新性制度安排。

公开环境保护信息，加强相关思想教育等方式，政府鼓励公众参与到环境保护工作中，发挥广大公众在环境保护中的监督力量。在环境信息公开方面，其不仅在 2008 年就通过了《环境信息公开办

① 人民日报评论：《依法推行清洁生产　实施可持续发展战略》，《人民日报》2002 年 7 月 5 日。

法（试行）》，而且空气质量自动检测在全国所有地级以上城市中早就已经实现，重点流域、南水北调东线、环保重点城市饮用水源地等也经常组织开展水质检测，并及时发布检测信息。在环保宣传教育方面，各级人民政府和环保部门也经常定期或不定期召开新闻发布会，或者在政府网站上发布公告，及时通报有关环境保护与治理状况，国家新出台的重要政策措施，以及一些突发环境污染、排污事件。为了鼓励公众等社会力量参与到环境保护活动中，2006 年国家颁布了《环境影响评价公众参与暂行办法》，鼓励普通公众参与到环境监督、环境保护活动中。

第二节　命令控制型环境规制机制

伴随着环境保护和环境治理问题复杂程度的逐渐提高，政府有关部门也不断更新环境规制工具。从环境规制工具的分类来看，其既包括强制性的排放标准，环境评价等措施手段，也包括排污权交易市场以及补贴等政策，同时公众的参与和监督也是环境治理的有效政策工具之一。对于不同的环境规制工具来说，企业承担的成本是不同的，不同工具给企业带来的创新激励也存在显著差异，本节将对不同类型的环境规制工具进行理论和效果上的分析。

一　最优减污水平

环境规制者为实现最大化福利 W 而设计了一个最优减污水平，该减污水平可作为与其他机制作比较的标准。假定排污者排放的污染物只是流动性的，不能积存污染物，并且仅有一种污染物，此时排放污染物的损害成本为：

$$D(E) = D\sum_{i=1}^{n} e_i$$

其中，E 为排污总量，e_i 为排污者 i 的排污量，n 为排污者的总数量。假定 e_i 是由排污者 i 的要素投入组合及其减污量共同决定的，则环境规制者的福利最大化问题为：

$$\text{Max}\,W = \sum_{i=1}^{n}\left[\,p_{y_i}\,y_i(x_1,x_2,\cdots,x_n;z) - \sum_{j=1}^{n} p_{x_j}\,x_j - p_{a_i}\,a_i\,\right]$$
$$- D\left[\,\sum_{i=1}^{n} e_i(x_1,x_2,\cdots,x_n;a_i)\,\right] \tag{3-1}$$

其中，y_i 为排污者 i 的产品产量，$x_1,x_2,\cdots,x_n$，以及 z 为排污者生产产品需要投入的生产要素，a_i 为排污者 i 的减污量，p_{y_i} 为排污者 i 的产品价格，p_{x_i} 为生产要素 x_j 的价格，p_{a_i} 为排污者 i 的单位减污成本。在产品价格、生产要素价格和单位减污成本都不变的情况下，对式（3-1）分别求关于 x_j 与 a_i 的偏导数，可得：

$$p_{y_i}\frac{\partial y_i}{\partial x_j} = p_{x_j} + \frac{\partial D}{\partial e_i}\frac{\partial e_i}{\partial x_j} \tag{3-2}$$

$$p_{a_i} = -\frac{\partial D}{\partial e_i}\frac{\partial e_i}{\partial a_i} \tag{3-3}$$

从式（3-2）和式（3-3）可以看出，此福利最大化问题有两个必要条件：一是排污者对每种生产要素的投入量应使得其边际产品价值（$p_{y_i}\dfrac{\partial y_i}{\partial x_j}$）等于生产要素价格 p_{x_i} 与污染物的边际损害成本（$\dfrac{\partial D}{\partial e_i}\dfrac{\partial e_i}{\partial x_j}$）二者的和；二是排污者在生产过程中的减污量应使得其边际减污成本 p_{a_i} 等于其减污带来的边际成本的相反数（$-\dfrac{\partial D}{\partial e_i}\dfrac{\partial e_i}{\partial a_i}$）。只有满足上述两个必要条件，环境规制者才能使其福利达到最大化。

二　强制性技术规制

强制性技术规制是指政府要求排污者必须采用某种减少污染物

排放的清洁技术，或者在不同区域、不同时段要求排污者必须达到特定条件，从而规制排污者的行为。当前普遍采用的强制性技术规制主要有技术标准、限制和分区等机制，这些机制具有简单、易用的特点，许多政策决策由于在短期内实施也普遍采用这类规制机制。在强制性技术规制中，排污者大多只能严格按照规制目标去实施，控制其排污与生产行为，减少生产经营过程中的排污量。其选择的余地比较少。因此，强制性技术规制并不具有促进技术创新的效应，其不会鼓励排污者通过技术创新发展新技术，从而以更低成本实现降低排污量的目标，也不允许各排污者之间对于多余的减污量进行交易。

环境规制者以最大化社会福利为目标，排污者以最大化其利润为目标，其只排放一种流动性的污染物。如果环境规制者拥有关于污染物的减污成本和损害成本的完全信息，为实现社会福利最大化，环境规制者可规定排污者选择何种技术：一种是前端的关于投入品替代的减污技术；另一种是末端的对污染物进行直接处理的减污技术。此时，排污者按照环境规制者指定的减污技术，将其运用到生产经营过程中产生的污染物中，完成减污排放目标。要求解排污者的最大化利润问题，可通过构建拉格朗日（Lagrange）函数将其表示为：

$$\text{Max} L = p_{y_i} y_i (x_1, x_2, \cdots, x_n; z) - \sum_{j=1}^{n} p_{x_j} x_j - p_{a_j} a_j + \lambda_i (\dot{a}_i - a_i) \qquad (3-4)$$

对式（3-4）分别求关于 x_j、a_i、λ_i 的偏导数，令其等于 0，可知以下条件成立：

$$p_{y_i} \frac{\partial y_i}{\partial x_j} = p_{x_j} \qquad (3-5)$$

$$p_{a_i} = -\lambda_i \qquad (3-6)$$

$$\dot{a}_i = a_i \qquad (3-7)$$

在上述式（3-5）、式（3-6）和式（3-7）中，λ_i为单位减污成本的影子价格，$\hat{a}_i$为由环境规制者决定的排污量，这对于排污者来说是外生的，可视为常数。如果环境规制者拥有完全信息，能够在实现社会福利最大化的目标下为每个排污者指定一个最优的减污技术，则所有排污者最终都将以相同的单位减污成本减少排污量，最终的单位减污成本等于式（3-3）中的减污带来的边际成本（$\frac{\partial D}{\partial e_i}\frac{\partial e_i}{\partial a_i}$）。

在理想的条件下，强制性技术规制对排污者实施规定措施，可以达到最优的减污水平。但是，即使达到了最优的减污水平，排污者的产品价格并没有包括其排放污染物造成的损害成本，因而其产量不变。按照强制性技术规制的要求，排污者只要按照指定减污技术进行生产经营，达到减污目标即可，没有动力为降低排污成本而投入研发资源去寻求新的更先进的减污或生产技术。此外，现实生产经营活动中，环境规制者无法收集到每个排污者的减污成本或减污技术的信息，即完全信息不存在，从而使其为排污者指定最优的减污技术的可能性大大降低。

通常情况下，环境规制者希望有一种统一的排污技术，并易于监督管理，如火力发电厂的脱硫装置，但是此时环境规制下的减污水平很难达到最优，因为排污者之间的差异很大，它们的排污量、排位率、排污密度等都存在明显差异，如此会造成每个排污者的边际减污成本也迥然不同。在不同边际减污成本的前提下，如果边际减排成本低的排污者不仅完成了自身的减污量，还为边际减污成本高的排污者承担了部分减少排污量的任务，则总的减污成本将会下降，从而会增加社会福利。

由于强制性技术规制是为排污者指定特定目标，排污者只能按照该目标进行减排，可选择的其他机会几乎没有，该类规制机制常常被认为效率低下，缺乏灵活性，而且它常因不对排污者的产量进行限制而无法达到减污目标。即使如此,强制性技术规制也是有适用之处的,在某些诸如关键信息只掌握在权威政府手中的状况下,强制性技术规制因其简单、易用的特点,比其他类型的规制机制具有更加明显的优势,更加适用于复杂多变的情况。

三 排污数量控制

排污数量控制是指政府规定一定区域污染物的排放总量,所有排污者的排污量不能超过该总量,从而实现控制污染物排放的目的。由于排污数量控制为排污者提供的可选择的机会比较多,比强制性技术规制更加有效,排污者可以寻求新技术降低减污成本。但是,排污数量控制的灵活性只是相对的,与排污收费机制或可交易排污许可制度相比,其灵活性偏低,因而仍被归为命令控制型规制机制。

假定环境规制者规定排污者 i 可排放的最大排污量为 $\hat{e}_i$,即在投入生产要素 $(x_1, x_2, \cdots, x_n; z)$ 后生产产品 y_i 时其排污量不超过 $\hat{e}_i$。排污者的利润最大化问题,可通过构建拉格朗日(Lagrange)函数来进行求解:

$$\mathrm{Max} L = p_{y_i} y_i(x_1, x_2, \cdots, x_n; z) - \sum_{j=1}^{n} p_{x_j} x_j - p_{a_j} a_j + \lambda_i [\hat{e}_i - e_i(x_1, x_2, \cdots, x_n; a_i)] \tag{3-8}$$

相应的最优条件为:

$$p_{y_i} \frac{\partial y_i}{\partial x_j} = p_{x_j} + \lambda_i \frac{\partial e_i}{\partial x_j} \tag{3-9}$$

$$p_{a_i} = -\lambda_i \frac{\partial e_i}{\partial a_i} \tag{3-10}$$

$$\hat{e}_i = e_i \tag{3-11}$$

在上述最优条件中,λ_i 可视为污染物的影子价格。在信息完全的情况下,如果环境规制者能够在实现福利最大化的目标下给排污者分配一个最优的排污量 $\hat{e}_i$ ，则排污者能够在完成减排目标的情况下实现其利润最大化。对比分析式（3-9）与式（3-5），可发现排污数量控制下的产品价格与排污许可的机会成本紧密相关。

通常情况下，排污数量控制下的产品产量比强制性技术规制下的要稍微低点，而产品价格恰恰相反，排污数量控制下的产品价格略高。与强制性技术规制相比，排污数量控制更加灵活，排污者在减污方面具备更大的选择空间，既可以通过增加技术研发投资减少产品生产中的污染排放量，又可以通过直接减少产量来达到其减排目标。但是如果排污者的排污量与其产量呈强烈的正相关关系，此时通过直接减少产量来减少排污量的边际成本比较高，排污数量控制虽然仍具有灵活性，实质上与强制性技术规则相同。虽然排污数量控制与强制性技术规制之间在灵活性上存在较大差异，两者还是经常一起被环境规制者使用，以达到规制机制的互补，更好地实现控制环境恶化的目标。

此外，排污数量控制有一个不足之处，它难以真正对污染物的排放总量进行完全控制，或者说它不能达到完全控制环境污染的水平。造成这种问题的主要原因是，影响地区的排污总量的因素有很多，虽然所有排污者的排污量加总构成排污总量，但影响排污总量水平的因素不仅有影响每个排污者排污量的因素，还有影响排污者数量的相关因素。环境规制者监控每个排污者的行为就很难，控制每个排污者的排污量不超过其规定值的难度很大，更别说控制区域内，甚至全社会的排污总量，环境规制者难以做到完全控制。因此，在单独使用排污数量控制机制时，环境污染水平会出现过高的情况，此时要注意配合其他规制机制。

第三节　市场化环境规制机制

不同于行政命令式的环境规制机制通过控制污染总量规范排污

企业的行为，市场化的环境规制机制通过市场机制影响排污企业的生产行为、排污决策等。① 这种环境规制机制成功设计并实施的话，可以将外部效应内部化，形成排污企业利益最大化和实现污染控制目标的双赢局面。

与命令控制型规制机制相比，基于市场的规制机制的两个最明显特征是：巨大的成本节省；激励减污技术的发展与进步。之所以能节省成本有两方面的原因。其一，从理论上来说，设计适当并成功实施的市场化环境规制机制，激励减污成本最低的排污者进行最大数量的污染削减，能以最低的成本实现任一期望水平的减污量；其二，信息成本的节省，在信息不对称的现实世界里，规制者可以借助市场的力量有效区分排污企业，从而达到更有效的规制。市场化规制机制是市场能有效地解决信息问题原理的又一例证。市场化的规制机制有利于对企业形成更强的治理污染的激励，企业或者通过创新来获得新型的排污技术，或者购买相关技术。因此，从长期来看，其推动了排污技术的发展与进步。这是人们会对激励做出反应这一原理的又一例证。

一 可交易排污许可

可交易排污许可（Transferable Emission Permit，TEP）是确定排污总量的一种机制。确定许可总量时要综合考虑多种因素，比如经济增长、技术进步以及人口增长等，唯有如此才能确保许可证具有可转让的属性。排污许可的可交易性保证了排污企业具有相同的边际减污成本。

实施可交易排污许可制度，首先要确定一定时间内（通常是一年）可流通的排污许可总量。这意味着，可交易排污许可机制决定

① Hockenstein J., Stavins R., Whitehead B., "Crafting the Next Generation of Market-Based Environmental Tools", *Environment Science & Policy for Sustainable Development*, 1997, 39 (4): 12 – 33.

了一个地区的污染排放总量。在此基础上要确定排污许可的分配方式。从可交易排污许可类型来看，其主要包括拍卖方式以及无偿分配的方式。

该机制顺利实施的关键在于许可的可交易性。可交易性降低了排污者遵守规则的成本，使那些能够以最低价减污的排污者承担更多的减污任务。对于排污企业来说，其能否自发降低污染，取决于降低污染的成本高于还是低于购买额外许可的成本，如果前者的成本大于后者，那么企业将会从市场上购买额外许可；如果前者的成本小于后者，那么企业将会更多地采取减污行动，而将一部分拥有的排污许可转让给其他具有较高减污成本的企业。交易双方从自身利益最大化出发，客观上促进了排污总目标的实现。除可交易性外，该机制的实施还要求对超过许可的排污实施惩罚，即对超出许可的排污企业征收高排污税。

（一）拍卖许可

1. 减污效率

拍卖许可制度下，假设排污企业 i 的要素投入为 $x_1, x_2, \cdots, x_n$ 以及 z，产出为 y_i，排污量 e_i 是投入组合和末端处理 a_i 的函数，P_e 表示排污许可的价格。同时我们假定，企业获得一份许可就可以排放一单位的污染物。排污者的利润最大化问题可表示为：

$$\text{Max}\pi = p_{y_i} y_i(x_1, x_2, \cdots, x_n; z) - \sum_{j=1}^{n} p_{x_j} x_j - p_e e_i(x_1, x_2, \cdots, x_n; a_i) - p_{a_i} a_i$$

$$(3 - 12)$$

当 P_e 不变时，企业选择要素投入组合以及特定的污染处理水平，进而实现利润最大化。一阶条件为：

$$p_{y_i} \frac{\partial y_i}{\partial x_j} = p_{x_j} + p_e \frac{\partial e_i}{\partial x_j}$$

$$(3 - 13)$$

$$p_{a_i} = -p_e \frac{\partial e_i}{\partial a_i} \tag{3-14}$$

等式（3-13）意味着，对于每种投入要素来说，其边际产品价值（等式左边）等于边际投入成本和新增许可费用二者之和。若没有许可费用，等式（3-13）表示边际产品价值满足的条件。等式（3-14）意味着，边际减污成本等于边际减污所节省的许可费用。进一步分析，式（3-13）、式（3-14）刻画了排污者如何对许可拍卖做出反应。式（3-13）表明排污企业会选择使用产生更少污染的投入来替代那些产生更多污染的投入。式（3-14）表明，如果企业在特定排污水平上节省的许可费用高于企业的末端处理成本，那么企业将选择末端处理行为。同时，可交易排污许可的方式还为企业的减污行为提供了另一种方式，也就是通过减产来降低污染排放。

2. 规制成本的分配

在许可拍卖制度下，排污许可费用成为产品生产成本的一部分，排污者不仅要支付通常的投入成本，还需支付一定的排污费用，从而提高了企业的生产成本，因此，企业的边际成本曲线将会向上移动，进而导致产出水平下降，生产者总剩余减少。生产者剩余由污染企业转移到规制者，形成了规制者的许可费收入。

（二）无偿分配许可

1. 减污效率

我们假设，一旦污染排放企业在没有支付任何成本的情况下获得了 e_{if} 的可交易排污许可。那么此时企业的利润最大化就可以表示为：

$$\text{Max}\pi = p_{y_i} y_i(x_1, x_2, \cdots, x_n; z) - \sum_{j=1}^{n} p_{x_j} x_j - p_e[e_i(x_1, x_2, \cdots, x_n; a_i) - e_i f] - p_{a_i} a_i$$

$$\tag{3-15}$$

此最大化问题的一阶条件为：

$$p_{y_i} \frac{\partial y_i}{\partial x_j} = p_{x_j} + p_e \frac{\partial e_i}{\partial x_j} \qquad (3-16)$$

$$p_{a_i} = -p_e \frac{\partial e_i}{\partial a_i} \qquad (3-17)$$

虽然最初的可交易排污许可是无偿获得的，但是与拍卖许可制度相比，二者对污染排放企业的行为的影响所需要的边际条件是相同的。改写（3-15）的企业利润最大化问题为（3-18）形式：

$$\text{Max}\pi = p_{y_i} y_i(x_1, x_2, \cdots, x_n; z) - \sum_{j=1}^{n} p_{x_j} x_j - p_e e_i(x_1, x_2, \cdots, x_n; a_i) + p_e ef - p_{a_i} a_i$$

$$(3-18)$$

除了增加了 $p_e e_{if}$ 这一项以外，无偿获取制度与拍卖许可制度的最大化问题是相同的。在无偿分配的安排下，污染排放企业获得了数量为 e_{if} 的排污许可，这等于污染排放企业获得了价值为 $p_e e_{if}$ 的一项资产，然后企业对每一单位的污染排放进行付费。在边际条件相同的情况下，两种制度安排下的供给水平是相同的。

2. 规制成本

在拍卖许可制度之下，企业的生产者剩余出现了下降，但是在无偿分配许可制度下，企业的利润得到了提高。因为排污企业不需要为每一单位的排污付费，拍卖制度下支付的排污费用不会被计入生产成本，故此时的生产者剩余大于不存在规制时的生产者剩余。进一步，当污染企业产品的需求弹性的绝对值小于供给弹性的绝对值时，消费者会面临更高的价格，排污者的生产者剩余增加的潜力更大。因此，对于排污企业来说，许可拍卖分配制度与无偿分配制度有很大的不同。无偿分配制度将许可拍卖分配制度下，本应归于国库成为财政收入的租金留存于排污企业，增加了排污企业利润，减少了政府财政收入。因此，政府不得不更多地依赖扭曲性的税收收入提供给定数量的公共品和服务，使整个经济运行成本变得更高。由此可见，拍卖制度使整个经济承担的成本较低，而无偿分配制度使排污企业承担的成本较低，在实施中遇到的政治反对较少。

（三）可交易排污许可机制的不确定性

两种不同分配方式下，可交易排污许可机制的不确定性都表现为：排污许可的价格是不确定的，或边际减污成本是不确定的。在可交易排污许可制度下，排污许可总量由规制者制定，排污许可的价格规制者却不能准确预测。在成本最小化的激励下，排污企业会选择减污边际成本等于排污许可价格的排污水平，这导致边际减污成本是不确定的。

（四）对减污技术进步的激励

在两种不同的分配方式之下，可交易排污许可制度同样为企业提供了开发先进减污技术的激励。企业为了实现利益最大化，在可交易排污许可交易制度下，有发明和采用先进减污技术的动机。当减污技术有较大进步时，规制者要及时对许可数量做相应的干预与调整，这样将避免减污水平的固化。

二 排污税

当排污收税等于边际污染损害成本时，排污税实际上是庇古税，是将外部效应内部化，因此被经济学家认为是环境规制机制中最有效的一种方式。同样需要从减污效率、规制成本分配、不确定性、对减污技术进步的激励四个方面分析排污税。

（一）减污效率

假设条件同可交易污染许可机制，在征收排污税的情况下，排污者的利润最大化问题可表示为：

$$\mathrm{Max}\pi = p_{y_i} y_i (x_1, x_2, \cdots, x_n; z) - \sum_{j=1}^{n} p_{x_j} x_j - t_e e_i (x_1, x_2, \cdots, x_n; a_i) - p_{a_i} a_i$$

$$(3-19)$$

t_e 为排污税税率。

最大化问题的一阶条件为：

$$p_{y_i} \frac{\partial y_i}{\partial x_j} = p_{x_j} + t_e \frac{\partial e_i}{\partial x_j} \qquad (3-20)$$

$$p_{a_i} = - t_e \frac{\partial e_i}{\partial a_i} \qquad (3-21)$$

将条件（3-20）和条件（3-21）与最优减污量条件（3-2）和条件（3-3）进行对比发现，当排污税税率等于边际污染损害成本，即 $t_e = \frac{\partial D}{\partial e_j}$ 时，排污税等价于庇古税。将条件（3-20）和条件（3-21）与可交易排污许可拍卖制度下的条件（3-13）和条件（3-14）进行对比发现，当排污税税率等于可交易排污许可价格 p_e 时，两种制度下的利润函数相同。

条件（3-20）和条件（3-21）刻画了排污者对排污税将如何做出反应。条件（3-20）表明，排污企业的反应之一是改变投入组合，以应对排污税。条件（3-21）表明，如果排污企业节省的税收大于末端处理的成本，那么企业将选择末端处理的方式。

排污税增加了产品的生产成本，提高了产品价格，导致企业的产量水平下降，这与可交易排污许可分配机制的结果是一致的。因此，排污税机制也通过投入品替代、末端处理和减产三个渠道减污。投入品替代、末端处理两个渠道通过降低单位产出排污量达到减污的目的；减产则通过降低总产出来达到减污的目的。

（二）规制成本分配

与可交易排污许可拍卖分配制度相同，排污税增加了排污企业的生产成本，供给曲线上移，均衡产出水平下降。当排污收税等于许可市场价格时，两种机制导致生产成本上升的幅度是相同的。而且，排污企业的供给曲线越为陡峭，产品的供给弹性越大，那么企业的生产者剩余损失也会越大。由此可见，排污税机制与可交易污染许可拍卖制度相同，都造成排污者生产者剩余的减少，且两种情况下造成的生产者剩余的减少量是相同的。作为硬币的两面，对于规制者而言，其在两种情况下获得的收入也是相等的。

比较排污税机制、可交易排污许可拍卖分配制度、可交易排污许可无偿分配制度可见，无偿分配制度增加了生产者剩余，但经济整体上承担了较高的成本；排污税机制与可交易排污许可拍卖分配制度一样，使排污者的成本负担较大，造成生产者剩余减少，因此排污税的实施易遭遇更多政治反对，但经济整体承担成本较低。

（三）不确定性

排污税机制下，排污许可总量具有不确定性，边际减污成本具有确定性。不确定性是排污税机制和可交易排污许可机制的关键区别：首先，在确定的排污税安排下，规制者可以预测到边际减污成本正好等于排污税税率；其次，由于排污减少量取决于每个排污者的减污技术，每个排污者的排污技术是不同的，规制者不能确切掌握每个排污者的减污技术，所以排污税所导致的排污减少量是不能确定的。

（四）对减污技术进步的激励

相比于可交易排污许可机制，排污税机制不仅克服了技术进步情况下，政府不能及时干预调整所造成的减污水平固化这一弊端，还会对排污企业的研发活动、采用高效的排污技术提供长久持续的激励。需注意的是，规制者要与时俱进地调整排污税率以适应经济快速增长以及价格水平的上升，避免排污税激励作用的减弱或丧失。

三　补贴

在环境规制方面，补贴表现为直接对减污成本进行的部分偿还。同样需要从减污效率、规制成本分配、不确定性、对技术进步的激励四个方面解读补贴机制。

（一）减污效率

假定排污企业 i 的初始排污水平为 e_{i0}。每减少一单位污染排放，排污企业可以获得数量为 s_e 的补贴。排污企业的利润最大化问题可以表示为：

$$\text{Max}\pi = p_{y_i} y_i(x_1, x_2, \cdots, x_n; z) - \sum_{j=1}^{n} p_{x_j} x_j - s_e [e_{i0} - e_i(x_1, x_2, \cdots, x_n; a_i)] - p_{a_i} a_i$$

$$(3-22)$$

最大化问题的一阶条件为：

$$p_{y_i} \frac{\partial y_i}{\partial x_j} = p_{x_j} + s_e \frac{\partial e_i}{\partial x_j} \qquad (3-23)$$

$$p_{a_i} = -s_e \frac{\partial e_i}{\partial a_i} \qquad (3-24)$$

对比可见，补贴机制下实现最大化的条件与可交易排污许可机制和排污税机制下的条件类似，当 s_e 分别与 p_e 和 t_e 相等时，三种机制的条件相同。当我们将利润最大化问题改写为如下（3-25）的形式时，就可以发现，补贴机制与可交易排污许可和排污税类似，都是影响排污者行为的边际条件。其表现为：

$$\text{Max}\pi = p_{y_i} y_i(x_1, x_2 \cdots, x_n; z) - \sum_{j=1}^{n} p_{x_j} x_j - s_e e_i(x_1, x_2, \cdots, x_n; a_i) + s_e e_{i0} - p_{a_i} a_i$$

$$(3-25)$$

可见，补贴是变量税收 $s_e e_i$ 和固定补贴 $s_e e_{i0}$ 的结合。在补贴机制下，由于固定补贴 $s_e e_{i0}$ 不变，因此固定补贴部分对排污者利润最大化问题的一阶条件不产生作用；产生作用的是变量税收 $s_e e_i$ 部分，因此，补贴机制与排污税机制下，排污者有相同的减污动机。补贴机制采用"胡萝卜"给予正面激励，排污税采用"大棒"给予负面约束。

（二）规制成本的分配

补贴机制和排污税机制对排污企业利润产生完全相反的影响。固定补贴降低了生产成本，增加了排污者的利润；而排污税机制增加了生产成本，减少了排污者的利润。两种机制对排污者制定长期的进入—退出决策或长期生产决策也会产生不同影响。排污税机制减少了排污者的利润，这将加速末位排污企业的退出，产业的总产出将下降；补贴增加了排污者的利润，这将延迟排污者的退出。因此，在特定的情况下，补贴机制可能会起到相反的作用，补贴机制下的污染比没有规制时可能还要严重。

（三）不确定性

由于补贴机制不需要排污者付费，且增加了排污者利润，因此该机制受到排污者的欢迎。虽然在有些情况下，补贴机制起不到减污的作用，但在一些情况下，补贴机制可能比排污税机制更有效。例如，对利用清洁能源、采用高效排污技术的企业给予补贴。[①] 对补贴机制的反对意见是成本较高。因为补贴机制需要从公共财政中划出一部分转移给排污企业，对于发展中国家或欠发达地区而言，补贴机制太过昂贵。因为这些国家或地区经济发展水平较低，税收难以征收，财政收入较低，许多公共服务，如教育问题、健康问题亟待解决。

（四）对技术进步的激励

技术创新可以为企业的发展带来很大的利益，并且作为企业发

---

① Jaffe A. B., Stavins R. N., "Dynamic Incentives of Environmental Regulations: The Effects of Alternative Policy Instruments on Technology Diffusion", *Journal of Environmental Economics & Management*, 1995, 29 (3): 43 - 63.

展所需要的必要投资，其对于技术创新的需求更大，但是，技术知识普遍存在较强的外溢性，创新行为在市场发达和技术完善的发达国家比较常见。而相对于劳动力较为廉价、环境规制较为宽松的地区，其就会减弱其创新动力和创新意识，在这种情境下，政府为提高企业的创新积极性，增强创新对企业的带动作用，会使用项目资助或者税收减免的政策加以引导。目前来看，政府补贴对于企业技术创新的作用通常存在三种不同的观点。第一，政府补贴对于企业创新行为具有正向激励作用。政府补贴企业，增加企业研发投入，能够使企业在技术创新方面获得更多的资助，更好地推进企业创新。第二，政府补贴对于企业创新具有消极负面影响。持这种观点的学者认为，如果从供给和需求角度、资源配置角度阐释政府补贴对于企业创新行为的作用，往往会使政府补贴扭曲市场价格，这样在研发资源方面就产生了抬高价格的不良后果。第三，政府补贴应该适当补贴企业创新行为，这主要是因为政府补贴对企业技术创新的影响具有不确定性，并不是补贴越高越好，只有达到适度规模，才能够显著激发企业创新行为，激励企业创新。也正是因为政府补贴机制对技术进步的影响具有不确定性，所以影响方向与力度、补贴政策的细节有关。如果补贴政策以减污的数量为基础，那么企业减排技术可能出现进步，也可能不会出现进步。减污数量的增加，可能是减污技术的增强导致，也可能由于排污者减少对污染要素的投入，改用其他要素替代。如果补贴政策直接针对排污者的技术研发，则会对技术进步产生显著的正向激励。

第四节　环境规制效果

一　总量控制效果

以"十一五"为例，根据"十一五"规划纲要中的有关规定，在"十一五"期间，我国要实现单位 GDP 能耗下降 20%、主要类型的污染排放总量下降 10% 的目标。为确保上述目标的实现，2007 年，中央第一次将节能减排的目标纳入各地经济社会发展的考核体系。2007 年底，国务院通过有关文件，将节能减排目标的实现提高到"一票否决"的地位，地方政府领导人如果未能完成有关目标，将受到一定的处分，严重者会被撤掉行政职务。在这种目标导向之下，治理污染成为地方政府的一个重要政策目标。

（一）治污效果

在整个"十一五"时期，我国单位 GDP 的能耗下降了 19% 以上，二氧化硫的排放总量下降了 14.29%，化学需氧量的排放下降了 12.45%，超额完成了目标。

从已有文献看，许多学者研究了环境政策的作用机制。环境政策作用的成因、因素、过程、环节、方式、动态、演变等构成了环境政策作用机制的基本内涵。首先，就环境政策在控制和解决环境问题中的地位和角色而言，由于环境问题关系到人民群众的健康安全，关系到人们的生产和生活的方方面面，作为公共政策，政府部门通过制定环境政策，组织、动员政府力量和社会力量，控制和解决环境问题，因此，环境政策是环境问题的识别者、组织者和指挥者。环境政策在我国的影响较大，一些地方没有环境政策，政府部门就不着手解决环境问题，就有借口任凭环境问题恶化。其次，在政策环境的作用途径方面，该政策主要通过三个环节展开：直接作用于政策对象的途径；间接作用于政策对象的途径；直接作用和间接作用兼具的途径。政策途径作用于对象时，会发生一级分支和二级分支，分支的结果形成政策作用途径网络，只有深分析政策途径分支、节点和沿途状况，才可以准确揭示政策作用的机理。在节能方面，陈诗一的研究表明，节能目标实现的主要原因是能源生产率的提高，而产业结构调整起到的作用则相对较小。[①] 在减排方面，Jin 和 Lin 研究发现，实现减排的主要原因是关闭了大量污染企业，并非由于现有企业的技术效率的提高，"一票否决制"对降低污染排放起到了关键作用。[②] 2007 年环境保护目标被纳入地方政府的考核体系之后，地方官员只注重经济目标而不注重环境保护的政绩观有所改善。Zheng 等的研究指出，2007 年以来，环境问题得到地方政府的重视，政府用于环境治理的投资不断增加、产业结构调整加快，城市的环境污染状况有所改善。[③] Kahn 等同样发现，水污染状况也得到改善。自中央鼓励地方政府治理地区边界的河流污染后，COD 浓度在边界地区的河水中下降得很快，多数达到了国家标准。[④]

学者们也在文献中指出，现有总量控制政策存在不足，仍需改进。不足之处在于，中央统一规划制定的总量控制政策不适用于处理复杂的生态环境问题，且实施成本比较高。可以通过将规划权力下放、鼓励公众参与规划的制定和监督两种方式解决不足之处。[⑤]

（二）政策的异质性及其影响

若排污指标较多地分配给经济发达的东部地区，可以提高企业的利润总额，但会导致地区差距的扩大；若排污指标较多地分配给

① 陈诗一：《中国碳排放强度的波动下降模式及经济解释》，《世界经济》2011 年第 4 期。

② Jin Y., Lin L., "China's Provincial Industrial Pollution: The Role of Technical Efficiency, Pollution Levy and Pollution Quantity Control", *Environment & Development Economics*, 2014, 19 (1): 111–132.

③ Zheng S., Sun C., Qi Y. et al., "The Evolving Geography of China's Industrial Production: Implications for Pollution Dynamics and Urban Quality of Life", *Journal of Economic Surveys*, 2014, 28 (4): 709–724.

④ Kahn M. E., Li P., Zhao D., "Water Pollution Progress at Borders: The Role of Changes in China's Political Promotion Incentives", *American Economic Journal Economic Policy*, 1945, 7 (4): 223–242.

⑤ Liu L., Zhang B., Bi J., "Reforming China's Multi-Level Environmental Governance: Lessons from the 11th Five-Year Plan", *Environmental Science & Policy*, 2012, 21: 106–111.

经济欠发达的中西部地区，可以达到缩小地区差距的目的，但是全国的企业利润总额将出现下降趋势。[1] 较为恰当的分配方案是将更多的排污指标分配给经济发展水平和技术水平都较高的东部地区，然后对中西地区进行减排的专项转移支付，兼顾效率与公平。

然而现实情况是，更多的排污指标分配给了发展水平较低的中西部地区。林伯强研究指出，由于东部地区排污指标少，严格的环境规制政策导致部分重污染企业迁往环境规制较弱的中西部地区。"东部—西部"的污染活动转移导致的环境污染不仅存在，而且环境污染转移的弹性还比较高。[2]

郑思齐等指出，许多东部沿海地区由于环境规制政策更为严格，大量火力发电企业被关闭，因此陆续转移到中西部地区。[3] 从社会总福利角度而言，火电厂从发达地区向欠发达地区的转移可能有好处，因为欠发达的中西部地区人口密度较低，转移可以减少受污染的人数；但由于中西部地区的环境规制较弱，火电厂没有节能减排的激励，可能不会安装脱硫的污染处理设施，这会导致中西部地区的污染更为严重。与气体污染相比，总量控制政策将地区间差异造成的"东出西进"式的污染产业重新布局，会导致危害更大的水体污染。因为我国经济的发展水平与河流流向正好相反——经济发展水平呈东高西低，而我国河流流向一般是自西向东，即经济欠发达的中西部地区位于河流的上游。陈钊等人研究指出，上下游企业所受到的环境规制严格程度不同，导致重污染企业重新布局，迁出环境规制严格的下游地区，迁入环境规制宽松的中上游地区；而重污染产业排放物顺流而下，下游地区水质改善速度远远低于顺流转移而来的

---

① 乔晓楠、段小刚：《总量控制、区际排污指标分配与经济绩效》，《经济研究》2012 年第 10 期。

② 林伯强：《西部发展力避环境污染转移》，《西部大开发》2014 年第 z1 期。

③ Zheng S., Sun C., Qi Y. et al., "The Evolving Geography of China's Industrial Production: Implications for Pollution Dynamics and Urban Quality of Life", *Journal of Economic Surveys*, 2014, 28 (4): 709 - 724.

污染速度，这使得中上游与下游地区的水体污染加重，河流的总体水质恶化。[①]

综合来看，在政策的推动下，全国层面的、整体性的节能减排目标实现并超额完成，但各地区间的节能减排效果差异较大。由于更先进的排污技术、更严格的环境规制，东部发达地区的节能减排率较高；中西部地区的环境规制相对较弱，部分高污染行业的企业向中西部地区转移，较弱的环境规制与重污染企业的迁入导致中西部地区的节能减排率较低。

二 排污收费政策效果

与总量控制的行政约束手段相比，我国较早地采用了排污收费这一经济激励手段治理环境。我国排污收费制度正式建立于 1982 年 7 月，国务院颁布并施行了《征收排污费暂行办法》。《征收排污费暂行办法》规定，如果企业直接向环境中排放污染物，那么企业必须按照排放的污染物的数量和浓度缴纳一定的排污费，并逐步在全国范围内推广排污费的政策。随着经济发展过程中造成的环境污染日益严重，政府对环境问题日益重视，1998—2015 年，我国先后四次上调排污费的征收标准。

（一）政策效果

虽然排污收费制度几经调整，但现有排污收费的文献大多是针对 2003 年调整以前的政策。对于排污收费制度的政策效果，学者观点存在差异，但总体来看，大多数学者认为排污收费制度对保护环境、控制污染起到了积极作用。较为有代表性的观点有：Jiang 和 Mckibbin 认为排污收费对节能减排、减少污染起到了积极

---

① Chen Z., Kahn M. E. et al., "More Regulations and Better Environment?" Changing Geographic Locations of Water Polluting Industries along the Yangtze River, Fudan University, *Working Paper*, 2014.

作用①；Fujii 和 Managi 研究发现，排污收费制度在治理水污染方面效果显著，在空气质量改善方面效果不明显②；Lin 的研究发现，排污收费政策的实施并没有显著降低企业污染物的排放水平，环保部门检查每增加一次，企业报告的污染排放水平就会增加 3.45%，随着环保部门检查次数的上升，污染排放企业申报的污染水平逐渐接近真实排放水平。③

对不同地区或企业，排污收费的政策效果也不同。Wang 等研究发现国有企业的排污费实际征收率较低，因为在与当地环保部门的谈判中，国有企业有更大的讨价还价能力。④ Jiang 等同样研究发现排污收费对国有企业的影响小于对外资企业和私有企业的影响。⑤ 而 Wang 和 Wheeler 研究发现由于地方政府具有一定的排污费征收自主权，其征收具有灵活性，各地区执行排污收费政策的力度存在明显差异。沿海省份的排污费较高，欠发达内陆省份的排污费较低。⑥

排污费制度的经济影响主要有企业治污投资、FDI 选址及贸易品的国际竞争力三个角度。Wang 等发现排污收费制度对企业购买治污设备投资和设备运行费用支出有显著的正向影响。⑦ 董敏杰等发现环境管制对中国贸易部门的价格水平的影响在可以

① Jiang T., Mckibbin W. J., "Assessment of China's Pollution Levy System: An Equilibrium Pollution Approach", *Environment & Development Economics*, 2002, 7 (1): 75-105.
② Fujii H., Managi S., "Determinants of Eco-Efficiency in the Chinese Industrial Sector", *Journal of Environmental Sciences*, 2013, 25 (S1): S20-S26.
③ Lin L., "Enforcement of Pollution Levies in China", *Journal of Public Economics*, 2013, 98 (1): 32-43.
④ Wang H., "Pollution Regulation and Abatement Efforts: Evidence from China", *Ecological Economics*, 2002, 41 (1): 85-94.
⑤ Jiang T., Mckibbin W. J., "Assessment of China's Pollution Levy System: An Equilibrium Pollution Approach", *Environment & Development Economics*, 2002, 7 (1): 75-105.
⑥ Wang H., Wheeler D., "Financial Incentives and Endogenous Enforcement in China's Pollution Levy System", *Journal of Environmental Economics & Management*, 2005, 49 (1): 174-196.
⑦ Wang H., "Pollution Regulation and Abatement Efforts: Evidence from China", *Ecological Economics*, 2002, 41 (1): 85-94.

承受的范围内，认为环境规制并不会降低中国产品的国际竞争力。[①]

（二）排污收费政策与总量控制政策的比较

排污收费制度是指向环境排放污染物或超过规定的标准排放污染物的排污者，依照国家法律和有关规定按标准缴纳费用的制度。征收排污费是为了促使排污者加强经营管理，节约和综合利用资源，治理污染，改善环境。排污收费制度是"污染者付费"原则的体现，可以使污染防治责任与排污者的经济利益直接挂钩，促进经济效益、社会效益和环境效益的统一。排污收费的管理依据主要是《排污费征收使用管理条例》。当前我国采用的命令控制型政策主要是污染总量控制工具，与经济激励政策相比，哪种政策更为有效呢？苏晓红认为，命令控制型环境规制手段虽然可以在短时间内快速降低污染物的排放量，但是具有较高的实施成本，同时缺乏技术创新激励；而经济激励政策具有成本低、技术创新激励程度高的特点。[②] Jin 和 Lin 同样认为命令控制型的总量控制政策在降低污染、保护环境方面效果显著，但在推动技术创新方面没有显著的促进作用，相比之下，排污收费政策为企业提供了长期的激励，改进排污技术的投入更大。[③] Liu 等的研究表明，排污收费政策虽然可以同时对多种污染物的减排发挥作用，但是减排总量下降的效果不显著；总量控制政策对某个特定污染物的减排总量效果明显，但对不受其政策控制的其

[①] 董敏杰、梁泳梅、李钢：《环境规制对中国出口竞争力的影响——基于投入产出表的分析》，《中国工业经济》2011 年第 3 期。

[②] 苏晓红：《环境管制政策的比较分析》，《生态经济》2008 年第 4 期。

[③] Jin Y., Lin L., "China's Provincial Industrial Pollution: The Role of Technical Efficiency, Pollution Levy and Pollution Quantity Control", *Environment & Development Economics*, 2014, 19 (1): 111 – 132.

他类型污染物的减排效果不明显。[①]

综上，与总量控制政策相比，大多数文献认可排污收费这一经济手段在减少污染排放中的积极作用，排污收费政策为排污企业提供了相关激励，排污者更有动力增加对排污设备的投资，发明和采用更先进和清洁的生产技术和排污技术，但排污收费效果的实现取决于排污费的征收力度。如何协调排污收费和总量控制两种政策的执行，使市场手段与行政手段相互配合，更好地发挥协同效应，是下一步研究的重点。

第五节　我国环境规制体系的改革：经济手段的前景与挑战

按照西方经济学的理论，环境问题产生的根本原因是以环境成本外部性为特征的市场失灵和政策失灵。根据这一理论基础，在促进节能减排以及环境保护的实践当中，各国政府尝试了不同类型的推动外部环境成本内部化的政策工具，环境政策工具的种类不断增多，并不断完善，政策效果不断得到改进。在这种情况下，对环境规制政策工具进行命令控制型和经济型的分类显得过于简单。但大体来看，在现实中得到广泛应用的仍然是上述两类政策。

一　当前我国环境政策工具的主要特点及问题

随着市场化程度的增强，环境保护政策体系也随之完善。但总体来看，我国还缺乏采用经济手段治理污染的基础和经验，命令控制型的环境政策工具仍是实现环境政策目标的主要手段。目前，我国调控污染产业和污染产品的经济手段比较单一，通常实施的经济

---

① Liu Z., Mao X., Tu J. et al., "A Comparative Assessment of Economic-Incentive and Command-and-Control Instruments for Air Pollution and CO_2 Control in China's Iron and Steel Sector", *Journal of Environmental Management*, 2014, 144 (350): 135 – 142.

手段只有排污收费制度。可交易排污许可机制作为有效的市场控制手段并未被大范围使用，大多限于一些地区的二氧化硫和二氧化碳排放。即便排污收费制度这一经济手段也仅仅是收费、罚款等简单、粗暴的方式，需要依赖行政力量来实施，实施成本较高，从这个意义上看，经济手段实际上是行政手段的一部分。而这样的环境政策工具体系对污染产业和污染产品的调控也带来了诸多问题。

第一，由于法治进程、文化习惯等，我国环境污染问题的最终解决很少真正诉诸法院。我国环境领域的许多污染问题往往只引发个别政府官员与企业间的讨价还价甚至行贿受贿，而问题本身被解决的可能性非常小。设立的法律法规往往执行得不够理想，得不到有效的贯彻落实；法律法规体系虽然越来越完善，但形同虚设。而要打破这种形同虚设的局面，就要不断完善环保法和相关法律的衔接，建立环保部门与其他部门的联动机制。针对项目管理，法律可以明确，对于环评没有获得环保部门批准的，工商部门不予登记、发改部门不予立项、建设等相关部门不得批准其开工建设。而对于不执行环境行政处罚决定或者整改决定，经催告仍不改正的企业，由工商部门在年检时予以督促把关。

第二，命令控制型手段不适合控制众多分散的小企业的污染。每个小企业产生的污染似乎都不大，不值得被监控，但过多的小企业排放的污染总量则大得惊人。在我国，许多行业因受政策控制，较大规模的企业难以上马，小规模企业则不在政策控制之列，因而遍布大江南北。小企业由于资金力量薄弱，无力安装并运行环保设备，且不易受到污染监控，因而其污染强度往往超过同类型的大企业。这就使得命令控制型手段在对污染产业和污染产品的控制方面难以奏效。

第三，地方保护使命令控制型手段不易得到贯彻落实。我国由于正处于发展阶段，区域经济发展不平衡，中央政府的环保目标与地方政府的发展目标之间的矛盾时有发生，这使国家级的环境法规难以在地方得到很好的执行。在我国，由于不少地区的财政收入仍要依靠一些资源开发型的污染企业，因而地方政府容易对这些企业网开一面。加之地方环保局一般也隶属地方政府管理，而不属于国家环保部垂直管理体系。因而地方环保局因行政干预，难以有效地监督地方污染企业的污染防治。我国发生的一系列环境事件（如某县政府挂牌保护一家污染企业，导致当地饮用水受该企业污染而出现砷含量严重超标）印证了这一点。

第四，命令控制型手段对一些跨界污染往往无能为力。由于一些污染问题难以识别主要的污染者，因而命令控制型手段往往失去对象。例如，我国河流众多，许多河段往往是相邻地区的分界线，属于公共资源。当这些河段发生严重污染时，相邻地区往往互相推卸责任，而监管者也难以判断孰是孰非，无法进行有效的处置。

另外，命令控制型手段还有一些弊端。如采用命令控制型手段控制污染排放的成本虽然不易为公众所关注，但比采用经济手段防治污染的成本要高得多；由于污染处罚的力度有限，命令控制型手段不足以对违背环境法规的行为形成威慑；而且命令控制型的手段往往还容易成为某些政策制定者以环境保护之名获取利益的工具。

总的来看，我国环境政策在持续地发展，但仍存在许多问题。最突出的问题是环境政策制定中政府主导色彩浓厚，市场化程度较低。政府主导型政策规定可操作性低或不能与时俱进；而由于市场化程度较低，具有激励作用的环境经济政策的应用范围则很有限，不能对经济主体起到激励作用。现行的环境保护标准管理体制与法律规定，和我国加入世界贸易组织时的承诺仍有很大差距，其科学性、完整性、系统性、协调性和可操作性尚待提高。因而，我国环境政策体系虽然比较健全，但实施机制欠健全、实施效果欠佳。

二 经济手段治理环境污染的理论前景

经济手段通过改变经济主体（排污者）的成本或收益，从而间接激励经济主体采用对环境友好的行为。常见的经济手段有环境税、可交易排污许可证等。命令手段是政府（规制者）对企业的活动直接限制或禁止，常用的工具有排污许可证、环境标准等等。命令型控制手段作为传统环境政策工具，仍然被各国普遍采用，但由于其成本高、效率低，无技术创新激励，因而世界各国都致力于寻求、创造更有效率的环境政策工具，经济手段开始受到学者和政治家们的青睐，有后来者居上之势。按照主流经济理论（新古典经济学），作为市场调节的经济手段比直接行政控制的命令手段，在环境保护中更具优势，更有效果。这些优势大致有如下几点。

（1）静态效率（成本有效性）。静态效率指的是，采用经济规制手段，政府可以将实现减排目标的社会成本最小化。因为利用市场机制，经济手段可以在不同企业间有效分配减排量。理论上命令控制手段也可以实现静态效率，但能否实现静态效率，取决于政府能否制定和实施一套有效的分配方案。在环境规制实践中，为了制定这样的分配方案，政府需要获取污染企业的成本、减污等信息，而排污企业一般不会准确提供上述信息。这会导致严重的信息不对称，而且信息收集过程也会加大政府管理成本。因此，最好的方式是政府"委托"市场，依靠市场机制实现排污的有效分配。

（2）动态效率。动态效率是经济手段控制污染排放的长期效果。其具有动态效率优势的原因有二。第一，经济手段控制污染排放可以激励排污者对企业的成本、规模等进行长期调整，以实现利益最大化，进而对整个行业的规模和数量产生影响。迪科斯彻指出，如果政府通过经济规制手段来达到降低污染排放的目标，污染企业的规模和企业总量都将实现最优，而其采用命令手段控制污染排放时，则会存在企业规模过大或过小、企业数量过多或过少的问题，不利于资源的优化配置。[1]　第二，

---

① Dijkstra B. R., "Time Consistency and Investment Incentives in Environmental Policy", *Discussion Papers in Economics*, 2002, (4390): 1129 – 1130.

通过经济手段来达到降低污染排放的目标，可为排污企业的减污行为提供长期的激励。在经济手段下，排污者有动力加强对治污设备投资或加强研究与试验发展投入，开发和采用更清洁、有效的生产工艺和减排技术。技术的扩散效应有利于整个地区或世界减排能力的提高。而在直接管制下，企业一般会将减排量控制在规定水平，缺乏技术创新的动力。

（3）透明与公正性。与命令控制型环境政策工具相比，经济手段在污染防治过程中被钻空子的可能性更小，因而也更有效、更公正。同时，通过经济手段为环境保护筹集资金更加透明。这些排污税和可交易排污许可费划归国库形成财政收入，财政收入可用于环境保护、生态补偿或其他政府预算，且财政支出要接受民众的监督。因此，在经济手段下，无论是税费的征收还是支出都是透明公开的。

经济手段由于具备了上述优势，因此得到了政策制定者的青睐。经济手段不仅是行政控制手段的有力补充，更有取而代之的发展势头。在发达国家或地区，经济规制手段得到广泛应用，比如在美国得到广泛应用的可交易排污许可证制度，以及在欧盟地区得到推动的环境税费政策，等等。

三 经济手段治理污染面临的挑战

从理论上分析，经济手段治理污染具有命令型手段无可比拟的优势，但必须清醒地意识到，在现实的政策工具实施过程中，经济手段的应用程度与范围、经济手段的实施效果还远远没有达到教科书或学者建议的那样。实践中，经济手段虽发展迅速，但目前仍以命令型手段工具为主，除了政治上的原因之外，例如某些政治利益团体对经济手段的反对，还因为经济社会的实际情况可能变得非常复杂，难以满足经济手段发挥作用需要的基本条件，例如，市场的非完全竞争性、信息的不完备与不确定性、污染的区域性差异、经济激励手段和技术创新脱节、经济手段易受到利益集团的影响等，这些情况在我国也程度不一地存在。目前我国环境问题严重，亟须进行环境政策工具的创新以克服以往对环境污染治理的不足，因此，借鉴发达国家成功经验的同时，也要清醒地面对经济手段调控污染的不足与挑战，避免经济手段的落地难、执行难问题。

（一）非完全竞争性市场

理论分析的前提是完全竞争的市场，但现实的市场更多是非完全竞争市场。完全竞争市场是个例，而非完全竞争市场是常态。所谓的非完全竞争市场，是指这样的一个市场，因为至少有一个大到足以影响市场价格的买者（或卖者），并因此面对向下倾斜的需求（或供给）曲线。不完全竞争是由美国经济学家 J. M. 克拉克针对完全竞争概念的非现实性而提出来的。J. M. 克拉克指出，虽然完全竞争被经济学家进行了准确的定义和"精心"阐述，但它在现实世界中不可能且从来没有存在过，其应用的最大意义在于可以作为人们分析问题的出发点或判别是非的行为标准。在 J. M. 克拉克看来，只要完全竞争的一个条件不具备，则合乎情理地会出现另外的条件也不具备的情形（乔治·施蒂格勒曾针对这个论点举了个十分贴切的例子，假定某个行业的人员具有快速流动性，但对周围的情况一无所知，他们便会往返在两个城市之间寻找工作，这就使工资水平均等的人员流动量始终处于饱和状态。但如果劳动力的流动性小一些，这个超越均衡的倾向就会得到纠正）。这个问题后来形成次优理论。

现实环境的复杂性，决定了竞争的多样性。例如各个产业之间以及同一产业在不同阶段的竞争特性都不可能完全相同。J. M. 克拉克指出，竞争的多样性来自产品的同质性或非同质性、生产者的数量及其规模结构、价格制定的方式、交易的方式、市场信息传递的特征和手段、生产者和消费者的地理分布、产出控制的时间特征、工厂或企业规模的差异导致的成本变动、短期产出波动引起的成本变动、生产能力的可伸缩性十个方面的因素。改革开放后的几十年里，虽然我国的市场化程度有所提高，但还有许多领域是非完全竞争，甚至垄断市场。垄断企业多是大型国有企业，在减排谈判中，拥有垄断势力的企业往往具有较强的讨价还价能力，因此容易将其承担的环境成本转嫁给其他主体，比如下游企业以及消费者。在这种情况下，经济规制手段难以对垄断型污染企业发挥有效的激励作用。

（二）信息的不完备与不确定性

所谓的信息不完备（Information Incompleteness）是指由于不确定性的存在和共同知识的缺乏，人们无法掌握关于事物的所有方面。信息不完备增加了缔结契约的难度。由于现实世界中信息是不完备的，规制者不可能知道每个排污者对环境造成的边际损害程度，因此，经济手段的激励机制也不能有效发挥作用。信息不完备会造成污染控制价格、数量等具有事前不确定性，因此，对于是否达到以社会成本最小化为目标的减污水平，也难以准确估计，经济手段可能导致效率损失。例如，对很多污染行业征收的排污费大大低于污染物的平均削减成本，其导致对企业的减污行为激励不足。[①]

（三）污染的区域性差异

我国幅员辽阔，不同省份、不同地区的发展水平差异很大，不同地区的生态环境承载能力差异也很大，各地区对污染源监控与评估难度的差异也很大，同等数量的污染排污对不同地区的影响也会不同。以土壤污染为例，2014 年 4 月 17 日，环境保护部与国土资源部联合发布的《全国土壤污染状况调查公报》显示，全国土壤环境状况总体不容乐观，总的超标率为 16.1%；其中，中度和重度污染点位比例分别为 1.5% 和 1.1%。部分地区土壤污染较重，耕地土壤

---

① 张世秋：《环境政策边缘化现实与改革方向辨析》，《中国人口·资源与环境》2004 年第 3 期。

环境质量堪忧，工矿业废弃地土壤环境问题突出；镉、汞、砷、铅 4
种无机污染物含量分布呈现从西北到东南、从东北到西南方向逐渐
升高的态势。土壤镉污染呈现明显的区域化分布，主要分布在西南、
华南地区，其中成都平原和珠江三角洲地区较为突出。土壤汞污染
主要分布在长江以南地区，其中东南沿海地区呈现沿海岸带的带状
分布。土壤铬污染主要分布在云南、贵州、四川、西藏、海南和广
西。土壤铅污染主要分布在珠江三角洲、闽东南地区和云贵地区，
湖南、福建和广西也有较高的超标率。土壤多环芳烃污染主要分布
在东北老工业基地、长江三角洲和华中地区，煤炭大省山西土壤多
环芳烃污染超标率高达 17.5%。可见，我国土壤污染呈现明显的区
域化态势。因此，采用经济手段时，要避免"一刀切"，必须对不同
的地区实施不同的标准；只有因地制宜才能实现静态效率。但是，
人们由于缺乏对污染物边际减排成本以及减排对环境影响的了解，
要制定一整套行之有效、适合每个地区的标准几乎是不可能的。因
此，由于巨大的区域性差异，采用经济规制手段达到降低污染的难
度将非常高。

（四）经济激励手段和技术创新脱节

一般而言，经济手段可以激励排污者进行技术创新以降低排污
量，但当一国或地区的技术发展主要依靠技术引进时，经济手段的
静态效率和动态效率都难以实现。当前我国主要依靠技术引进，具
有弱原创性和强模仿性。[1] 因此，经济手段往往只能起到鼓励污染排
放企业引进新型环保技术的作用，但不能激励企业进行环保技术的
研发。因此，从长远角度来看，仅仅依赖经济手段不利于我国绿色
环保技术的进步。此外，如果不能恰当地运用经济手段，那么企业
进行技术研发的积极性甚至有可能受到打击。例如，针对如何分配

---

① 金碚：《经济全球化背景下的中国工业》，《中国工业经济》2001 年第 5 期。

二氧化硫排放指标的问题，许多地方的环保部门将基准年由 1995 年调整为 2000 年，这导致许多已经采用了先进的环保技术的企业获得的指标更少，环境规制政策导致了"鞭打快牛"现象的出现。[①]

（五）经济手段易受到利益集团的影响

经济手段是基于市场机制而建立的，因此涉及对利益分配结构的调整。对于不同类型的经济规制手段来说，不同污染企业之间、污染企业与被污染对象之间等会出现不同的成本分配效应，所以，往往不存在一个可以实现帕累托改进的政策工具。为了实现利益最大化，强势的政治利益集团会影响政策制定者对环境政策工具的选择[②]，使经济手段妥协于政治因素，政策工具成为弱势集团或无组织群体的利益向强势利益集团转移的工具，牺牲了经济效率。

---

① 张世秋：《环境权益理论与环境资源公共管理制度研究》，北京大学，2004。

② Dijkstra B. R., "Time Consistency and Investment Incentives in Environmental Policy", *Discussion Papers in Economics*, 2002 (4390): 1129 – 1130.

第四章　创新驱动的环境规制：国际比较的视角

第一节　经济合作与发展组织八个国家环境创新概况

人类共同居住在同一个地球上，对于自然环境的需求与利用关系到未来的长期生存。地球的生态系统是一个相互关联、相互影响的整体，在整个自然界中，无论是海洋、陆地还是空中的动植物，都是地球的生命机体中不可或缺的一部分。环境问题日益成为一个全球性问题，世界各国在推动经济发展的过程中越来越注重对环境的保护，尤其是自金融危机之后，各主要发达国家大力加强在绿色环保领域中的投资。各国将"绿色增长"作为重要的政策目标，进而实现可持续发展。在发展生态创新方面，作为经济合作与发展组织成员的美国、日本、加拿大、希腊、瑞典、丹麦、德国和法国，从 21 世纪之初就开始了各自在政府层面上的战略或计划。

一　加拿大

加拿大作为西方发达国家之一，在人均能源消耗方面位于世界前列。虽然加拿大属于人口稀少的国家，其汽车拥有量却相对较高。虽然如此，加拿大在空气和环境保护方面却是世界上少有的做得较好的国家之一。在加拿大，即便在工业化程度很高的发展时期，空气质量也明显优于其他城市。有资料显示，在全世界空气质量排名最好的前十个城市中，加拿大占据了7个城市。为了推动生态创新的发展，政府创立了部分非营利性组织，比如环境技术促进中心、可持续发展技术研究中心等等。同时，加拿大推出了一些政策来推动绿色创新的发展，比如在交通、能源等领域推出生态项目，制订加拿大可持续发展技术计划，在"工业可持续发展计划2006—2009"等一系列计划安排中都将环境创新作为重要的目标。同时，民众对于环境保护的意识很强。这首先体现在政党竞选中，无论是联邦选举、省政府选举还是市政府选举，环境保护都是无法避免的话题，也是选民最关心的话题。正因为如此，每一个参选政党在向选民展示其未来的执政纲领时，都对环境保护有具体的措施和承诺，这使民众的愿望在未来政府政策中得到足够的重视。比如自由党，环境保护是其主要的党领和政纲，它提出的绿色能源政策被广大选民熟知和肯定。加拿大的第四大党绿党更以环境保护为党的基本宗旨，支持人数众多。其次，舆论媒体也在迎合民意，对任何破坏环境、污染环境的行为进行曝光，对政府起到了监督的作用。最后，就民众本身而言，其也能从自身做起，保护环境。比如，加拿大人很自觉地进行垃圾分类，外出遛狗时，其都会带一个塑料袋，把狗的粪便收集起来，我还看到有的加拿大人看到路边有垃圾会自觉地捡起来，送到垃圾箱。

二 丹麦

丹麦被誉为创新之国。欧洲工商管理学院和世界知识产权组织发布的"2011年全球创新指数"（GII）显示，丹麦位居第六。它又是一个非常注重保护环境的国度，在节能减排和绿色产业方面一直走在世界前列。在推动科技创新和促进环境保护的过程中，丹麦企业发挥了主力军的作用，它们一方面将经济发展和环境保护结合起来制定企业长期战略，另一方面则将创新精神发挥到极致，使之成为占领未来市场的利器。同时，丹麦政府不仅在世界各种创新排名中靠前，在生态创新领域中也积极行动。比如，丹麦致力于开发的生态效用技术，旨在应对自身以及全球面对的环境问题挑战。2008年，丹麦科技创新部退出了绿色 IT 计划，这一计划的目标是大力推广绿色 IT 技术，不管是一般的企业，还是政府，都成为绿色 IT 计划的目标群体。这项计划不仅促进了智能 IT 的快速发展，而且显著降低了丹麦的能源消费水平。1971 年，丹麦成立了环境部，是世界上第一个设立环境部的国家。其主要职责表现在：负责环境保护和环境规划方面的行政和研究工作，在国家层面的行政由环境保护部负责，在地区层面的许多行政执法工作由地方市政管理部门代为执行。

三　法国

法国虽是欧洲老牌工业强国，但在应对自然环境恶化和资源枯竭、推进生态文明建设方面也起步甚早，并取得显著成效。早在 20 世纪 90 年代初，法国政府就曾推出一项国家环境计划，拟订国家在环境保护和生态建设方面应开展的诸多具体措施，并促成了法国环境与能源控制署、环境研究所等相关公共机构的诞生。此后，法国政府在环境保护和生态建设方面的主导地位越来越得到强化。近十年来，法国总统都将生态环保、可持续发展列为执政工作的重中之重，环境部长也在政府内阁中起到了举足轻重的作用。在 2007 年 8 月召开的法国环境圆桌会议上，法国政府确定了中长期的环保目标：从 2007 年到 2050 年实现温室气体年均减排 3%，至 2020 年使新能源在整个能源结构中占到 23%，推动绿色建筑的发展，使建筑的能源消费在 2020 年减少 1/3 以上。2008 年，法国成立了生态工业战略委员会，旨在推动环境领域中的技术发展。2009 年 7 月通过的新环保法案为法国未来的环保发展明确了方向：在气候方面，法国将力争在 2050 年将温室气体排放量在 1990 年的基础上减少 75%；在能源方面，其目标是到 2020 年，将可再生能源占能源总消耗的比例提至 23%；在农业领域，其争取到 2020 年将种植生态农产品的农田比重提高到20%，并从税收方面为生态农业提供优惠；而在占法国能源消耗总量约40%的建筑行业，政府亦采取更为严格的标准，根据所建房屋的能耗发放建筑许可。由此可见，法国并不是单纯地强调减排，而是关注环境领域中的技术创新。值得注意的是，在生态环境保护方面，法国政府不仅是决策者，还充当着示范者和服务者的角色，不少政策的制定和实施都以向公民提供优惠，同时加强针对政府机关、国有企业和公有部门的限制为原则。在改革、完善国内发展模式的同时，法国还积极推动欧盟通过能源气候"一揽子"计划，并致力于在欧盟发展生态农业、保护生物多样性等方面发挥领军作用。法国于2015年底顺利举办了联合国巴黎气候变化大会，推动达成全球应对气候变化的《巴黎协定》。

四 德国

其2002年就制定了可持续发展战略，对德国的环境创新活动产生了积极影响。2008年11月，德国政府制订了与环境技术发展有关的总体计划，这一计划旨在推动水资源技术的发展和气候技术的进步，在这一计划的影响之下，德国生态创新技术不仅得到了广泛应用，也在不断推动着环境技术市场的开放。此外，德国政府对交叉技术的研发活动给予了特别支持，尤其是对能源技术和环境技术的交叉研究，德国政府希望借此打通环保和技术的桥梁。同时，德国高度关注环境保护法律体系的建设与不断完善。德国的环境保护法最早可以追溯到中世纪的单项文本，比如禁止给井水投毒、保护狩猎地区等，已经属于早期的环境法。但到了战争时期和战后时期，由于关注工业复兴，环境法的发展一度出现停滞，直到20世纪70年代，德国才重新提出新的环境立法目标。德国依托欧盟法的体系，建立了德国环境法体系。因此，德国环境法既有国内法的规定，也有国际法的渊源，特别是欧盟法的规定，如莱茵河的保护规定等。德国作为欧盟的成员国，对欧盟的法律，有的可直接适用，有的要转化适用。比如，公众知情权、参与权、参加听证会议权等权利，均来自欧盟法。德国的环境法遵循预防原则（可持续发展原则）、污染者负担原则和合作原则，既各有侧重，又相互关联，构成了一个完整的节能环保法律体系，主要包括水利法、垃圾法、土壤保护法、环境信息法等。《废物避免产生和废物管理法》是德国的第一部环境保护法。1972 年德国重新修订并通过了《德国基本法》，赋予政府在环境政策领域更多的权力。随后，德国通过了《废弃物处理法》《联邦控制大气排放法》等环境法案。1995 年德国通过《排放控制法》，1996 年德国的《循环经济与废物管理法》正式生效。2000 年德国颁布《可再生能源法》，2004 年德国颁布《可再生能源法修正案》，2005 年德国颁布《联邦控制大气排放条例》和《能源节约条例》以及《电子电器设备法案》。从 1972 年通过第一部环境保护法至今，德国已拥有世界上最完备、最详细的环境保护法。在完善的法律制度的保障下，经过多年的艰苦努力，德国彻底改变了工业化造成的环境严重污染的状况，成为欧洲环境最好的国家之一，也是环保产业发展居世界前列的国家之一。

五　希腊

希腊政府通过大力推动科技创新，实现了经济发展向知识的成功转型，也是提高希腊企业国际竞争力的重要因素。2002 年，希腊政府制定了可持续发展战略规划，这一规划旨在确保希腊可以实现经济发展与环境系统的平衡。同时，希腊政府重视企业的生态创新技术，加大在环境技术领域中的投资。在法律监管方面，希腊政府主管环境保护的部门是生产重建、环境和能源部，下设一位副部长主管环保工作，主要职责是：制定战略规划与法律法规，以保护自然环境与资源，提高人民生活质量，缓解和适应气候变化带来的影响，完善环境治理机制与机构。此外，希腊各地共有约 30 家环境保护和管理单位。希腊基础环保法律法规包括：《环境保护法案》

(1986 年)，《第 4042/2012 号环境保护法》，《第 3983/2011 号海洋环境保护和管理法》，《第 3937/2011 号生物多样性保护法》以及《欧盟指令 92/43/EEC》，《野生动植物自然栖息地保护规定》。涉及投资环境影响评价的法规包括：《第 1327/1983 号大气污染治理法》《第 3199/9 - 12 - 2003 号水资源保护法》《第 JMD50910/2727/2003 号规定固体废物处理条例》《第 2742/99 号规定海岸线保护法》《第 2939/2001 号规定包装及包装材料管理法》等，以及欧盟关于环境保护的相关指令。根据希腊《环境保护法》，经营主体投资新项目必须事先经过希腊生产重建、环境和能源部以及经济、基础设施、航运和旅游部等部门的环境评估，这是经营主体取得开工许可的先决条件之一。根据大气污染方面的法律，各经营主体须选择在安全范围内生产，同时要应用防大气污染技术，符合排放标准等。根据希腊《水资源保护法》，各经营主体排污有法定的最高上限要求，超出上限标准则要加倍征收排污费。经营主体应根据希腊固体废物处理条例解决好对废油、废旧电池、报废车、报废电子电器设备、建筑废料等的处理问题。2012 年 4 月，希腊 Nomiki Biblothiki 出版集团、希腊发展和竞争力及希腊投资局联合出版了《希腊法律摘要：投资希腊法律大全》一书，上述法律的相关规定均可在其网站上获得。

六　日本

日本作为世界第二经济强国，在经济发展的过程中面临过许多环境以及公害问题，而且日本曾经是环境污染非常严重的国家。第二次世界大战后，日本集中力量发展重化学工业，工厂林立、浓烟蔽日。由于缺乏有效的环境管理，伴随经济起飞，日本的环境可谓乌烟瘴气，一塌糊涂。濑户内海曾经成为著名的死海，东京湾被称为"世界上最脏的海湾"，日本也成了"世界最脏"的国家。20 世纪的世界八大环境公害事件竟有一半发生在日本——骨痛病事件

（镉中毒造成）、水俣病事件（甲基汞中毒造成）、米糠油事件（多氯联苯污染米糠油造成）、四日市哮喘病事件（工厂排放废气所致），日本民众的健康受到巨大威胁，日本社会由此深切地认识到环境问题的重要性。从 20 世纪 70 年代起，日本开始进行环保治理，从环保立法和环保政策的制定，在工业污染控制、大气环境治理、节能管理、环保技术创新与推广、循环经济、民众环保意识普及等各方面采取了有效的措施。经过几十年的努力，日本的环境得到全面的改善，从而使日本在进入发达国家之列的同时，拥有了工业大国中最高的森林覆盖率，最发达的环保产业，最完善的环境法规体系以及最显著的污染治理成果，此外，日本还是世界上人均寿命最长的国家，日本的 HDI（人类发展指数）位居世界第八，在亚洲国家中排名第一。由于自然资源稀缺，日本政府高度重视环境问题。2007 年，日本启动了 "Cool Earth 50 Initiative" 计划，该计划的目标是在 2050 年实现日本的温室气体排放量下降一半。2008 年，日本政府推出了新经济增长战略，主要包括三个方面：构建新的经济结构以适应能源消费结构的变化，推动可持续发展计划的实施，重视农业和服务的发展。在环境研究和技术开发政策方面，日本现行环境研究和技术开发的指导方针源自 2002 年 4 月日本中央环境审议会审议通过的《环境研究和技术开发的推进方针》。该方针是中央环境审议会下属的环境研究技术专业委员会根据现行《科学技术基本计划》和《环境基本计划》，将综合科学技术会议 2001 年 9 月制定的《各领域推进战略》具体化的成果。

七 瑞典

作为一个国土面积只有 45 万平方公里的北欧国家，瑞典在环保方面取得的成绩是世界瞩目的。2004 年，瑞典政府制定了 "创新瑞典" 发展战略，这一战略包括六个领域，分别是自动化技术、通信技术、生物和医药技术、金属和材料技术、造纸技术。为了实现上述技术领域的突破，政府积极采取各项行动来促进企业的研发投入。2008 年，瑞典环境技术委员会成立，这一机构的主要职责是促进瑞典在环境技术领域取得更大进展。在对政策手段的运用上，瑞典政府采用法律、经济、教育等多种手段引导企业注重环保。在法律方面，瑞典已经制定了一整套环保法规。由于环境方面的法律纠纷涉及较多技术性问题，他们成立了特别的环保法庭。该法庭由司法人员和专门的技术人员共同负责案件审理。在经济方面，政府通过征收排污费、排污权交易、押金制度等手段引导企业做好污染防治和生态保护工作。在引导企业注重环保问题上，瑞典有两个突出的特点。一是提出了全程产品策略。该策略突破了传统的末端治理思路，从产品的设计、研发、生产、销售直至消费的全部阶段考虑环保问题。政府通过绿色采购、授予采用该策略的企业环保标志等措施鼓励企业采用该策略。二是政府和企业共同出资治理社区环境。由于环保投资大，企业有时无力承担，就需要政府和企业共同出资。Hammarby 社区是这种做法的代表。该社区以前是斯德哥尔摩堆放垃圾的场所，后政府决定将该地区做成环保的样板社区。由中央政府出资，将近 50 万吨的垃圾被运到瑞典中部的垃圾处理场进行处理，然后由斯德哥尔摩市政府负责该地区桥梁等基础设施建设，并由市政府将该地区分成若干地块对房地产企业进行招标，中标企业与市水务公司联手，共同建造环保型社区。社区在建筑材料上大量采用环保材料；大量采用风能、太阳能发电；生活垃圾由社区垃圾处理场集中处理，处理后的生活垃圾一部分变成沼气，供给该地区居民做饭，另一部分变成有机肥。

八　美国

第二次世界大战以后，美国工业及交通业迅猛发展，能源消耗量激增，大气污染严重，当时不吸烟的人也会患上严重的肺部疾病。自此，美国开始防治大气污染的进程，通过制定法律、建立监管机构、提高技术水平、采用经济激励、调动公众参与等措施逐步改善了大气环境。美国环境保护部成立了环境创新国家中心，推动在环境领域中的科技创新活动。由于美国同样面临减排、气候变化等问题，同时加上金融危机的影响，美国政府提出通过绿色创新来引领经济发展。在美国的环境创新国家战略中，创新成为解决社会发展中各种矛盾问题，尤其是不断恶化的环境问题的重要手段。2002年，美国环境保护部制定了"为了实现更好的生态环境而进行创新"的战略，旨在为创新环境政策提供重要的指引。在法律制度的完善上，美国为了防治大气污染制定了非常完善的法律框架。美国大气污染防治的法律法规包括联邦、州、地区、地方政府四个层次，每一个层次的法律法规都明确规定了各级政府在治理空气上的权限和职责，各有侧重，层层衔接，形成了一套完整、全面、适用于空气治理的法律法规体系。美国针对大气污染颁布了多项立法和修正案，是防治大气污染的基本依据，1955年制定了第一部联邦大气污染控制法规《空气污染控制法》，之后又出台了《1960年空气污染控制法》《1963年清洁空气法》《1965年机动车空气污染控制法》《1967年空气质量法》，1970年出台了具有重大意义的《清洁空气法》，1977年、1990年又对其进行了两次修正。《清洁空气法》是一项全国性的立法，具有广泛的约束力，由联邦政府制定空气质量标准，制定了车辆的认证、检测、减排配件应用、燃料生产标准等多项制度。该法案是环境保护署开展行政管理的依据，赋予了环境保护署对污染大气的行为提起民事和刑事诉讼的权利。同时，美国政府采用经济手段，建立排污权交易体系。美国在大气污染防治过程中，最有特色的是利用市场经济手段控制污染排放，建立了排污权交易体系。美国是一个市场经济高度发达的国家，20世纪70年代以来，环境保护署借鉴了水污染治理的排污许可证制度，对大气污染企业进行管理，因为不同所有者之间排污权的交易必须是有偿的，排污权交易市场应运而生，逐步建立起以气泡、补偿、银行、容量节余为核心内容的排污权交易体系。最初，一个工厂内部的多个排污口之间可以相互调配，只要工厂的排污总量未超过规定标准就不算违规，后来范围扩大到同一公司不同工厂之间，甚至同一地区的不同工厂。最开始，排污交易只在部分地区进行，涉及二氧化硫、氮氧化物、颗粒物、一氧化碳和消耗臭氧层物质等多种大气污染物，交易形式也是多样的，为后来全面实施排污权交易奠定了基础。1990 年《清洁大气法修正案》通过后，联邦政府开始实施酸雨控制计划，排污交易主要集中于二氧化硫，在全国范围内的电力行业实施，并制定了可靠的法律依据和详细的实施方案，成为迄今为止最广泛的排污权交易实践。排污权交易制度充分发挥了市场的功能，既可以刺激技术落后的企业努力改进技术，减少排污量，又可以给治理成本比较高的企业留出交易空间，使其通过排污权交易体系获得排污配额，满足排污需求。

综上所述，经济合作与发展组织各国高度重视环境创新，各国在开展环境创新中已经积累了大量的经验和技术。总结上述几个国家的生态创新政策，我们可以发现，经济合作与发展组织各国的生态创新政策实现了一个重大的转型，由传统的单纯环境政策转化为环境政策和创新政策的结合，从单一政策走向复合型政策。与政策变化相对应的是，各国有关环境政策的制定也不再局限于单一的环境部门，而是由多个部门共同参与。

专栏 4-1   经济合作与发展组织

经济合作与发展组织（英语：Organization for Economic Co-operation and Development。法语：Organisation de coopération et de développement économiques），简称"经合组织"（OECD），是由 36 个市场经济国家组成的政府间国际经济组织，旨在共同应对全球化带来的经济、社会和政府治理等方面的挑战，并把握全球化带来的机遇。其成立于 1961 年，目前成员国总数为 36 个，总部设在巴黎。

经济合作与发展组织的前身为 1948 年 4 月 16 日西欧十多个国家成立的欧洲经济合作组织。1960 年 12 月 14 日，加拿大、美国及欧洲经济合作组织的成员国等共 20 个国家签署《经济合作与发展组织公约》，决定成立经济合作与发展组织。在公约获得规定数目的成员国议会的批准后，《经济合作与发展组织公约》于 1961 年 9 月 30 日在巴黎生效，经济合作与发展组织正式成立。

经济合作与发展组织的宗旨：促进成员国经济和社会的发展，推动世界经济增长；帮助成员国政府制定和协调有关政策，以提高各成员国的生活水准，保持财政的相对稳定；鼓励和协调成员国为援助发展中国家作出努力，帮助发展中国家改善经济状况，促进非成员国的经济发展。

现在的经济合作与发展组织共有 36 个成员国，它们是：澳大利亚、奥地利、比利时、加拿大、智利、捷克、丹麦、爱沙尼亚、芬兰、法国、德国、希腊、匈牙利、冰岛、爱尔兰、以色列、意大利、日本、韩国、拉脱维亚、立陶宛、卢森堡、墨西哥、荷兰、新西兰、挪威、波兰、葡萄牙、斯洛伐克、斯洛文尼亚、西班牙、瑞典、瑞士、土耳其、英国、美国。

经济合作与发展组织的功能运作主要通过以下六项。

1. 与世界银行和国际货币基金组织不同，经济合作与发展组织并不提供基金援助。它是在政策和分析的基础上，提供一个思考和讨论问题的场所，以帮助各国政府制定政策，这些政策可能导致成员国政府间达成正式协议，在国内或其他国际场合实施。这一作用对于各成员国非常重要。这个高效机制始于数据收集和分析，进而发展为对政策的集体讨论。

2. 经济合作与发展组织有效性的核心是通过政府间的双边审

查以多边监督和平行施压，促使各成员国遵守规则或进行改革。经济合作与发展组织就评估农业补贴成本所做的幕后工作有助于给政策措施注入政治动力及减少失业，确定阻碍效率、增长和创新因素及其影响，支持各国政府作出坚定的政治决策，使其经济更富有效率。经济合作与发展组织在服务贸易领域所开展的分析和协商一致工作十分重要，推动了乌拉圭回合的圆满结束。有时，这种讨论会逐渐发展成为经济合作与发展组织内的谈判，各成员国就国际合作的游戏规则达成一致。这些谈判可能会达成正式协议，有关于反贿赂、出口信贷、资本流动和外国直接投资的协议，也可能形成诸如有关于国际税收的标准和模式，或有关环境工作的建议和指导纲要。

3. 经济合作与发展组织的工作方式包含一种高效机制，它始于数据收集和分析，进而发展为对政策的集体讨论，然后达成决策和实行。政府间的双边审查、多边监督，及平行施压促使成员国遵守规则或进行改革，这正是经济合作与发展组织在诸如国际商业交易《反贿赂协议》等领域的有效性的核心。经济合作与发展组织在信息技术革命对经济发展的贡献方面所做的分析为政府制定经济政策提供了帮助，而它在失业起因及对策方面的研究则有助于给政策措施注入政治动力以减少失业。经济合作与发展组织在贸易领域，如服务贸易方面，所开展的重要分析和综合一致工作，推动了国际贸易协商的成功。

4. 在经济合作与发展组织内进行的讨论有时会逐渐发展为谈判，成员国就国际合作的游戏规则达成一致。这些谈判可能会达成正式协议，如有关反贿赂、出口信贷，或资本流动的协议，也可能形成诸如有关国际税收的标准和模式，或有关公司管理或环境工作的建议和指导纲要。

5. 经济合作与发展组织的工作正越来越具有跨学科性。经济合作与发展组织在持续性发展方面的工作和它的宗旨在于尽早确认新兴政策问题的"世界未来计划"就是多学科的研究。经济合作与发展组织对人口老化所进行的研究工作不仅包括宏观经济学专家、税收和企业以及卫生保健专家的参与，还包括劳动力市场和社会政策分析。环境和经济分析不能再孤立进行。贸易和投资紧密相关。生物技术则涉及农业、工业、科学、环境和发展政策。而对全球化影响的评估实际上囊括了政策分析的每个领域。

6. 经济合作与发展组织在 1980 年制定的个人隐私保护原则有：信息收集限制原则和信息质量原则，表明目的原则和使用限制原则，安全保护原则和公开性原则，个人参与原则和负责任原则。

资料来源：百度百科－经济合作与发展组织。

https：//baike. baidu. com/item/% E7% BB% 8F% E6% B5% 8E% E5% 90% 88% E4% BD% 9C% E4% B8% 8E% E5% 8F% 91% E5% B1% 95% E7% BB% 84% E7% BB% 87/3592824？fr = aladdin.

第二节 环境规制与创新的案例

一 丹麦：节能冰箱的案例

随着世界工业经济的发展、人口的剧增、人类欲望的无限上升和生产生活方式的无节制，世界气候面临越来越严重的问题，二氧化碳排放量越来越大，地球臭氧层正遭受前所未有的危机，全球灾难性气候变化屡屡出现，已经严重危害到人类的生存环境和健康安全。作为一种生活习惯，"低碳"已经成为人类现代生活追求的目标，并且被越来越多的人关注。丹麦首先检视了1994—

1997 年甲级、丙级节能冰箱的零售成功，其市场份额由 42% 上升至 90%。其次，丹麦领先的冰箱制造商格兰姆（Gram）也相应地进行了创新，他们开发了一种压缩机，这种压缩机能够再减少 40% 的电力消耗。

在丹麦制造商格兰姆的创新中，国家对研发的支持起着至关重要的作用。早在 20 世纪，丹麦就开始注重对企业持续技术创新能力的培养，先后颁布了一系列法案为日后的企业持续技术创新提供了基础和保障。成立于 1972 年的丹麦发明中心就是丹麦政府重视企业持续创新的一个很好的例子。丹麦发明中心为帮助丹麦中小型企业以及科学家进行研发活动而成立，宗旨是尽最大努力促进其科研成果产业化，带动丹麦中小企业不断创新。除此之外，政府还提出了一套完整明确的创新总体战略，即以企业为其创新实施的行为主体；以风险投资为其创新实现的催化剂；以人才为其创新体系的核心；以长于设计为其创新成果的特色。20 世纪 90 年代，丹麦政府颁布并出台了一系列政策性文件支持企业特别是中小企业的技术创新，成立了一批授权技术服务机构为企业技术创新提供中介服务和技术指导。随着经济全球化对丹麦影响的加大，丹麦政府越发重视企业的持续技术创新能力。进入 21 世纪以来，政府通过多种渠道出台了一系列规章政策保障企业的创新能力。能源/二氧化碳税也是一个重要的背景因素，虽然它不被公司自己决定。他们认为在欧盟最高消费原则的指导下，只有通过进一步创新才能打开新的市场。

该项目也带来了方法论上的成果。从广泛的有效手段、参与主体的重要性和配置以及监管当局的合作、前瞻性的政策风格来看，"政策风格"这个更广泛的概念已经被证明是其解决问题的方式。

图 4-1 总结了丹麦节能冰箱制造业中环保政策框架各因素的相对重要性。在这种情况下，顶级模式市场条件的改善促进了技

术的进一步发展。两者都是通过对环境和气候保护政策采取战略性的方法来实现的，通过谈判来确定目标（减少二氧化碳，节约能源）、技术基础设施政策以及国家和私营部门行为者之间的紧密关系。

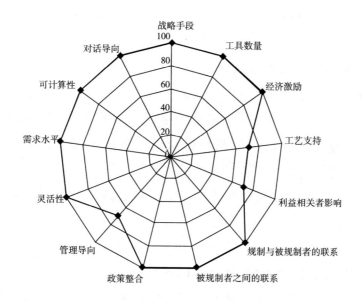

图 4-1　丹麦节能冰箱制造业中环保政策框架的因素

二　造纸行业：多国案例

《2015～2020 年中国造纸行业深度调研与未来前景预测报告》指出，造纸属于高污染、高消耗的行业，即便在世界范围内造纸工业废水都是重要的污染源（例如日本、美国分别将造纸工业废水列为六大公害和五大公害之一）。造纸工业废水除了含有有害的化学无机物，还含有挥发酚、沉淀固形物、悬浮物、木质素等有机物。这类物质随废水进入水体后，微生物在对它们的分解过程中，需要消耗水体中的溶解氧，使水体含氧量减少，从而影响鱼类和其他生物的生长繁殖。同时，这样的污水对人体危害极大，长期饮用将使人患癌。纸张制造业包含各种复杂的相互关联的环境问题。造纸部门涉及一系列对环境具有重要影响的经济活动：从林业、工程和化学品到纸张加工，再到印刷和回收以及废物处理。纸张制造一般基于"旧"的成熟技术范式，其创新往往仅具有增量特性。

增量式创新导致这些国家的环境压力显著减轻。这种"成熟的技术进步"中不包含基础创新（Basic Innovation）。减轻环境压力的决定性创新涉及与生产过程有关的附加措施和综合性技术。环境创新的主导模式是取消原材料、污染物等物质流系统（Material Flow System），产品创新（木浆和纸）只起到了次要作用。影响环境创新和传播的关键因素是：（1）公司努力降低成本；（2）制定环境政策；（3）提高公众环保意识的水平，特别是由需求侧推动的行为变化。

日本的高能源价格已经导致了节能措施的广泛使用，远远超过了美国和瑞典。对于日本和德国等人口密集的国家来说，附加技术得到了更快发展，这些技术被应用于对公众健康构成直接威胁的减排中。来自瑞典的纤维素漂白剂创新的快速扩散是需求推动侧市场的成功案例。在瑞典，森林工业是传统产业，主要包括纸浆和造纸业、锯木业、木板业，其中造纸业是最大的领域。瑞典森林面积虽然不到世界商业森林面积的1%，但是提供了世界锯木、纸浆和纸张产量的10%。瑞典的纸浆和造纸业在欧洲位列第三，仅次于德国和芬兰。与欧盟其他国家产业结构相比，瑞典森林工业在经济中发挥着日益重要的作用。森林在雇员、营业额和附加值等方面占瑞典工业10%—12%的比重，占瑞典出口的11%。林业占瑞典GDP的3%，森林工业对地区经济具有重要作用，很多县林业从业人员占工业就业人数的20%，甚至更多。也有证据表明，通过在环保技术中取得领先地位，企业获得的回报将增加，例如，斯堪的纳维亚的无氯漂白技术在美国市场上取得了巨大成功。

美国的环境政策长期以来对创新并不友好。然而，从1990年前后开始，美国的环境政策导向发生了重要转变。日本的政策以富于灵活性和合作性为主要特征。日本并没有出台针对造纸业的以创新为导向的环境政策，通常来讲，促进创新是日本通产省的主要职责，但造纸工业作为非战略性部门并没有从其产业政策中获益。瑞典造纸行业在环境创新方面取得了显著成就，这一方面源于各界达成的环保共识，另一方面源于以创新为导向的企业将环境友好型生产方式视为企业的重要战略任务。尽管瑞典的环境政策没有明确地以创新为导向，但仍然实现了这一目标，这在很大程度上是由于环境政策制定了长期目标，同时行业研发政策也赋予了环境创新较高的地位，因此共同促进了创新目标的实现。

比较不同国家影响造纸业环境创新的重要因素以及不同国家以创新方式促进环境创新的案例，可以看到，每个国家的监管框架和政策风格都存在明显差异（部分参见图4-2、图4-3和图4-4）。

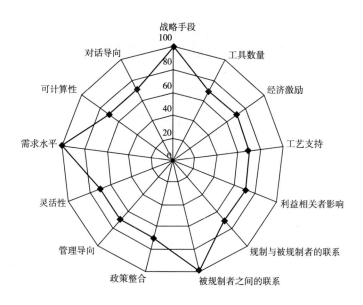

图4-2 瑞典造纸行业的环保政策框架

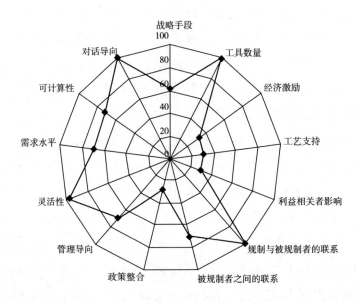

图4-3 日本造纸行业的环保政策框架

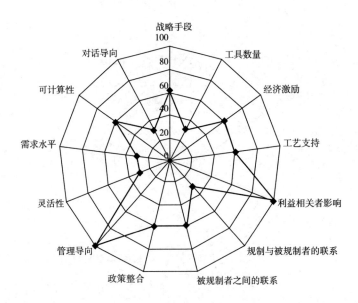

图4-4 美国造纸行业的环保政策框架

人们已经意识到，传统环境监管框架对创新的激励严重不足，从图4-2、图4-3和图4-4可知，美国造纸业的环境规制对创新的激励不够，日本的政策几乎不涉及创新，瑞典的环境政策对创新的关注程度相对较高。

从美国的情况来看，其在经过漫长的政治过程之后有关造纸业的规制政策才获得通过，其中包含所谓的"政策群"体现了以创新为导向的要素：（1）对水污染和空气污染进行综合限制；（2）对环境救助行为提供超出法定标准的激励措施。美国社会历来对各种规制怀有"敌意"，因此，一系列基于自愿和互惠关系的"软"政策工具被推出。《造纸行业2020年展望》中的研发政策也开始瞄准行业的战略发展方向。

瑞典以积极的环境政策为可持续发展的长期目标，比如作为造纸行业发展重要指导方针的《瑞典2021》和 *The Ecocyclic Pulp Mill* 政策不仅明确了环境政策的目标，还相应地通过其研发政策鼓励创新活动。同样重要的一点是，瑞典通过将环境目标嵌入公司战略以及引入环境管理系统来推动环境创新。

总体而言，从美国、日本、瑞典三国造纸业的监管框架的比较来看，虽然各国的监管框架和政策风格有所不同，但我们仍然可以明确一些有利于环境创新的要素：（1）战略规划；（2）创造（经济）激励；（3）产品链管理；（4）各种环境政策的整合；（5）自愿、互惠的措施。

三 风能的案例

受1973年石油危机的影响，丹麦自20世纪70年代就成功地开发和引进了环保型风能技术。在各种环境政策工具，特别是大量的补贴的支持下，丹麦的风能技术实现了快速发展，现在已经发展成一个运作良好的市场。丹麦风能政策的特点是：（1）制订长期的能源计划；（2）支持研发活动；（3）在技术扩散的早期对投资进行补贴；（4）将能源供应商引入风能产业；（5）将风能政策与其他政策，如环境政策和能源政策联系起来。

与丹麦类似，在德国，环境政策工具和技术政策工具同样也促进了风能市场的发展，风电场不仅实现了对可靠技术的开发，还获得了盈利。此外，机构创新也出现在风能产业领域中，例如建立协会和公司网络，或者创新投资模式。德国国家支持政策的结构与丹麦的基本相似。根据不同创新阶段性质的不同来制定支持政策也起到了关键作用。然而，这一方法并不是在战略补贴计划的背景下出现的，而是随着经验学习而逐渐发展起来的。有些人可能将其批评为短期行为，但是这种做法在丹麦的实践中已经取得成功，因为政府可以灵活地使用不同的政策工具（见图 4 −5）。

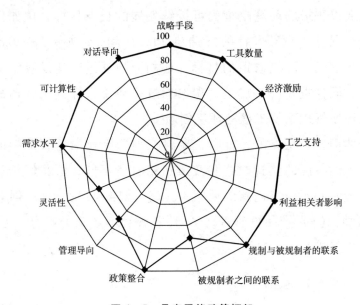

图 4 −5　丹麦风能政策框架

在补贴政策方面，与丹麦一样，德国对小公司的研发项目的支持也取得了成功。但这个过程在德国出现得比较晚，因此，德国企业能够积累发展小型风电场的经验，并不断积累具有更高效率和更大功率的设备的专业知识。20 世纪 80 年代末，由于风能设备的技术变得更加可靠，政府的补贴政策发生了转变。就像在丹麦一样，其对制造商的支持力度大大减小。这为风电场的运营商估计投资风险提供了重要的计算基础。与此同时，这一政策变化鼓励设备制造商不断降低其生产成本。但是我们必须看到，风能的发展不能仅仅发挥补贴政策工具的作用，税收、发展规划和环境政策等对其发展也具有重要作用。

从分配理论的角度来看，国家补贴可能被认为是低效率的，但这种临时支持措施在克服市场障碍方面非常有效。但是，如果想要提高政策效率，国家补贴只能在有限的时间内发挥作用，而且要确定最长的支持期限，这一点至关重要。在丹麦和德国，情况就是如此，随着技术和市场的发展以及时间的推移，补贴显著减少，同时补贴的水平需要灵活地适应不断变化的市场条件和技术条件。

四　欧盟环境政策与新能源产业的发展

基于环境保护、能源安全以及新能源产业国际竞争力三方面考虑，在欧盟创建和发展过程中，制定各项环境政策鼓励新能源产业发展始终是各成员国高度重视的核心内容。

（一）环境政策与新能源产业发展并举

欧盟各国将环境规制与环境技术创新结合起来制定政策，不仅在强化规制强度上做文章，也积极鼓励新能源领域的技术创新活动。马斯特里赫特条约（Maastricht Treaty）和阿姆斯特丹条约（Amsterdam Treaty）不仅对各国的环境保护制定了具体的约束指标，还对新能源产业的发展做了规划。2000 年，欧盟发布了《欧盟能源供应安全绿皮书》，进一步加大了欧盟各成员国的环境规制力度，同时对各类新能源的发展提供政策支持，比如生物能、地热能、风能等可再生能源。

欧盟的环境保护政策对产业发展给予了特别关注，相关环境政策大大提高了新能源产业的集聚水平，鼓励新能源企业提高加工深度，延长新能源的产业链长度，政府对新能源产品开发和技术进步提供了大力支持。新能源产业的集聚效应不仅成为提高企业效率的重要方式，集聚效应的发挥也为其他创新活动提供了重要的正外部性。

由于起步较早，欧盟的新能源产业政策收到了良好效果：一方面，欧盟新能源产业的快速发展产生了多重效果，比如环境保护获得了技术支持，能源安全得到了进一步保障，同时新能源作为一个产业在国际市场上也取得了领导地位；另一方面，新能源产业的快速发展缓解了长期以来存在的经济发展与环保之间的矛盾，经济发展的可持续性得到了强化。

（二）环境政策与新能源产业集聚

在规制政策与产业发展政策的融合中，欧盟各国的节能减排约束得到进一步强化，同时，环境政策推动了新能源产业的集聚，集聚效应的发挥大大降低了新能源产业的成本，提高了企业的竞争力，进而促进了欧盟环境政策指令目标的完成。

以丹麦为例，其风能产业的集聚产生了良好的效果，这使丹麦很好地完成了欧盟环境政策的约束目标。在丹麦的西部地区，30%以上的电力消费都是风力发电。丹麦政府在1990年就制订了能源发展计划，正是这一计划推动了风电产业的集聚，根据这一计划，丹麦要在2015年建成风能发电的产业集群，同时风能发电的装机容量将达2000兆瓦，可以为丹麦提供16%的电力供给。实际上，丹麦的这一计划提前数年就已经实现，2002年时，丹麦的风能发电装机总量就已经超过了2800兆瓦，大大高于当初计划的水平。在20世纪90年代推出的能源计划中，丹麦政府为推进新能源产业集群的发展提供了政策支持，补贴政策不仅力度较大，同时持续时间很长。为确保新能源产业投资获得稳定持续收益，丹麦政府制定了优惠政策，包括减免税、提高新能源发电的上网收购价以及和新能源产业集群相关的上下游厂商都有优惠政策。在这些政策强有力的支持下，不仅国内风能产业得到了高效的发展，海外投资者也纷纷投资新能源产业，丹麦风能产业集群因此形成了规模效应，新能源建设取得了巨大成功。

第三节　政策启示

一　必须联合运用多种环境管理的手段

西方发达国家实践经验表明，只有建立多种环境经济政策工具，形成一种合力，才能保证环境治理目标的实现。而我国目前已实施三十多年的排污收费制度使用得最为广泛和最具有影响力。排污权交易、生态补偿等政策处于试点阶段，环境经济政策工具单一，政策体系不完善，环境经济政策的合力还未形成。如"与国外相对完善的环境税收制度相比，我国缺少针对污染、破坏环境的行为或产品苛征的专门性税种，即环境保护税。现行的环境保护税收措施不健全，规定也比较粗糙，税制绿色化程度比较低，多数税种的税目、税率和税基选择都没有直接考虑环境保护和可持续发展，对环境保护的调节力度不够"。即使是排污收费制度亦存在收费标准过低和只对超标准排放污染物的企业征收排污费的问题，没能建立资源价格与环境税费体系，按照"排污费高于治理成本"的原则征收排污费。据统计，我国收取排污费的标准仅为污染治理设施运行成本的50%左右，某些项目的排污费甚至不及治理成本的10%。在市场经济条件下，这种超标排污费低于治理费的环境经济政策，必然导致企业选择"超标排污、超标缴纳排污费"而不积极治理污染，无法实现企业污染治理的内部化。

专栏 4 – 2　《中华人民共和国环境保护税法》出台历程

环境保护税是由英国经济学家庇古最先提出的,他的观点已经为西方发达国家所普遍接受。欧美各国逐渐减少对直接干预手段的运用,越来越多地采用生态税、绿色环保税等多种特指税种来维护生态环境,针对污水、废气、噪音和废弃物等突出的"显性污染"进行强制征税。

历史起源

荷兰是征收环境保护税比较早的国家,为环境保护设计的税收主要包括燃料税、噪音税、水污染税等,其税收政策已为不少发达国家研究和借鉴。此外,1984 年意大利开征了废物回收费用,作为地方政府处置废物垃圾的资金来源,法国开征森林砍伐税,欧盟开征了碳税。

欧美国家征收的环境保护税概括起来如下。1. 对排放污染所征收的税,包括对工业企业在生产过程中排放的废水、废气、废渣及汽车排放的尾气等行为课税,如二氧化碳税、水污染税、化学品税等。2. 对高耗能、高耗材行为征收的税,也可以称为对固体废物处理征税,如润滑油税、旧轮胎税、饮料容器税、电池税等。3. 为减少自然资源开采、保护自然资源与生态资源而征收的税,如开采税、地下水税、森林税、土壤保护税。4. 对城市环境和居住环境造成污染的行为征税,如噪音税、拥挤税、垃圾税等。5. 对农村或农业污染所征收的税,如超额粪便税、化肥税、农药税等。6. 为防止核污染而开征的税,主要有铀税。

这些环境税收手段加大了环保工作的力度,取得了显著的社会效益和经济效益。芬兰全国二氧化碳的排放量已从 21 世纪 80

年代初的每年 60 万吨减少到几万吨；美国多年来坚持利用环保税收政策，促进生态环境的良性发展，取得了显著成效，其中最明显的例子是虽然汽车数量不断增加，二氧化碳的排放量却比 21 世纪 70 年代减少了 4/5，空气质量得到很大的改善。

与发达国家相比，中国在环境与资源保护方面虽然也采取了一些税收措施，但比较零散且在整个税收体系中所占比重较小，无法充分起到调节作用，也无法满足环境保护所需资金。严格地说，中国不存在真正意义上的生态税，而且某些税收优惠政策在扶持或保护一些产业或部门利益的同时，对生态环境造成了污染和破坏。如对农膜、农药尤其是剧毒农药免征增值税，虽然有利于降低农业生产资料的价格，保护农民的利益，促进农业的发展，农药和农膜的大量使用却直接对生态和环境造成严重污染和破坏。现行消费税虽然对某些污染产品、高能耗消费品及不能再生和替代的资源性消费品进行征收，但主要政策目标仍是控制和调节奢侈消费行为，强调财政作用，其环保意义不大。

立法进展

2014 年 11 月 3 日，全国人大财经委透露，财政部会同环境保护部、国家税务总局积极推进中华人民共和国环境保护税的立法工作，已形成《中华人民共和国环境保护税法（草案稿）》并报送国务院。

2015 年 6 月 10 日，国务院法制办公室下发了《关于〈中华人民共和国环境保护税法（征求意见稿）〉公开征求意见的通知》，将财政部、国家税务总局、环境保护部起草的《中华人民共和国环境保护税法（征求意见稿）》及说明全文公布，征求社会各界意见。

2015 年 8 月 5 日，环境保护税法被补充进第十二届全国人大常委会立法规划。

2016 年 8 月 29 日至 9 月 3 日，第十二届全国人大常委会第二十二次会议对《中华人民共和国环境保护税法（草案）》进行了初次审议。

2016 年 12 月 25 日，走过 6 年立法之路、历经两次审议，《中华人民共和国环境保护税法》在第十二届全国人大常委会第二十五次会议上获表决通过，并于 2018 年 1 月 1 日施行。

资料来源：百度百科 –《中华人民共和国环境保护税法》。

二　必须构建完善的环境经济政策法律保障体系

为了使环境经济政策具有合法性和权威性，西方发达国家普遍构建以环境基本法为基础的涉及污染控制和自然资源保护的各个方面的环境经济政策法律保障体系。所谓的环境经济政策，是指按照市场经济规律的要求，综合运用价格、税收、财政、信贷、保险等经济方式，调节或影响市场主体的行为，以实现经济建设与环境保护协调发展的政策，是政府为保护和改善环境制定的人类在环境活动中的行为准则。环境经济政策以内化环境行为的外部行为原则，对各类市场主体进行基于环境资源利益的调整，从而建立和保护可持续利用环境资源的激励机制。环境经济政策在环境管理和保护中的运用，可以克服行政、法律手段的一些不足，具有其特有的及时性与应激性，能够促使环境管理系统以最小的经济代价获得所需要的环境效果，故而会随着我国经济体制与政治体制改革的不断深入，在环境管理中得到广泛应用，发挥重要作用。但是，从我国目前环境经济政策的情况来看，虽然其种类较多，但是能够真正在全国范围内实施并发挥作用的并不多，而且环境污染防治的法律法规的内容也十分有限，更谈不上形成一个完整的环境经济政策体系，长此下去我国将会付出昂贵的资源环境代价，这也必将严重制约我国经济的进一步发展。

三　必须加强政府宏观调控并鼓励公众参与

环境产品有公共产品的特性，决定了政府在促进环保产业发展的过程中要发挥重要作用。政府通过严格执法来约束市场主体的环境行为，规定市场主体的环境责任，从而建立统一、公平、有序、规范的环境市场。我们可以借鉴发达国家的做法。如根据当前环境法规执行不力制约环境产业市场需求增长的现实，加大环境执法力度，保证环境法规的权威性和严肃性；引导地方政府和企业承担环保责任，增加环保投资，提高环保产业供给水平，优化供给结构；制定环境产业政策、发展战略和规划，支持环境产业快速发展；制定规范环境产业市场秩序的政策，促进环境市场有序发展；等。

以 2007 年的中国公民环保指数为分析标准，我国民众的环保意识得分为 42.1 分，环保行为得分为 36.6 分，环保满意程度得分为 44.7 分，满分为 100 分，规定 60 分合格。由此可见，我国环境保护的三项重要指标均不合格，民众的环保意识不容乐观。为此，政府不妨以提升民众的环保意识为己任，鼓励民众积极参与到环境保护中来。在宣传活动中，建议政府和媒体相互合作，借助互联网、报刊以及电视新闻等途径，加大对环保问题的宣传教育力度，真正让环保意识深入人心，再通过环保行动体现出来。此外，需要做好环保信息的交流工作，尤其是对新科技的技术传播，如清洁燃料的推荐，包括正处于广泛研究中的太阳能技术。可以在社区中发放环保购物袋组织环保专题活动，通过宣传的形式，提升民众的环保意识。

四 必须制定出台各种优惠政策，推动企业创新发展

美国政府非常重视利用财政补贴、税收减免、增加环保产业资金投入等经济手段引导鼓励企业达到环境标准。对环保工程项目，美国联邦和州一级政府均实施项目免税政策和直接的资金补贴政策。例如，20世纪80年代中期以后，美国每年都要拿出占GDP比重0.5%—1.3%的财政支出用于控制污染。这些财政投资及优惠政策不仅极大地拓展了美国环保产业的海外市场，推动了环保产业的快速发展，而且在很短时间内就为美国新增了6.8万—8万个工作岗位。德国政府制定了一系列支持环保产业发展的优惠政策，其中尤为突出的是：对减少或者消除污染物排放的企业减免税收政策；对环保设备加速折旧、为环境技术开发企业提供优惠贷款；对于环保工程以及环保节能设备给予财政补贴等政策。通过成功实施优惠政策，优化内容结构，德国的环保产业一直保持了比较快的发展速度，国际竞争优势也明显增强。日本在环保产业投资及快速发展上，建立了一套成功有效的资金援助机制，主要包括中央政府下属公共金融机构的优惠贷款、政府直接补贴、税收优惠等政策。

同时，政府和企业需要增加对环境产业的投入。增加对环境产业的投入是推进环境产业发展的重要手段。发达国家对环境产业的投入主要来自两个部分：政府投入和企业投入。政府投入用于治理公共环境污染，投资领域环境基础设施建设、运行和管理。例如在日本政府投入中，地方政府投入远大于中央政府投入。企业的环境投入主要用于企业对自身造成的环境污染的治理，清洁生产技术的开发。我国环境产业增加投入时应借鉴发达国家经验，以环境投入多元化和环境投入商业化为重点。多元化指投资主体多元化，各级政府、各类企业共同投资环境产业，商业化要求做到提供一定的制度保障，使投资者有利可图，保障环境产业的经济效益。

第五章　环境规制的结果：企业与政府监管行为的博弈

针对不断出现的环境污染问题，我国不仅设立了遍布全国的环境监管机构，也投入了大量的资源用于强化对环境的监管。2015 年 1 月 1 日起，我国正式实施被称为"史上最严"的《环境保护法》。虽然环境政策越来越严格，但是我国的环保问题并没有很好地实现预期目标。之所以出现这种情况，在很大程度上是由于环境污染问题具有复杂性特征，我国政府针对环境污染问题制定了大量政策，但是环境规制的过程往往牵扯多重利益与多个影响因素，规制方与被规制方之间存在复杂的博弈关系。针对一个复杂系统的宏观变化的研究，往往首先要从探寻微观个体的行为规律着手。[①] 环境污染问题的治理涉及的不仅仅是规制主体，如果仅仅关注规制主体——政府的行为，那么我们往往难以清晰了解监管有效或者无效背后的原因。例如，张朝华对食品市场进行了研究，从企业理性预期的角度分析了政府监管活动的变化情况，研究表明，政府每出台一项监管措施，食品生产企业就会迅速调整自身的行为，形成"上有政策，下有对策"的局面。[②] 鉴于上述情况，本章将从演化博弈的视角对企业的生产行为与政府的监管行为进行分析，提出政策建议。

[①]　约翰·H. 霍兰：《隐秩序：适应性造就复杂性》，周晓牧、韩晖译，上海科技教育出版社，2000。

[②]　张朝华：《市场失灵、政府失灵下的食品质量安全监管体系重构——以"三鹿奶粉事件"为例》，《甘肃社会科学》2009 年第 2 期。

第一节 企业污染与政府监管的博弈

一 企业污染的博弈论分析

环境污染问题之所以不断出现，从根本上源于企业具有追求自身利益最大化的目标，在这一过程中，企业目标常常与社会利益发生冲突，而分析这一问题的有效手段之一就是采用博弈论的方法。根据约翰·纳什的观点，博弈模型应该以非合作博弈为原则建立，这是因为现实中非合作博弈的情形更多。许多学者基于博弈论对企业污染行为进行了分析，比如陈舜友等对清洁生产企业与政府的博弈行为进行了研究，研究结果表明，如果政府不对企业进行监督，那么在各自理性的影响下，政府和企业将会出现不合作的结果，并导致环境恶化，如果政府采取一定的监督行为，那么混合战略的纳什均衡结果将会得到改善。[①]

随着博弈论的发展，演化博弈论（Evolutionary Game Theory，EGT）也逐渐被应用在对环境污染问题的分析之上。演化博弈论最早源于 Fisher、Hamilton 等遗传生态学家对动物和植物的冲突与合作行为的博弈分析，他们研究发现动植物演化结果在多数情况下都可以在不依赖任何理性假设的前提下用博弈论方法来解释。但直到 Smith 和 Price 在他们发表的创造性论文中首次提出演化稳定策略（Evolutionary Stable Strategy，ESS）概念，才标志着演化博弈论的正式诞生。生态学家 Taylor 和 Jonker 在考察生态演化现象时首次提出了演化博弈论的基本动态概念——模仿者动态（Replicator Dynamic，RD），这是演化博弈论的又一次突破性发展。模仿者动态与演化稳

---

① 陈舜友、丁祖荣、李娟：《清洁生产中企业与政府之间的博弈分析》，《环境科学与技术》2008 年第 1 期。

定策略一起构成了演化博弈论最核心的一对基本概念，它们分别表征演化博弈论的稳定状态和向这种稳定状态的动态收敛过程，ESS概念的拓展和动态化构成了演化博弈论发展的主要内容。演化博弈论不再将人类模型化为超级理性的博弈方，而是认为人类通常是通过试错的方法达到博弈均衡的，与生物进化原理具有共性，其所选择的均衡是达到均衡过程的函数，因而历史、制度因素以及均衡过程的某些细节均会对博弈的多重均衡的选择产生影响。在理论应符合现实意义上，该理论对于生物学、经济学、金融学和证券学等学科均大有用场。

　　演化博弈论在分析环境污染问题时，邱中华等基于演化博弈的方法对监管博弈进行了分析，研究表明，在委托代理过程中，委托人和代理人在演化过程中实现的所有的均衡点都是鞍点，没有演化稳定策略。[①] 卢方元以演化博弈论为基础，对不同污染企业的行为进行了分析，同时从博弈论的视角分析了监管机构和污染企业之间的互动行为，研究表明，如果监管机构对污染企业的污染行为的处罚力度过小，或者监管的成本过高，那么污染就必然会出现。[②] Suzuki 和 Iwasa 指出，在现实社会中，作为群体中一员的个体行为人，其策略选择并不仅仅是基于实现利益最大化，而且会受到其他非经济因素的影响，比如社会压力和心理因素等。通过将公众社会压力作为一个重要变量加入动态选择分析，Suzuki 分析了湖泊污染问题，并重点分析了社会因素对不同利益群体合作演化的影响。[③]

[①] 邱中华、金栅：《基于进化博弈论研究一类监察博弈》，《南京邮电大学学报》（自然科学版）2006 年第 5 期。

[②] 卢方元：《环境污染问题的演化博弈分析》，《系统工程理论与实践》2007 年第 9 期。

[③] Suzuki Y., Iwasa Y., "The Coupled Dynamics of Human Socio-Economic Choice and Lake Water System: the Interaction of Two Sources of Nonlinearity", *Ecological Research*, 2009, 24 (3): 479 –489.

二 环境污染监管与治理

环境污染的监管涉及多重主体，既包括政府监管机构，也包括被监管的企业，还包括普通公众。政府往往承担多重角色，既要履行监管职能，又要促进经济发展；既要构建良好的政企关系，又要构建良好的公众形象。在环境监管活动中，许多因素影响监管的效果和监管的能力，比如政府在不同目标之间权衡，政府的信息获取能力，等。[1]

毫无疑问，对于污染治理和环境保护来说，政府的规制行为是必不可少的，Batabyal 以斯塔克博格博弈模型为基础，分析了在政府具有先动优势的条件下，政府和企业如何进行博弈，他认为，政府加大对污染排放企业的约束力度对削减污染来说至关重要。[2] Damania 的研究表明，如果政府对排污企业征税，那么企业的盈利水平将会下降，市场竞争力也可能下降。[3] 补贴对于企业的污染治理可能会产生重要影响，其不仅可以降低企业的污染排放，还有利于提高对企业创新的激励水平。[4]

孙米强和杨忠直的研究表明，环境监管问题涉及多个博弈主体，包括政府、企业、媒体、公众等等，政府既要在提高规制强度上做文章，也要鼓励其他主体积极参与。[5] 张学刚和钟茂初的研究表明，如果政府可以放弃因企业污染活动带来的收入，同时加大处罚力度，

① 刘志荣、陈雪梅：《论循环经济发展中的政府制度设计——基于政府与企业博弈均衡的分析》，《经济与管理研究》2008 年第 4 期。
② Batabyal A. A., "Leading Issues in Domestic Environmental Regulation: A Review Essay", *Ecological Economics*, 1995, 12 (1): 23 – 39.
③ Damania R., "Environmental Regulation and Financial Structure in an Oligopoly Supergame", *Environmental Modelling & Software*, 2001, 16 (2): 119 – 129.
④ Kanada M., Fujita T., Fujii M. et al., "The Long-Term Impacts of Air Pollution Control Policy: Historical Links between Municipal Actions and Industrial Energy Efficiency in Kawasaki City, Japan", *Journal of Cleaner Production*, 2013, 58 (7): 92 – 101.
⑤ 孙米强、杨忠直：《环境污染治理的博弈分析》，《生态经济》（中文版）2006 年第 10 期。

环境质量就能得到显著改善。① 姚江芬和张晓玲对环保部门内部的行为进行了博弈论分析，他们的研究表明，如果上级环保机构对下级环保机构的监管不力行为进行严厉处罚，那么下级环保部门就倾向于高效履行监管职责。②

不同的地方政府往往会采取不同的规制手段和力度，蒋军成的研究表明，政府环境监管力度的不同将会直接影响企业对排污的策略选择。③ 环保法律体系中存在的问题也是影响企业策略选择的重要因素，企业往往会利用法律法规中存在的漏洞去实施污染行为。④ 政府的监管行为与对污染企业信息的掌握情况具有重要联系，政府监管部门往往是信息较少的一方，而企业掌握着更多的信息，因此，必须在政府的监管力量之外加入其他社会监管力量。

第二节　模型构建

本研究借鉴浦徐进等的研究框架⑤，在博弈模型中引入两类行为主体，第一类行为主体是政府环境监管机构，第二类行为主体是企业群体。每次博弈中随机出现一个监管机构和一个企业。政府监管机构的行动集为（努力监管，疏忽监管），企业的行动集为（环保生产，污染生产）。

假设 1：在环保监管机构中，努力进行监管的机构的比重为 x，

---

① 张学刚、钟茂初：《政府环境监管与企业污染的博弈分析及对策研究》，《中国人口·资源与环境》2011 年第 2 期。

② 姚江芬、张晓玲：《基于演化博弈的钢铁企业环境污染问题研究》，《价值工程》2012 年第 2 期。

③ 蒋军成：《地方政府治污的博弈分析与激励制度重构》，《中南财经政法大学研究生学报》2008 年第 3 期。

④ 李伟伟：《中国环境治理政策效率、评价与工业污染治理政策建议》，《科技管理研究》2014 年第 17 期。

⑤ 浦徐进、吴亚、路璐等：《企业生产行为和官员监管行为的演化博弈模型及仿真分析》，《中国管理科学》2013 年第 S1 期。

失职的监管机构的比重为 $1-x$；进行绿色环保生产的企业的比重为 y，进行污染生产的企业的比重为 $1-y$。企业如果进行环保生产，那么其生产成本为 C_H，如果进行污染生产，其生产成本为 C_L，一般地，我们有 $C_L < C_H$，也就是说，企业采用环保生产方式的成本要大于污染生产方式的成本，企业的产品价格为 P。

假设2：如果环保监管机构努力进行监管，那么企业的污染行为就会被发现，并因此受到监管机构的处罚，罚金为 M。由于环保机构的努力监管带来了一定的社会收益，因此监管机构将会获得一定的激励，具体金额为 S。监管机构虽然努力监管，仍然未能避免企业的污染行为，那么可能会引起公众的不满，或者会受到上级领导机构的惩罚。总之，此时监管机构要付出一定的成本，具体数量为 φ。

假设3：即使在监管机构失职的情况下，污染企业的污染行为仍然可能被曝光，此时媒体可以在一定程度上承担监管机构的职能，我们假设企业被曝光的概率为 σ。一旦被曝光，企业要受到金额为 Q 的惩罚，我们假定 $Q > M$，这是区别于浦徐进等研究[①]的关键假设。其背后的原因是，媒体曝光的企业污染给环保部门带来了更大的压力，为了挽回自身的形象，此时环保监管机构倾向于加大处罚力度，因此有 $Q > M$。此时环境监管机构由于未能履行自身职责，因此也将遭到上级机构或者政府的惩罚为 N，我们假设 $\varphi < N$。这是因为与一般的监管不力相比，监管机构因为媒体曝光监管不力要付出的代价更大，要承担更大的社会压力。

基于假设1—3，我们可以得到环境监管机构的收益情况：如果努力监管，获得的收益为 $S - \varphi$；如果监管机构失职，可以分为两种情况，第一种情况是企业选择环保生产方式，此时监管机构获得的收益为0；在第二种情况下，企业选择污染生产方式，被媒体曝光之

---

① 浦徐进、吴亚、路璐等：《企业生产行为和官员监管行为的演化博弈模型及仿真分析》，《中国管理科学》2013年第S1期。

后，监管机构将受到的惩罚为 $-\sigma N$。企业的收益支付情况为：如果进行环保生产，那么企业可以获得的收益为 $P - C_H$；如果选择污染生产，同时被监管机构发现，那其获得的收益为 $P - C_L - M$；如果企业选择污染生产，但监管机构失职，企业的污染行为被媒体曝光，那么企业将获得的收益为 $P - C_L - \sigma Q$。

至此，我们可以得到政府监管机构和企业的支付矩阵。如表 5 - 1 所示。

表 5 - 1   政府监管机构与企业的支付矩阵

		监管机构	
		努力监管	疏忽监管
企业	环保生产	$P - C_H, S - \varphi$	$P - C_H, 0$
	污染生产	$P - C_L - M, S - \varphi$	$P - C_L - \sigma Q, -\sigma N$

环境监管机构努力进行监管和监管不力的期望收益以及监管机构的平均收益分别为：

努力监管　　$\bar{U}_0^1 = y(S - \varphi) + (1 - y)(S - \varphi) = S - \varphi$　　(5 - 1)

疏忽监管　　$\bar{U}_0^2 = (1 - y)(-\sigma N) = -\sigma N + \sigma Ny$　　(5 - 2)

平均收益　　$\bar{U}_0 = x\bar{U}_0^1 + (1 - x)\bar{U}_0^2$　　(5 - 3)

同理，企业选择环保方式进行生产以及污染方式进行生产的期望收益以及企业群体的平均收益分别为：

环保生产　　$\bar{U}_1^1 = x(P - C_H) + (1 - x)(P - C_H) = P - C_H$　　(5 - 4)

污染生产　　$\bar{U}_1^2 = x(P - C_L - M) + (1 - x)(P - C_L - \sigma Q)$
　　　　　　　　$= P - C_L - xM - (1 - x)\sigma Q$
　　　　　　　　$= P - C_L - xM - \sigma Q + x\sigma Q$　　(5 - 5)

平均收益　　$\bar{U}_1 = y\bar{U}_1^1 + (1 - y)\bar{U}_1^2$　　(5 - 6)

根据 Malthusian 动态方程，如果采取特定策略的行为主体的适应度要高于群体的平均适应度，那么这个策略被应用的比例就会不断提高。由此，我们可以得到监管机构与企业进行策略互动的复制动态方程：

$$\dot{x} = \frac{dx}{dt} = x(\bar{U}_0^1 - \bar{U}_0) = x(1-x)(S - \varphi + \sigma N - \sigma N y) \qquad (5-7)$$

$$\dot{y} = \frac{dy}{dt} = y(\bar{U}_1^1 - \bar{U}_1) = y(1-y)[C_L - C_H + xM + (1-x)\sigma Q] \qquad (5-8)$$

第三节　模型分析

一　均衡点及其稳定性分析

令（5-7）= 0、（5-8）= 0，我们可以得到 5 个局部均衡点，分别为 $(x=0, y=0)$，$(x=0, y=1)$，$(x=1, y=0)$，$(x=1, y=1)$ 和 $(x=p^*, y=q^*)$，其中，

$$p^* = \frac{C_H - C_L - \sigma Q}{M - \sigma Q} \qquad (5-9)$$

$$q^* = \frac{S - \varphi + \sigma N}{\sigma N} \qquad (5-10)$$

均衡点 $(x=p^*, y=q^*)$ 不一定是 ESS，但我们可以从该系统的雅可比矩阵中导出 ESS，具体的，雅可比矩阵为：

$$J = \begin{bmatrix} \dfrac{\partial \dot{x}}{\partial x} & \dfrac{\partial \dot{x}}{\partial y} \\ \dfrac{\partial \dot{y}}{\partial x} & \dfrac{\partial \dot{y}}{\partial y} \end{bmatrix} = \begin{bmatrix} a_{11} & a_{12} \\ a_{21} & a_{22} \end{bmatrix}$$

可以根据如下两个条件来判断局部均衡点是不是 ESS：

条件 1　$detJ = \begin{bmatrix} a_{11} & a_{12} \\ a_{21} & a_{22} \end{bmatrix} = a_{11}a_{22} - a_{12}a_{21} > 0$

条件 2　$trJ = a_{11} + a_{22} < 0$

从式（5-7）和式（5-8）中我们可以求出：

$$a_{11} = \frac{\partial \dot{x}}{\partial x} = (1 - 2x)(S - \varphi + \sigma N - \sigma Ny) \qquad (5-11)$$

$$a_{12} = \frac{\partial \dot{x}}{\partial y} = -x(1 - x)\sigma N \qquad (5-12)$$

$$a_{21} = \frac{\partial \dot{y}}{\partial x} = y(1 - y)(M - \sigma Q) \qquad (5-13)$$

$$a_{22} = \frac{\partial \dot{y}}{\partial y} = (1 - 2y)[C_L - C_H + xM + (1 - x)\sigma Q] \qquad (5-14)$$

由式（5-11）—式（5-14），我们可以得到在（$x = 0$，$y = 0$），（$x = 0$，$y = 1$），（$x = 1$，$y = 0$），（$x = 1$，$y = 1$）和（$x = p^*$，$y = q^*$）局部均衡点处的 a_{11}、a_{12}、a_{21}、a_{22} 的具体取值情况，如表 5-2 所示。

表 5-2　局部均衡点处的 a_{11}、a_{12}、a_{21}、a_{22} 具体取值

均衡点	a_{11}	a_{12}	a_{21}	a_{22}
（$x = 0$，$y = 0$）	$S - \varphi + \sigma N$	0	0	$C_L - C_H + \sigma Q$
（$x = 0$，$y = 1$）	$S - \varphi$	0	0	$C_H - C_L - \sigma Q$
（$x = 1$，$y = 0$）	$-(S - \varphi + \sigma N)$	0	0	$C_L - C_H + M$
（$x = 1$，$y = 1$）	$-(S - \varphi)$	0	0	$C_H - C_L - M$
（p^*, q^*）	0	A	B	0

其中 A 和 B 分别为：

$$A = \frac{C_H - C_L - \sigma Q}{M - \sigma Q}\frac{M - C_H + C_L}{M - \sigma Q}\sigma N$$

$$B = \frac{S - \varphi + \sigma N}{\sigma N}\frac{\varphi - S}{\sigma N}(M - \sigma Q)$$

在（p^*, q^*）点处有 $a_{11} + a_{22} = 0$，违反了条件 2，因此不是演化稳定策略。接下来我们讨论其他 4 个局部均衡点是否满足条件 1

和条件 2。

从表 5-2 中我们可以看出，其他 4 个局部均衡点是否满足条件 1 等价于判断 $detJ = a_{11}a_{22} > 0$，因此我们只需判断 a_{11} 和 a_{22} 的取值。

a_{11} 的正负具体包括如下 3 种情况：

（1）当 $S < \varphi - \sigma N$ 时，在 $(x = 0, y = 0)$ 和 $(x = 0, y = 1)$ 点处有 $a_{11} < 0$，在 $(x = 1, y = 0)$ 和 $(x = 1, y = 1)$ 点处有 $a_{11} > 0$；

（2）当 $\varphi - \sigma N < S < \varphi$ 时，在 $(x = 0, y = 0)$ 和 $(x = 0, y = 1)$ 点处有 $a_{11} > 0$，在 $(x = 1, y = 0)$ 和 $(x = 1, y = 1)$ 点处有 $a_{11} < 0$；

（3）当 $S > \varphi$ 时，在 $(x = 0, y = 0)$ 和 $(x = 0, y = 1)$ 点处有 $a_{11} > 0$，在 $(x = 1, y = 0)$ 和 $(x = 1, y = 1)$ 点处有 $a_{11} < 0$。

a_{22} 的正负具体包括如下 4 种情况：

（1）当 $0 < Q < \dfrac{C_H - C_L}{\sigma}$ 时，在 $(x = 0, y = 0)$ 点处有 $a_{22} < 0$，在 $(x = 0, y = 1)$ 点处有 $a_{22} > 0$；

（2）当 $Q > \dfrac{C_H - C_L}{\sigma}$ 时，在 $(x = 0, y = 0)$ 点处有 $a_{22} > 0$，在 $(x = 0, y = 1)$ 点处有 $a_{22} < 0$；

（3）当 $0 < M < C_H - C_L$ 时，在 $(x = 1, y = 0)$ 点处有 $a_{22} < 0$，在 $(x = 1, y = 1)$ 点处有 $a_{22} > 0$；

（4）当 $M > C_H - C_L$ 时，在 $(x = 1, y = 0)$ 点处有 $a_{22} > 0$，在 $(x = 1, y = 1)$ 点处有 $a_{22} < 0$。

二　结果讨论

如上文所述，只有同时满足 $detJ > 0$，$trJ < 0$ 的局部均衡点才是 ESS，结合参数 S 和 M 的取值范围，我们将分析不同情况下 4 个局部均衡点成为 ESS 的可能性。

1. $S < \varphi - \sigma N$、$0 < Q < \dfrac{C_H - C_L}{\sigma}$ 且 $0 < M < C_H - C_L$

此时在 $(x = 0，y = 0)$ 点处有 $a_{11} < 0$，$a_{22} < 0$。因此有 $trJ = a_{11} + a_{22} < 0$，$detJ = a_{11} a_{22} > 0$。其他点的情况见表 5-3。

表 5-3　$S < \varphi - \sigma N$、$0 < Q < \dfrac{C_H - C_L}{\sigma}$ 且 $0 < M < C_H - C_L$ 时的局部稳定性分析

均衡点	$trJ = a_{11} + a_{22}$	$detJ = a_{11} a_{22}$	稳定性
$(x = 0，y = 0)$	−	+	ESS
$(x = 0，y = 1)$	不确定	−	鞍点
$(x = 1，y = 0)$	不确定	−	鞍点
$(x = 1，y = 1)$	+	+	不稳定点

从表 5-3 我们看到，均衡点 $(x = 0，y = 0)$ 是 ESS。具体条件是：（1）$S < \varphi - \sigma N$，这意味着监管机构努力监管获得的激励小于监管成本与失职处罚之差；（2）$0 < \sigma Q < C_H - C_L$，这一条件意味着污染企业的污染行为如果被媒体曝光，其期望惩罚水平低于环保生产与污染生产的成本之差；（3）$0 < M < C_H - C_L$，这一条件意味着污染企业的污染行为被监管机构发现后受到的处罚小于环保生产与污染生产的成本之差。在上述条件下，环境监管机构的失职成为一种普遍现象，即 $x = 0$，企业普遍选择污染生产方式，即 $y = 0$。

2. $S < \varphi - \sigma N$、$Q > \dfrac{C_H - C_L}{\sigma}$ 且 $0 < M < C_H - C_L$

此时在 $(x = 0，y = 0)$ 点处有 $a_{11} < 0$，$a_{22} > 0$；在 $(x = 0，y = 1)$ 点处有 $a_{11} < 0$，$a_{22} > 0$；在 $(x = 1，y = 0)$ 点处有 $a_{11} > 0$，$a_{22} < 0$；在 $(x = 1，y = 1)$ 点处有 $a_{11} > 0$，$a_{22} < 0$。具体情况见表 5-4。

表 5-4　$S < \varphi - \sigma N$、$Q > \dfrac{C_H - C_L}{\sigma}$ 且 $0 < M < C_H - C_L$ 时的局部稳定性分析

均衡点	$trJ = a_{11} + a_{22}$	$detJ = a_{11} a_{22}$	稳定性
$(x = 0，y = 0)$	不确定	−	鞍点
$(x = 0，y = 1)$	不确定	−	鞍点
$(x = 1，y = 0)$	不确定	−	鞍点
$(x = 1，y = 1)$	不确定	−	鞍点

从表 5 - 4 我们看到，任何局部均衡点都不是 ESS。具体条件是：（1）$S < \varphi - \sigma N$，这意味着监管机构努力监管获得的激励小于监管成本与失职处罚之差；（2）$\sigma Q > C_H - C_L$，这一条件意味着污染企业的污染行为如果被媒体曝光，其期望惩罚水平高于环保生产与污染生产的成本之差；（3）$0 < M < C_H - C_L$，这一条件意味着污染企业的污染行为被监管机构发现后受到的处罚小于环保生产与污染生产的成本之差。在上述条件下，环保生产和污染生产将会呈现震荡状态。这意味着，监管行为会呈现运动治理模式，而企业也会采取机会主义行为。

3. $\varphi - \sigma N < S < \varphi$，$0 < Q < \dfrac{C_H - C_L}{\sigma}$ 且 $0 < M < C_H - C_L$

此时在 $(x = 0, y = 0)$ 点处有 $a_{11} > 0$，$a_{22} < 0$；在 $(x = 0, y = 1)$ 点处有 $a_{11} > 0$，$a_{22} > 0$；在 $(x = 1, y = 0)$ 点处有 $a_{11} < 0$，$a_{22} < 0$；在 $(x = 1, y = 1)$ 点处有 $a_{11} < 0$，$a_{22} > 0$。具体情况见表 5 - 5。

表 5 - 5　$\varphi - \sigma N < S < \varphi$、$0 < Q < \dfrac{C_H - C_L}{\sigma}$ 且 $0 < M < C_H - C_L$

时的局部稳定性分析

均衡点	$trJ = a_{11} + a_{22}$	$detJ = a_{11} a_{22}$	稳定性
$(x = 0, y = 0)$	不确定	−	鞍点
$(x = 0, y = 1)$	+	+	不稳定点
$(x = 1, y = 0)$	−	+	ESS
$(x = 1, y = 1)$	不确定	−	鞍点

从表 5 - 5 我们看到，$(x = 1, y = 0)$ 是 ESS。具体条件是：（1）$\varphi - \sigma N < S < \varphi$，这意味着监管机构努力监管获得的激励小于监管成本；（2）$\sigma Q < C_H - C_L$，这一条件意味着污染企业的污染行为如果被媒体曝光，其期望惩罚水平小于环保生产与污染生产的成本之差；（3）$0 < M < C_H - C_L$，这一条件意味着污染企业的污染行为

被监管机构发现后受到的处罚小于环保生产与污染生产的成本之差。在上述条件下，虽然监管机构努力监管，但企业仍然会采取污染生产手段。

4. $\varphi - \sigma N < S < \varphi$、$Q > \dfrac{C_H - C_L}{\sigma}$ 且 $M > C_H - C_L$

此时在 $(x = 0$，$y = 0)$ 点处有 $a_{11} > 0$，$a_{22} > 0$；在 $(x = 0$，$y = 1)$ 点处有 $a_{11} > 0$，$a_{22} < 0$；在 $(x = 1$，$y = 0)$ 点处有 $a_{11} < 0$，$a_{22} > 0$；在 $(x = 1$，$y = 1)$ 点处有 $a_{11} < 0$，$a_{22} < 0$。具体情况见表 5 - 6。

表 5 - 6　$\varphi - \sigma N < S < \varphi$、$Q > \dfrac{C_H - C_L}{\sigma}$ 且 $M > C_H - C_L$ 时的局部稳定性分析

均衡点	$trJ = a_{11} + a_{22}$	$detJ = a_{11}\,a_{22}$	稳定性
$(x = 0$，$y = 0)$	+	+	鞍点
$(x = 0$，$y = 1)$	不确定	−	鞍点
$(x = 1$，$y = 0)$	不确定	−	鞍点
$(x = 1$，$y = 1)$	−	+	ESS

从表 5 - 6 我们看到，$(x = 1$，$y = 1)$ 是 ESS。具体条件是：（1）$\varphi - \sigma N < S < \varphi$，这意味着监管机构努力监管获得的激励小于监管成本；（2）$\sigma Q > C_H - C_L$，这一条件意味着污染企业的污染行为如果被媒体曝光，其期望惩罚水平高于环保生产与污染生产的成本之差；（3）$M > C_H - C_L$，这一条件意味着污染企业的污染行为被监管机构发现后受到的处罚大于环保生产与污染生产的成本之差。在上述条件下，监管机构进行努力监管，企业由于被媒体曝光将得到较高的惩罚，因此将采取环保生产方式。在这种情况下我们看到，虽然监管机构获得的激励有限，监管机构努力监管却成为一个稳定演化均衡，这在很大程度上是因为监管机构的失职行为将因为媒体曝光而受到较高的处罚，其中，N 与 φ 相比越大，也就是监管不力导致的监管机构所承担的成本越大于监管成本，

监管机构选择努力监管的可能性越大（$\varphi - \sigma N < S$ 的条件越容易得到满足）。

5. $S > \varphi$，$0 < Q < \dfrac{C_H - C_L}{\sigma}$ 且 $0 < M < C_H - C_L$

此时在（$x = 0$，$y = 0$）点处有 $a_{11} > 0$，$a_{22} < 0$；在（$x = 0$，$y = 1$）点处有 $a_{11} > 0$，$a_{22} > 0$；在（$x = 1$，$y = 0$）点处有 $a_{11} < 0$，$a_{22} < 0$；在（$x = 1$，$y = 1$）点处有 $a_{11} < 0$，$a_{22} > 0$。具体情况见表 5 - 7。

表 5 - 7　$S > \varphi$、$0 < Q < \dfrac{C_H - C_L}{\sigma}$ 且 $0 < M < C_H - C_L$ 时的局部稳定性分析

均衡点	$trJ = a_{11} + a_{22}$	$detJ = a_{11} a_{22}$	稳定性
（$x = 0$，$y = 0$）	不确定	-	鞍点
（$x = 0$，$y = 1$）	+	+	不稳定点
（$x = 1$，$y = 0$）	-	+	ESS
（$x = 1$，$y = 1$）	不确定	-	鞍点

从表 5 - 7 我们看到，（$x = 1$，$y = 0$）是 ESS。具体条件是：（1）$S > \varphi$，这意味着监管机构努力监管获得的激励大于监管成本；（2）$0 < \sigma Q < C_H - C_L$，这一条件意味着污染企业的污染行为如果被媒体曝光，其期望惩罚水平小于环保生产与污染生产的成本之差；（3）$0 < M < C_H - C_L$，这一条件意味着污染企业的污染行为被监管机构发现后受到的处罚小于环保生产与污染生产的成本之差。在上述条件下，监管机构进行努力监管，企业普遍污染成为 ESS。在这种情况下我们看到，虽然监管机构获得的激励有所提高，但是企业由于受到的处罚水平较低，因此仍然选择采取污染方式进行生产。

6. $S > \varphi$、$Q > \dfrac{C_H - C_L}{\sigma}$ 且 $M > C_H - C_L$

此时在（$x = 0$，$y = 0$）点处有 $a_{11} > 0$，$a_{22} > 0$；在（$x = 0$，

$y = 1$）点处有 $a_{11} > 0$，$a_{22} < 0$；在（$x = 1$，$y = 0$）点处有 $a_{11} < 0$，$a_{22} > 0$；在（$x = 1$，$y = 1$）点处有 $a_{11} < 0$，$a_{22} < 0$。具体情况见表 5 - 8。

表 5 - 8 $S > \varphi$、$Q > \dfrac{C_H - C_L}{\sigma}$ 且 $M > C_H - C_L$ 时的局部稳定性分析

均衡点	$trJ = a_{11} + a_{22}$	$detJ = a_{11} a_{22}$	稳定性
（$x = 0$，$y = 0$）	+	+	不稳定点
（$x = 0$，$y = 1$）	不确定	−	鞍点
（$x = 1$，$y = 0$）	不确定	−	鞍点
（$x = 1$，$y = 1$）	−	+	ESS

从表 5 - 8 我们看到，（$x = 1$，$y = 1$）是 ESS。具体条件是：(1) $S > \varphi$，这意味着监管机构努力监管获得的激励大于监管成本；(2) $\sigma Q > C_H - C_L$，这一条件意味着污染企业的污染行为如果被媒体曝光，其期望惩罚水平大于环保生产与污染生产的成本之差；(3) $M > C_H - C_L$，这一条件意味着污染企业的污染行为被监管机构发现后受到的处罚大于环保生产与污染生产的成本之差。在上述条件下，监管机构进行努力监管，企业采取的环保生产方式成为ESS。

在上述 6 种不同的参数情况下，一共存在 5 个 ESS，如表 5 - 9 所示。

表 5 - 9 不同参数条件下的 ESS

条件	ESS
(1) $S < \varphi - \sigma N$、$0 < Q < \dfrac{C_H - C_L}{\sigma}$ 且 $0 < M < C_H - C_L$	（$x = 0$，$y = 0$）
(2) $S < \varphi - \sigma N$、$Q > \dfrac{C_H - C_L}{\sigma}$ 且 $0 < M < C_H - C_L$	无
(3) $\varphi - \sigma N < S < \varphi$，$0 < Q < \dfrac{C_H - C_L}{\sigma}$ 且 $0 < M < C_H - C_L$	（$x = 1$，$y = 0$）
(4) $\varphi - \sigma N < S < \varphi$、$Q > \dfrac{C_H - C_L}{\sigma}$ 且 $M > C_H - C_L$	（$x = 1$，$y = 1$）

续表

条件	ESS
$(5) S > \varphi 、 0 < Q < \dfrac{C_H - C_L}{\sigma}$ 且 $0 < M < C_H - C_L$	$(x = 1, y = 0)$
$(6) S > \varphi 、 Q > \dfrac{C_H - C_L}{\sigma}$ 且 $M > C_H - C_L$	$(x = 1, y = 1)$

第四节　小结

针对污染治理的研究大多以静态分析为主，缺乏对企业和政府行为的动态博弈的分析。许多学者都将监管主体——政府视为客观中立的主体，未能将理性人的假设带入对环境规制的分析。实际上，政府同样有自身的利益诉求，更为重要的是，政府和企业的共同行为决定了均衡的污染水平，而不是由政府的监管行为单独决定。因此，本章基于理性人的基本假设，分析了政府群体和企业群体的博弈行为对污染结果的影响，得到以下主要结论。

1. 如果环境监管机构的监管努力只能换来较少的激励，同时企业采用污染方式生产被监管机构发现，或者被媒体曝光后仅受到有限的惩罚，那么监管失职则将成为一种普遍现象，企业的污染行为也会大大增加。即表5-9中的第一种情形。

2. 如果环境监管机构获得的激励有所提高，同时企业采用污染方式生产仍然受到有限的惩罚，那么此时虽然监管机构努力监管，但企业仍然会采取污染生产手段。即表5-9中的第三种情形。

3. 如果环境监管机构获得的激励有所提高，同时企业采用污染方式生产将遭到严厉惩罚，那么此时的ESS是：环境监管机构努力监管，企业选择环保生产方式。即表5-9中的第四种情形。

4. 如果环境监管机构获得的监管激励大于监管成本，那么监管机构将选择努力监管，但如果此时企业采用污染方式生产受到的惩罚有限，那么将会出现的 ESS 是：环境监管机构努力监管，但企业的污染行为仍然非常普遍。即表 5 - 9 中的第五种情形。

5. 如果环境监管机构获得的监管激励大于监管成本，那么监管机构将选择努力监管，如果此时企业采用污染方式生产将受到严厉的惩罚，那么将会出现的 ESS 是：环境监管机构努力监管，企业选择环保生产方式。即表 5 - 9 中的第六种情形。

上述研究结论表明，即使环境监管机构拥有足够的激励去努力监管企业的污染行为，但企业是否选择环保的生产方式，仍然取决于企业的污染行为受到的惩罚的严厉程度大小。我们的研究与浦徐进等的研究①存在显著差异，关键在于我们假设企业因被媒体曝光受到的惩罚要大于因监管机构的努力监管而受到的惩罚，也就是 $Q > M$ 的假定。这一假定一般来说是与现实相符的，媒体的曝光表明监管机构没有很好地履行其监管职责，作为"事后"补救措施，监管机构会倾向于加大处罚力度，从这一角度来看，媒体的监督对于环境治理来说具有重要意义。

---

① 浦徐进、吴亚、路璐等：《企业生产行为和官员监管行为的演化博弈模型及仿真分析》，《中国管理科学》2013 年第 S1 期。

第六章　创新视角下的环境规制：
理论与实证分析

第一节　环境规制对技术创新方向的影响

环境规制与经济增长在一定程度上存在一定的矛盾，尤其是对于发展中国家来说更是如此。而"波特假说"则指出，恰当的环境规制完全可以产生促进企业技术创新的效果，进而实现环保和创新的双重收益。但对于不同国家、不同地区以及不同产业来说，环境规制是否能够有效推动技术创新，往往结论不一。

随着人类社会消耗化石燃料的数量不断增长，其产生的一系列问题，特别是气候变化问题，已经引起人们越来越多的关注。在促进经济社会发展的同时如何保护环境，减少化石燃料的使用，寻求可替代的清洁能源，是当今世界面临的重要议题。在经济学研究中，从20世纪90年代开始就有学者探讨是否有必要运用经济手段来应对气候变化问题，其中，通过环境规制与技术进步来减缓全球变暖、气候恶化等全球性环境问题，已成为学者们的共识。在综合考虑环境资源的公共属性与技术进步的正外部性的前提下，如何对绿色清洁的先进技术的研发进行合理激励，这是世界各国需要认真研究的问题。

一　技术进步内生化模型

起初大多数学者是基于技术外生的一般均衡理论对环境规制政策的

经济效应进行分析，例如 Nordhaus 认为有必要采取环境规制政策，但政策应是有限度的、渐进的，而且最优的环境规制政策对经济增长的负效应有限。[①] 但是技术外生假设明显忽略了技术进步在环境规制政策中发挥的作用，基于该假设的文献不能准确地刻画技术进步在环境改善中所扮演的角色，对于环境规制成本的估计也存在偏大倾向。[②] 因而此后的很多文献都尝试把技术进步引入模型，建立技术进步内生化的气候变化模型。在技术进步内生化的气候变化模型中，技术进步以诱导型创新（Induced Innovation）为主，根据创新组织模式的不同，该模型主要有两种形式："自下而上模型"和"自上而下模型"。

自下而上模型未考虑宏观经济情况，只细致地解释了能源系统，基于干中学框架将诱导型创新引入模型，各种新技术的成本会随着经验的增加而逐渐减少。Zwaan 等基于技术进步内生化的气候变化宏观模型进行分析，发现发展非化石能源技术对于减排至关重要。[③] Manne 和 Richels 分析干中学式创新对减排的成本与时间产生的影响，发现干中学对减排的时间没有产生明显的效应，但极大地降低了减排的成本。[④] 自上而下模型聚焦在环境规制政策与宏观经济表现的关系上，通过研究与试验发展部门中的累计投资将技术进步引入模型。Goulder 和 Schneider 探讨诱导型技术革新在碳减排政策中的重要性，发现碳减排政策对研究与试验发展的影响效应随着行业的变化而变化，但对整个经济系统的技术进步率不一定产生促进作用。[⑤]

[①] Nordhaus W. D., *Managing the Global Commons: the Economics of Climate Changes*, MIT Press, Cambridge, 1994.

[②] Popp D., "ENTICE: Endogenous Technological Change in the Dice Model of Global Warming", *Journal of Environmental Economics & Management*, 2004, 48 (1): 742 – 768.

[③] Zwaan, Gerlagh R., Klaassen et al., "Endogenous Technological Change in Climate Change Modelling", *Energy Economics*, 2002, 24 (1): 1 – 19.

[④] Manne A., Richels R., "The Impact of Learning – by – Doing on the Timing and Costs of CO Abatement", *Energy Economics*, 2004, 26 (4): 603 – 619.

[⑤] Goulder L. H., Schneider S. H., "Induced Technological Change and the Attractiveness of CO_2 Abatement Policies", *Resource & Energy Economics*, 1999, 21 (3 – 4): 211 – 253.

Popp 通过对能源领域的诱导型创新修改气候变化的 DICE 模型（Dynamic Integrated Model of Climate and Economy）进行分析，发现不考虑诱导型技术革新的后果是高估最优碳税政策的福利成本达 8.3 个百分点，虽然诱导型技术革新对减排与全球平均气温的影响很小，但其带来的成本下降会导致福利上升。[①]

将技术进步内生化的气候变化模型考虑了技术进步在环境规制中的作用，改进了技术外生假设，使技术进步能够根据环境规制做出相应的措施。然而基于该模型开展的研究也有一定的局限性，大多仅限于分析某种单一技术在环境规制政策中的作用，没有构建一个系统分析环境规制政策作用于技术变革的整体框架，未能考虑实际存在的多种改善环境的技术，不同的技术给环境带来的影响也不同，而且环境规制政策也存在差异性，进而对技术的影响也会存在差别。为克服此类模型的缺陷，有学者继续对该模型进行改进，在模型中引入导向型技术进步理论，以使研究更加贴近现实。[②][③]

二　需求因素导致的环境技术创新

Acemoglu 等在环境约束下的增长模型中，引入内生的导向型技术革新（Directed Technical Change），其唯一的最终产品由两部门（清洁技术部门和污染技术部门）的投入产生[④]，研究发现，环境规制政策的效果与两部门投入品的替代性紧密相关：若两部门之间的替代性较高，则应对污染技术部门征收暂时性的税，此时并不影响长期的经济增长；若两部门之间的互补性较高，则应对污染技术部门进行长期

[①] Popp D. , "ENTICE: Endogenous Technological Change in the Dice Model of Global Warming", *Journal of Environmental Economics & Management*, 2004, 48 (1): 742 – 768.

[②] Acemoglu D. , Aghion P. , Bursztyn L. et al. , "The Environment and Directed Technical Change", *American Economic Review*, 2012, 102 (1): 66 – 131.

[③] Calel R. , Dechezlepretre A. , "Low – Carbon Innovation is Up in Europe, but not Because of the EU Emissions Trading Scheme", *Blog Post from London School of Economics & Political Science*, 2012.

[④] Acemoglu D. , Aghion P. , Bursztyn L. et al. , "The Environment and Directed Technical Change", *American Economic Review*, 2012, 102 (1): 131 – 166.

的干预，此时经济增长受到影响。此外，环境规制政策的干预强度取决于两部门投入品替代弹性的大小，当两部门的投入品是替代品时，清洁技术部门投入品的生产价格越低，越有利于清洁技术创新的转变，此时可以不需要环境规制政策的干预；当两部门的投入品可替代性不高时，此时应对采取长期的环境规制政策进行干预。Acemoglu 等的研究是从需求的角度分析影响技术革新的因素的，即两部门投入品的相对价格以及相互间的替代弹性。[1] 一般来说，企业的技术创新都具有一定程度的路径依赖属性，也就是说，企业以往的技术创新经历以及自身与技术前沿之间的差距，将会在很大程度上影响企业对清洁技术进行研发的决策，而环境规制政策实现既定的政策目标也受此影响。

　　Acemoglu 等在分析技术革新的影响因素时，未考虑企业的研发活动存在溢出效应，而技术专利的有限期限与中间产品生产部门的垄断竞争会导致市场出现偏差。[2] Greaker 和 Heggedal 认为 Acemoglu 的技术专利[3]只能维持一期的假定不合常规，导致其补贴清洁技术的研发优于碳税的结论存在偏误。[4] 他们在 Acemoglu 等模型[5]的基础上假定技术专利是长期存在的，研究发现，补贴清洁技术的研发并没有 Acemoglu 等人所认为的那样重要，并且重新确立了碳税在环境规制中的重要作用，相比于对清洁技术的补贴政策，碳税政策更加容易用于减排。

三　供给因素导致的环境技术创新

　　影响技术创新的因素除了需求方面的价格与市场规模外，供给

---

[1] Acemoglu D., Aghion P., Bursztyn L. et al., "The Environment and Directed Technical Change", *American Economic Review*, 2012, pp. 131 – 166.

[2] Acemoglu D., Aghion P., Bursztyn L. et al., "The Environment and Directed Technical Change", *American Economic Review*, 2012, pp. 131 – 166.

[3] Acemoglu D., Aghion P., Bursztyn L. et al., "The Environment and Directed Technical Change", *American Economic Review*, 2012, pp. 131 – 166.

[4] Greaker M., Heggedal T. R., "A Comment on the Environment and Directed Technical Change", *CREE Working Paper*, 2012.

[5] Acemoglu D., Aghion P., Bursztyn L. et al., "The Environment and Directed Technical Change", *American Economic Review*, 2012, pp. 131 – 166.

方面也存在一些因素，比如创新的可能性边界、企业的技术创新历史等。基于供给的角度，Acemoglu 等构建了一个内生增长的微观经济模型，其中清洁技术在生产和创新过程中与污染技术进行竞争[①]，即企业的创新资源既可以投入清洁技术的研发活动，也可以投入污染技术的研发活动。如果企业在初始阶段掌握的污染技术水平远远高于清洁技术水平，那么从污染技术到清洁技术的潜在转换可能是十分困难的，原因是对清洁技术的研发必须迈过几个重要的关卡才能使清洁技术达到污染技术的水平，而且它们间的技术差距会对清洁技术的研发产生阻碍作用。尽管如此，碳税和清洁技术研发补贴会起到鼓励清洁技术生产与创新的作用，即使这种作用的发挥需要很长时间，从污染技术到清洁技术的转变比较缓慢。为对模型进行估计，Acemoglu 等对研究与试验发展投入与专利的关系进行回归分析，并采用微观数据进行模拟分析，发现该模型能够拟合很多现实情况。[②] 此外，Acemoglu 等还使用该模型对环境规制政策的效果进行分析，发现最优的政策应当多使用清洁技术研发补贴和碳税。[③] 由于 Acemoglu 等的研究[④]是在封闭经济中进行的，其仅关注美国国内环境规制政策给清洁技术带来的影响，未考虑开放经济中其政策带来的清洁技术变革会对其他国家的技术创新带来影响，此时最优的环境规制政策并不一定最优。

在开放经济中，由于全球环境的公共属性，各国的环境规制政策也会相互作用，想要减缓全球环境的恶化速度，需要各个国家的共同参与和合作。Hémous 将导向型技术进步理论引入包含直接技术

① Acemoglu D. Akcigit U. , Hanley D. et al. , "Transition to Clean Technology", *Social Science Electronic Publishing*, 2014, 124 (1) .

② Acemoglu D. , Akcigit U. , Hanley D. et al. , "Transition to Clean Technology", *Social Science Electronic Publishing*, 2014 (1) .

③ Acemoglu D. , Akcigit U. , Hanley D. et al. , "Transition to Clean Technology", *Social Science Electronic Publishing*, 2014 (1) .

④ Acemoglu D. , Akcigit U. , Hanley D. et al. , "Transition to Clean Technology", *Social Science Electronic Publishing*, 2014 (1) .

变革的动态模型，该模型有两类国家（南方国家和北方国家）和两类部门（污染部门和清洁部门）。[①] 在最终产品的生产过程中，只有污染部门会因其污染技术水平不同产生不同程度的污染物，而技术创新在两类国家的两类部门都能够开展，关键是创新资源的分配，这取决于两类部门产品的相对市场份额与技术的先进程度。如果在初期两国的污染技术均比清洁技术更先进，当北方国家采用征税对污染物进行控制而南方国家不采取措施时，其后果是北方国家的部分污染部门的产品生产会转移到南方国家，导致南方国家污染部门的生产更加专业化，使得该国的创新活动更加倾向于污染技术的革新，如此将会产生加快环境恶化的后果。当北方国家采用补贴清洁部门的技术创新的方式并对贸易产品征收关税时，其污染部门生产的产品将在国际贸易中拥有比较优势，也会将创新资源投入清洁技术的研发，使清洁部门生产的产品更加清洁。只要北方国家清洁部门的技术水平足够高，其最初的比较优势会发生逆转，导致北方国家通过清洁技术的创新、南方国家通过污染部门的专业化生产减少总污染物的排放，这改变了两类国家的技术创新方向。如果初期的环境质量较高，全球环境的恶化可以通过导向型技术进步来加以避免，但如果技术进步是外生决定的，只有北方国家采取环境规制政策时，其政策无法达到减缓全球环境恶化速度的效果。

通过应用 Acemoglu 的导向型技术进步理论[②]，Grimaud 和 Rouge 在内生增长的一般均衡框架下分析了环境政策的作用[③]，在该框架下，需要投入两种不同的资源才能生产最终消费品：一种是会产生污染的不可再生资源，另一种是不会产生污染的可再生资源。每种资

---

① Hémous D. , "Environmental Policy and Directed Technical Change in a Global Economy: The Dynamic Impact of Unilateral Environmental Policies", *Social Science Electronic Publishing*, 2012.

② Acemoglu D. , "Directed Technical Change", *Review of Economic Studies*, 2002, 69 (4): 781 – 809.

③ Grimaud A. , Rouge L. , "Environment, Directed Technical Change and Economic Policy", *Environmental & Resource Economics*, 2008, 41 (4): 439 – 463.

源都对应于一个关联的特定研究部门。研究发现，最优的环境政策主要产生两种效应：一是延缓了资源的提取，以及随着资源提取的减少污染物的排放水平也相应下降；二是重新分配了研发资源，即减少污染技术的研发资源，增加绿色技术的研发资源。

环境资源由于属于公共品，具有非排他性，各主体在向环境中排放污染物或废弃物时的环境成本比较低，但是其社会成本并没有减少，只是将排放主体的环境成本转移到其他主体，由其他主体承担部分环境成本。因此，想要解决环境问题，不仅需要通过对从事清洁技术研发的主体施行政策性补贴以激励主体积极开展技术创新活动，而且应该对排放污染物的主体施行惩罚性环境政策以增加污染主体的排放成本。比如，当今世界很多国家实施排放温室气体收费政策，其通过价格手段增加主体排放温室气体的环境成本，从而达到减少温室气体排放的目标。这种环境规制政策除了有利于减少温室气体的排放，还可能会影响企业的创新活动，企业会采取相应的措施来应对。2005 年，欧盟排放交易体系（European Union Emissions Trading Scheme，EUETS）正式开始实施，其通过对碳排放交易权进行定价从而引导低碳技术的发展。Calel 和 Dechezleprêtre 以 EUETS 作为准自然实验，分析排放交易体系的实施如何影响企业的减排行为，发现排放交易体系使规制企业开展低碳技术创新的数量增加了 10%，申请的低碳技术专利增长了 1%，而且对于其他技术的专利申请没有造成挤出效应。[1] 从该研究结果可以看出，仅对碳排放交易权进行定价未能达到激励低碳技术发展的目标，还需要对低碳技术进行补贴才能真正实现低碳技术的快速发展。

在排放温室气体的主体中，汽车是主要排放源之一，为了降低来自汽车的温室气体排放水平，大力推广清洁能源汽车是当前各国采取的主要措施。Aghion 等以汽车行业为例研究直接技术变革对气

---

① Calel R., Dechezleprêtre A., "Environmental Policy and Directed Technological Change: Evidence from the European Carbon Market", Centre for Economic Performance, LSE, 2014: 551 - 574.

候变化的影响——汽车行业的技术创新主要分为两种：污染型技术（内燃机）和清洁型技术（电力和混合动力）——构建企业层面的面板数据进行实证研究。[①] 研究结果表明，当含税燃料价格上升时，企业倾向于在清洁技术方面开展更多的技术创新，这说明政府可以通过对燃料征收碳税鼓励技术创新。此外，从汽车行业来看，企业的技术创新方向具有显著的路径依赖特点，已经积累了大量清洁技术的企业会在未来继续将创新资源投入清洁技术的研发。同时，其在利用该模型，模拟碳排放征税增加时发现，清洁技术将会取代污染技术。Aghion 等的实证研究[②]可以看作对 Acemoglu[③][④] 的理论研究进行的经验检验，但是该研究存在一个不足之处：含税的汽油价格只是一个代理变量，用于分析碳税如何影响汽车企业的技术创新行为并不准确，而且该代理变量综合了价格效应与政策效应，如此难以区分到底哪种效应在起作用，或者哪种效应更大。

从上述国内外研究现状来看，其针对环境规制政策和企业技术创新之间的关系并没有获得一致结论，因此，这一问题更多的是一个经验问题，只有通过更多的实证研究才能更多地了解二者之间关系的变化与经济发展阶段、行业异质性等因素之间的关系。

第二节 环境规制对技术创新的影响：行业差异

环境规制与技术创新之间的关系被总结为对 "波特假说" 的验

① Aghion P., Dechezleprêtre A., Hémous D. et al., "Carbon Taxes, Path Dependency and Directed Technical Change: Evidence from the Auto Industry", *Social Science Electronic Publishing*, 2013, 124 (1): 1 – 51.

② Aghion P., Dechezleprêtre A., Hémous D. et al., "Carbon Taxes, Path Dependency and Directed Technical Change: Evidence from the Auto Industry", *Social Science Electronic Publishing*, 2013, 124 (1): 1 – 51.

③ Acemoglu D., Aghion P., Bursztyn L. et al., "The Environment and Directed Technical Change", *American Economic Review*, 2012.

④ Acemoglu D., Akcigit U., Hanley D. et al., "The Transition to Clean Technology", Social Science Electronic Publishing", 2014.

证，但是异质性问题的存在往往影响"U"形关系的具体情况，即使验证了这一假说，不同行业的企业对环境规制的反应速度也可能存在差异，本节将主要就这一内容进行研究。

一 数据来源

本节以工业行业为样本，数据主要来源于《工业年鉴》《科技年鉴》《环境年鉴》等公开资料，时间跨度为2004—2015年。表6-1中清洁行业和污染密集行业的具体划分样本数据时间为2004—2015年，共12年，样本数为360。

表6-1 2004—2015年清洁行业和污染密集行业的具体划分样本数据

单位：个

	清洁行业（17）		污染密集行业（18）
1	电器机械及器材制造业	1	食品制造业
2	文教体育用品制造业	2	农副食品加工业
3	印刷业和记录媒介的复制	3	纺织业
4	通信设备、计算机及其他电子设备	4	燃气生产和供应业
5	家具制造业	5	饮料制造业
6	纺织服装、鞋、帽制造业	6	石油加工、炼焦及核燃料加工业
7	通用设备制造业	7	水的生产和供应业
8	烟草业	8	有色金属冶炼及压延加工业
9	交通运输设备制造业	9	化学原料及化学制品制造业
10	仪器仪表及文化、办公用机械制造业	10	化学纤维制造业
11	专用设备制造业	11	非金属矿采选业
12	金属制品业	12	黑色金属冶炼及压延加工业
13	皮革、皮毛、羽毛（绒）及其制品业	13	煤炭开采和洗选业
14	石油和天然气开采业	14	非金属矿物制品业
15	木材加工及木、竹、藤、棕、草制品	15	造纸及纸制品业
16	橡胶塑料制品业	16	电力、热力的生产和供应业
17	医药制造业	17	黑色金属矿采选业
		18	有色金属矿采选业

二 变量选择

（1）对企业创新活动的度量既可以采用投入的方法，也可以对创新产出进行度量，而度量产出的主要指标就是专利申请的数量。①② 借鉴前人的大量研究成果，本节以企业的专利申请数量为衡量创新活动成果的代理变量。

（2）环境规制强度。结合前人的研究成果，本节采用企业的污染减排支出占企业的营业收入总额的比重来度量环境规制强度。

（3）企业的研发投入。从当前的科技创新趋势来看，企业的研发强度不断提高，日益进入比拼创新投入的阶段。虽然我国的总体研发强度不断提高，但是从不同的行业和企业来看，其在研发投入强度上存在很大差别，因此，如果采用研发投入作为解释变量，我们便得到一个变异性更大的变量，其对实证研究来说具有重要意义。本节选择的变量为企业的研究与试验发展经费支出。

（4）政府创新补贴。政府对企业绿色创新行为的补贴对企业的创新活动来说具有重要作用，尤其是对于一些处于创新与不创新决策边缘的企业来说，政府给予的适当补贴将成为这些企业进行创新活动的"催化剂"，如果缺乏这部分补贴，企业就可能不会进行创新活动。

（5）所有制结构。不同所有制企业面临的激励和约束条件不同，因此在技术创新方面具有不同的动力。一般而言，非国有企业面临更加激烈的市场竞争，这使创新的激励更大，而国有企业由于掌握着大量资源以及良好的市场地位，创新的激励往往不足。本节以国有及国有控股企业的生产总值占工业企业生产总值的比重来衡量所有制结构。

（6）行业竞争程度。竞争的过程和结果是推动企业不断变革的关键力量，在激烈的市场竞争环境之下，勇于创新、敢于突破的企业将不断占领行业技术的制高点，不断提高市场份额。如果一个企业处于一个竞争强度较低的市场环境中，企业将缺乏创新的动力。

① Lanjouw J. O., Mody A., "Innovation and the International Diffusion of Environmentally Responsive Technology", *Research Policy*, 1996, 25（4）：549 – 571.
② Brunnermeier S. B., Cohen M. A., "Determinants of Environmental Innovation in U. S. Manufacturing Industries", *Journal of Environmental Economics & Management*, 2003, 45（2）：278 – 293.

为此，需要将行业竞争强度引入模型，以资产规模排名前五的企业在整个行业中的比重作为度量行业竞争强度的指标。

（7）企业成立年限。企业成立的时间长短对于企业创新行为也具有一定的影响，这是因为技术创新活动是一种有路径依赖特点的活动，对于新成立的企业来说，其进行创新活动的风险较大，因此往往采用技术跟随战略，而对于成立时间较长的企业来说，其由于已经积累了大量的技术，因此进行创新活动的风险更低。

三 实证模型

本节的面板数据模型如下：

$$Pat_{it} = \alpha + \beta_1\,ERI_{it} + \beta_2\,ERI_{it}^2 + \beta_3\,LnExp_{it} + \beta_4\,Ln\,Staff_{it} +$$
$$\beta_5\,Ln\,Fis_{it} + \beta_6\,Nat_{it} + \beta_7\,Ln\,Com_{it} + \beta_8\,Start_{it} + \varepsilon_{it} \qquad (6-1)$$

其中，Pat 为企业申请的专利数量，ERI 是企业的治理污染的投入占营业收入的比重，代表环境规制强度，平方项代表对"波特假说"的验证；Exp、$Staff$、Fis、Nat、Com、$Start$ 分别代表企业的研发支出、研发人员的规模、所有制结构、财政补贴、行业竞争程度、企业成立年限。

四 实证结果分析

我们分三种情况分析环境规制强度对技术创新的影响，一是全行业的情况，二是清洁行业的情况，三是高污染行业的情况。采用广义最小二乘法（GLS）进行估计，具体回归结果见表 6-2。

表 6-2 环境规制指标 ERI 的估计结果

变量名称	全行业	清洁行业	污染行业
ERI_1	-0.701 *** (-7.62)	-1.365 *** (-2.88)	-0.435 *** (-4.21)
ERI_1^2	0.246 *** (5.32)	3.778 ** (12.43)	0.301 *** (3.32)

续表

变量名称	全行业	清洁行业	污染行业
Ln Exp	0.627 ***	0.788 ***	0.660 ***
	(6.38)	(6.14)	(6.22)
Ln Staff	0.188 ***	0.165	0.049
	(2.49)	(1.65)	(0.29)
Ln Fis	0.245 ***	−0.089	0.503 ***
	(3.58)	(−0.29)	(6.18)
NatI	−0.803 ***	−0.597 ***	−0.556 ***
	(−6.99)	(−6.08)	(−5.83)
Ln Com	0.031	−0.029 *	0.069 ***
	(1.58)	(−1.88)	(3.29)
LnStart	0.156 **	0.038 **	0.085 ***
	(1.38)	(0.18)	(3.56)
α	−2.123 ***	−1.037 ***	−4.135 ***
	(−9.98)	(−2.98)	(−10.99)

从上述实证结果来看，从全行业的回归结果来看，"波特假说"得到了验证。从分行业的情况来看，虽然清洁行业和污染行业都验证了环境规制强度与企业技术创新之间的"U"形关系，也就是说，环境规制强度的提高首先抑制了企业的技术创新，但是企业的技术创新活动会随着时间的推移逐渐增多。究其原因，当环境规制的强度较低时，企业往往会采取"遵循活动"，即企业会投入一定的资金，可能用于购买环保设备，也可能采取其他措施来减低污染排放。但是上述"遵循活动"在一定程度上挤出了创新投入，因为原本用于技术创新的资金被用于非创新活动，仅仅是为了达到环境规制的目标。但是在到达拐点之后，不同类型的企业可能出现分化的情况，一部分企业被更加严格的环境规制淘汰，另一部分企业则受益于市场集中度的提高，市场竞争力得到显著提高，可以将更多的资源投入技术创新活动。此外，在一般情况下，随着环境规制变得更加严格，企业用于治理污染的边际成本将会迅速上升，此时进行绿色创新的收益可能会大于治理污染等"遵循活动"的边际收益，因此企业的创新活动数量将逐渐增加。

对于清洁行业和污染行业来说，受行业特征的影响，环境规制对其创新活动的影响方向虽然一致，但是不同行业面对环境规制强度的变化，其进行创新活动的敏感程度存在一定的差异。从我们的回归结果来看，相比于污染行业，清洁行业先达到拐点。也就是说，对于同样的环境规制来说，清洁行业对政策变化的创新反应更快，出现这种情况的原因可能是，对于污染行业来说，其固定资产投资可能很高，设备更换的成本过高导致其技术水平难以对环境规制政策做出迅速反应。而清洁行业则相反，其设备更新的成本较低，因此环境规制政策变化时，这些企业容易做出新的选择。此外，回归结果还表明，如果企业具有较高的国有股比重，企业的技术创新动力往往比较低。

此外，我们进行了稳健性检验，采用相同模型，但是用另一个变量来度量环境规制强度，进一步考察环境规制政策对企业技术创新活动产生的影响。具体来说，我们以污染减排支出与企业的净利润之比来代表环境规制强度。回归结果如表6-3所示。从表6-2的回归结果我们看到，环境规制强度和技术创新二者仍然表现"U"形关系，同时控制变量的回归结果也和表6-3中的结果相差不大。

表6-3　环境规制指标ERI_2的估计结果

变量名称	全行业	清洁行业	污染行业
ERI_2	− 0. 501 ***	− 1. 003 ***	− 0. 332 ***
	(− 4. 32)	(− 1. 98)	(− 2. 91)
ERI_2^2	0. 316 ***	2. 112 **	0. 288 ***
	(6. 09)	(10. 01)	(2. 19)
Ln Exp	0. 828 ***	0. 601 ***	0. 512 ***
	(6. 99)	(5. 05)	(5. 19)
Ln $Staff$	0. 212 ***	0. 138	0. 032
	(2. 88)	(1. 32)	(0. 25)
Ln Fis	0. 116 ***	− 0. 047	0. 487 ***
	(1. 21)	(− 0. 13)	(5. 83)
$NatI$	− 0. 921 ***	− 0. 312 ***	− 0. 663 ***
	(− 7. 15)	(− 5. 54)	(− 5. 99)
Ln Com	0. 039	− 0. 033 *	0. 075 ***
	(1. 68)	(− 2. 81)	(3. 59)
Ln $Start$	0. 188 **	0. 011 **	0. 091 ***
	(1. 91)	(0. 09)	(3. 79)
α	− 2. 326 ***	− 0. 837 ***	− 5. 332 ***
	(− 9. 90)	(− 1. 88)	(− 9. 39)

第三节　环境规制对技术创新的影响：地区差异

一　实证模型

为了更好地研究环境规制及其他因素在空间上对技术创新的影响，我们利用空间计量模型的基本原理，建立空间面板模型来分析变量的空间相关性及其影响因素。其中，工业企业的技术创新为被解释变量，我们仍然用企业的专利申请数量来度量技术创新，环境规制强度为解释变量，同样将环境规制的平方项引入模型，以考察"波特假说"。在考虑其他控制变量的基础上，建立的空间滞后自回归面板数据模型为：

$$\text{Ln } Pat_{it} = \alpha_0 + \rho \text{Ln } Pat_{it} + \alpha_1 ERI_{it} + \alpha_2 ERI_{it}^2 + \beta_1 R\,gdp_{it} + \beta_2 \text{Ln } Staff_{it}$$
$$+ \beta_3 \text{Ln } Fis_{it} + \beta_4 Nat_{it} + \beta_5 Com_{it} + \eta_i + \varepsilon_{it} \qquad (6-2)$$

二　实证结果分析

（一）数据来源

数据来源于《中国科技统计年鉴》《中国工业经济统计年鉴》《中国环境统计年报》《中经网统计数据库》。样本数据为2000—2015年中国30个省份的工业行业面板数据。[①] 指标变量的描述性统计结果如表6-4所示。变量选择的定义如同第二节，不再赘述。

---

① 为了检验不同区域环境规制对工业行业技术创新的影响，按照通常的做法，这里将30个省份划分为东部、中部和西部三个组分别检验，东部地区包括北京、天津、河北、辽宁、上海、江苏、浙江、福建、山东、广东和海南11个省份，中部地区包括山西、吉林、黑龙江、安徽、江西、河南、湖北和湖南8个省份，西部地区包括内蒙古、广西、重庆、四川、贵州、云南、陕西、甘肃、青海、宁夏和新疆11个省份。

表 6 - 4 　指标变量的描述性统计结果

单位：个

变量	个数	均值	标准差	最小值	最大值
LnPat	360	4.412	1.089	1.007	7.114
Rgdp	360	6.008	0.442	4.994	7.142
LnStaff	360	6.032	0.857	2.778	8.104
ERI	360	0.505	0.298	0.120	2.393
LnFis	360	5.355	0.825	3.208	7.173
Nat	360	0.851	0.274	0.202	1.359
Com	360	0.236	0.215	0.019	0.883

（二）实证分析结果

1. 相关性检验

借鉴其他人的研究，我们采用拉格朗日乘子检验法（LM）来进行空间相关性检验。一般来说，地理位置较近的地区通常保持较为密切的相关关系，其从而对较近地区具有更大的影响。相比之下，地理分布距离较远的地区空间相关关系则不那么紧密。表 6 - 5 所示为 LM 空间相关性检验结果。

表 6 - 5 　LM 空间相关性检验结果

	全国	东部地区	中部地区	西部地区
$LM(lag)$	15.321 (0.000)	5.131 (0.271)	0.187 (0.909)	2.198 (0.049)
$RobustLM(lag)$	4.432 (0.009)	3.274 (0.070)	288.312 (0.000)	9.012 (0.008)
$LM(error)$	82.116 (0.000)	15.432 (0.002)	6.018 (0.051)	5.712 (0.202)
$RobustLM(error)$	35.116 (0.000)	9.343 (0.001)	389.118 (0.000)	2.265 (0.056)

从表 6 - 5 的检验结果来看，LM（error）相比 LM（lag）更为显著，且 Robust LM（error）的显著性水平更高。根据 Anselin 等提出

的判别准则，我们应该选择空间误差面板模型。[①] 李斌和彭星的研究指出，空间误差面板模型说明技术创新空间依赖性并非来源于邻近省域的技术创新程度，而是存在于误差项中，度量的是邻近省域影响技术创新的误差冲击对本省技术创新的影响，这与现实是相符的。[②] 因此，我们基于空间误差面板模型来对环境规制对企业的技术创新的区域差异进行分析。

2. 模型估计结果分析

我们首先进行 Hausman 检验，检验结果表明，应该采用固定效应模型进行回归。表 6-6 为空间误差面板模型估计结果。

表 6-6 空间误差面板模型估计结果

	全国	东部地区	中部地区	西部地区
ERI	-0.523 *** (0.000)	-5.341 *** (0.000)	-0.183 * (0.029)	-0.342 * (0.052)
ERI^2	0.309 *** (0.000)	3.331 *** (0.001)	0.301 (0.269)	0.508 * (0.072)
Rgdp	-0.076 (0.113)	0.412 ** (0.056)	0.076 (0.532)	0.616 *** (0.000)
LnStaff	0.351 *** (0.000)	0.411 *** (0.011)	0.912 (0.000)	0.056 (0.209)
LnFis	0.309 ** (0.000)	0.668 *** (0.000)	0.045 (0.363)	1.711 *** (0.000)
Nat	-0.381 *** (0.000)	-2.093 (0.000)	-1.881 *** (0.000)	-2.319 *** (0.000)
Ln Com	0.232 (0.001)	0.782 *** (0.004)	1.031 (0.333)	-1.421 ** (0.001)
LnStart	0.313 ** (0.000)	0.351 *** (0.000)	0.139 * (0.081)	0.128 * (0.051)
R^2	0.569	0.612	0.709	0.695

---

① Anselin L., Griffith D. A., "Do Spatial Effecfs Really Matter in Regression Analysis?" *Papers in Regional Science*, 2010, 65 (1): 11 - 34.

② 李斌、彭星：《环境规制工具的空间异质效应研究——基于政府职能转变视角的空间计量分析》，《产业经济研究》2013 年第 6 期。

从表 6-6 的结果中我们可以看到，从全国的情况来看，环境规制强度和技术创新之间的关系验证了"波特假说"，但不同地区的估计结果存在一定差异。具体来说，东部和西部地区证实了"波特假说"。相比之下，东部地区要比西部地区更早到达拐点，也就是说，东部地区的企业面对环境规制强度的变化时的创新反应更快，究其原因，可能是东部地区的经济发展水平、市场化程度等要显著高于西部地区，相比之下，广大西部地区经济发展水平不高，对先进技术的掌握较差①，这导致西部地区的技术创新对环境规制的变化不够敏感。对于中部地区来说，"波特假说"没有得到验证，随着环境规制强度的提高，中部地区的技术创新发展并没有出现"U"形趋势，而是呈现线性趋势。

从控制变量的回归结果来看，对于东部和西部地区来说，地区经济发展水平是影响创新的重要因素。除了西部地区之外，东部、中部地区的研发人员的投入对创新都具有显著积极影响，这说明研发的投入是促进创新的重要变量。此外，企业规模对技术创新也具有正向影响。对东部地区来说，外资占比与技术创新呈现正相关关系，而其在西部地区则呈现负相关关系。

第四节　小结

本章基于实证研究分析了环境规制政策对企业创新活动的影响，从总体来看，"波特假说"得到了研究结果的证实。但是对于不同行业和不同地区来说，"波特假说"得到验证的程度不同。

（1）首先，从行业整体结果来看，环境规制与企业技术创新之间呈现"U"形关系。但是不同类型的行业对规制政策的创新反应

---

① 沈能、刘凤朝：《高强度的环境规制真能促进技术创新吗？——基于"波特假说"的再检验》，《中国软科学》2012 年第 4 期。

速度不同，相比之下，清洁行业要比污染行业更快到达拐点，也就是具有更快的反应速度。以上结论具有如下政策含义：对于政府的环境规制政策来说，其必须保持一定的政策灵活性，也就是说，环境规制政策必须考虑不同行业的异质性问题，需针对不同行业的技术特点、发展阶段来制定不同的政策。以污染密集行业为例，这些企业对环境规制政策的变化往往不够敏感，因此为了更快地达到节能减排的目标，政府应当更多地对高污染行业企业的绿色创新行为进行引导，相比之下，清洁行业对政策变化的反应速度较快，因此可以相对较少地对其进行补贴。

（2）从地区情况来看，研究结果表明：从全国范围以及各地区来看，"U"形关系得到了验证。但不同地区之间存在一定的差异，相比西部地区，东部地区更早达到拐点，也就是说，经济较为发达的东部省份的企业对规制政策的敏感度较高，当环境规制政策趋于更加严格时，企业将在短时间内做出创新反应。上述研究结果具有如下政策含义：首先，应当适当提高规制强度，而不是盲目持有"规制强度越高、效果越好"的观念，政府应该灵活运用多种政策工具，同时要协调环境规制政策与技术创新政策，实现两种政策在政策目标、政策方向、政策力度等方面的互补。其次，针对不同地区的差异，应制定不同的环境规制政策，比如东部地区的环境规制政策应继续推动市场化激励政策，如排污权交易等；对于西部地区来说，其由于对环境规制政策的创新反应速度较慢，因此不能简单地提高环境规制政策的强度，一方面，环境规制政策的边际收益较低，另一方面，过于严格的环境规制政策必将损害西部地区的经济发展，因此，应该对西部地区更多地进行创新激励。

第七章　创新导向的环境规制政策

第一节　基于创新导向的环境规制政策的必要性

一　环境政策并不必然导向创新活动

创新生态系统时代的到来，不仅在微观层面带来企业创新行为和运行方式的深刻变革，而且在宏观层面对国家的创新政策和制度供给提出了新要求。政府应超越传统创新链思维，以创新生态观为指导，基于制度创新建立创新政策体系，激励和引导企业成功构建与有效运行一个自我循环、自我平衡、自我修复、自我净化的创新生态系统。随着社会经济的快速发展，我国城镇化和工业化进程逐渐加快，环境污染和生态破坏已经成为威胁人类生存的重大问题，环境保护和规制已经引起世界各国的高度重视。要实现环境规制的目标，就必须落实到企业，只有将环境规制和企业效益相结合，才能够实现集体理性和个体理性的结合，才能够从根本上解决环境保护问题。但是，以"波特假说"为代表的学者们认为环境规制给企业带来的管理成本可以通过政府合理的环境规制设计激发企业进行创新来补偿，其甚至比不受环境规制的企业更具有市场竞争优势。不可否认的是，实施环境规制，并不必然带来企业的创新补偿效应，因为当环境规制强度过高，或者企业技术能力、创新效率过低时，创新补偿效应就无从谈起。如果没有环境规制政策，企业的均衡产量水平将超出社会最优水平，污染外部性的存在导致企业仅从自身利益最大化出发决定产量水平。虽然企业也会进行研发投入，从事技术创新活动，但其创新的出发点并不是社会收益最大化，而是利润最大化。虽然创新活动可以为生产者带来超过平均利润水平的高额收益，但是缺乏环境创新导向的创新活动也可能会增加能耗，或者恶化环境，也就是说，技术创新并不天然是环境友好的。因此，应该在环境政策中加入对企业创新方向的考虑，对企业的创新活动的方向进行一定的引导，制定可以激励企业开展环境技术创新的政策措施。

传统的环境政策框架虽然在一定程度上也可以激励企业的环境技术创新活动，但这并不是一种必然结果。例如，在政府确定一定的技术标准或者市场准入标准之后，企业一旦满足了环境规制的要求，就会缺乏进一步提高环境技术水平的动力，因此，固定的环境技术标准或者市场准入标准有可能成为抑制企业进行环境技术创新的因素。当然，政府也可以不断调整技术标准，但这将带来重大的不确定性，企业可能因此陷入观望状态，因此，通过环境政策的创新来引导企业的技术创新，政策制定者需要充分考虑如何使企业实现主动的环境技术创新，而不是被动地迫于规制压力进行创新。

二　市场力量不能自发实现清洁技术创新

在当前学界中，有一种误解，即认为市场和政府都是万能的，这是片面的、不科学的。有人指出市场是万能的，认为市场能够自动调节供给和需求，能够让价值规律充分发挥作用，危机也能够自动治愈。这种误解不仅是有害的，而且容易导致无政府主义。在市场机制的作用下，作为市场主体的企业会追求利益最大化，如果没有政府更好地发挥作用，企业在利益的驱动下就会对基础设施等公共品的供应避而远之。安全、监督、监管、预警、逆周期调节等事项缺乏有效管理，也将导致市场进入混乱、危机状态甚至崩溃。有人指出政府是万能的。计划经济充分表明，政府不可能精准预测到市场中具体商品的需求情况，进而通过有计划的生产来充分满足市场的需求。有人认为市场调节会有负的外部性、垄断、投机等问题。而事实上，政府调节也会出现寻租、腐败等各种问题。市场不是万能的，政府也同样不是万能的，不能简单地把市场发生的各种危机归责为市场或政府的问题。只有在政府的监督引导下，让市场在资源配置中起决定性作用，经济才能健康发展。

而环境资源是一种公共物品，"哈丁的悲剧"告诉我们，个体在排放污染物的时候不会考虑给其他人带来的成本，从自身的成本收益来看，污染环境的成本很低，但其实质上只是个体将污染环境的成本转移给了其他的主体，或者转移给了下一代人。资源环境的恶化将对人们的经济活动形成一定的约束，而经济在不断发展的同时对资源环境的需求却在不断增加，这两种因素是促进技术进步的两种重要力量。但技术变迁一般是一种市场行为，其究竟是朝着清洁技术的方向发展，还是朝着污染技术的方向发展，要受到两种力量的影响，一是受"市场规模"的影响，二是受"市场价格"的影响。如果完全让市场的自发力量来决定技术进步的方向，那么市场不能确保企业必定会有足够的激励来进行清洁技术的创新。因此，政府应该积极制定干预政策，引导和激励企业从事清洁技术的研发，对高能耗的技术研发活动进行一定的限制。

三 我国环境技术落后于世界先进水平

随着我国对环境保护的重视和规制政策的不断出台，环境领域的技术进步也得到了一定的发展，初步形成了一个较为完整的环保技术创新体系，同时少数环境技术还达到了与发达国家相媲美的水平，但从整体来看，我国的绿色产业发展以及绿色技术水平仍然处于初级阶段，普遍落后于我国整体工业的技术发展水平，绿色创新的内生动力不足。因此，推动环境规制手段和政策改革，对于我国提升环境技术水平来说具有重要意义。

　　我国环境技术落后主要体现在环境监测技术和环境保护企业研发两个方面。在环境监测技术方面，第一，我国环境保护的监测效果低。伴随着改革开放政策的实施，我国的社会经济获得突飞猛进的发展，国家生产总值持续提高，但我国的环境污染现象随之加重，很多环境问题也凸显出来。我国是工业大国，工业区呈现分散性以及放射性的发展趋势，导致环境监测出现难度大、总量大以及范围大等问题，相关部门监测技术落后、资源匮乏，导致监测效果低。第二，监测环境差。同发达国家相比，我国监测技术比较落后，在行业的发展以及研究方面进展缓慢，特别是环境监测设备十分落后，工作条件差，导致监测结果没有达到预期目标，数据欠缺准确性，在监测中，各项试验数据不能满足标准要求，监测结果存在一定的偏差。同时，环境监测站的一些设备不完善、变形以及老化的情况十分严重，大大缩短了设备的使用年限，在设备应用中，还存在故障问题，导致监测数据失真。第三，体制不健全。当前，我国的环境监测体制尚不完善，很多监测技术以及监测设备不能充分发挥作用，应用无据可依，环境监测存在严重的资料浪费现象。同时，因为监测体制不健全，很多监测设备处于长期的运转中，没有对其进行保养和维护，导致设备出现破损的情况，进而影响监测数据的准确性，导致工作效率低下。第四，人员素质低。高素质、能力强的监测人员是有效运用监测技术的基础，但是当前，我国现有的环境监测人员并不具备较强的专业能力以及较高的素质，很多监测人员自身专业技能较差，不了解监测技术和基本常识。虽然我国的监测技术处于高速发展的时期，但是对检测人员的培养跟不上发展速度，使其不能充分掌握现代化的监测技术，在实际操作中，存在运用不科学、不规范等问题。相关部门也没有针对当前的情况，对监测人员进行培训和教育，没有完善以及系统的培训机制，这致使我国监测专业人才青黄不接，对环境监测技术的提高和应用造成严重影响。

在环境保护企业研发方面，核心技术不足，产业化水平低。从我国工业废水处理技术发展来看，我国大部分技术的研究跟踪国际动态比较及时，如过滤、吸附、混凝等。但原创性研究能力与国际相比尚有差距，平均滞后发达国家约 13 年。经过专家评估，总体看，其起步晚，但研究发展速度快。2000 年以来，特别是近 5 年来，其进入了快速发展阶段。国家环保法规的实施以及国家在环保领域的科技投入持续增大，是环境技术快速发展的重要推动力。尽管起步晚，但我国环境技术研究紧跟国际前沿，形成了较全面的研发布局，研究水平整体处于国际中上游水平。与此同时，其与国际领先国家如美国、德国、英国等仍有约 15 年的差距。可喜的是，我国的生态修复技术中的森林与草地恢复技术、荒漠化防治技术，以及大气污染防治技术中的固定源污染治理、大气污染源清单技术目前已达到国际领先水平。尽管我国环境领域论文发表总数仅次于美国，且增速明显高于其他国家，但我国环境技术论文质量与发达国家存在较大差距，SCI 论文被引频次显著少于发达国家，原创性技术较少，核心技术创造不足。我国发明专利技术总体质量不高，核心专利技术缺乏。而且，从技术产出看，国际上水污染防治技术的主要推动力来源于环保企业，国外自主知识产权拥有量最多的均是企业。而我国环境技术的研发主体仍然是高校和研究院所，企业创新能力明显不足，企业研发实力均不具备国际竞争力，研发与转化脱节问题突出。发达国家环境关键技术的产业化推广应用水平高，但我国自主研发技术多处于小试或中试阶段，技术产业化水平远落后于发达国家。我国缺乏支撑环境质量改善的核心技术和产品。

四　绿色创新导向的环境规制政策是缓解当前矛盾的重要手段

历史经验特别是工业革命以来的经验表明，国家的发展既取决于技术进步等因素，更取决于内外部环境的变化及因时因势采取的战略。新一轮产业革命酝酿兴起，主要发达国家力图通过"再工业化"和"再制造业化"等战略占领未来产业竞争的制高点，一些发展中国家也开始大规模推动工业化、城镇化进程以谋求竞争新优势，全球经济深度再平衡。因此，立足新常态、迎接新挑战、把握新机遇，推动中国经济发展转方向、换思路，必须加快实施创新和绿色发展战略。实施创新和绿色发展战略，要实现：以科技创新、模式创新、体制创新等为动力，从要素驱动向创新驱动的转换；以提高能源资源利用效率为核心，从传统发展模式向绿色发展模式的转换；以主动开放、加快融入为突破口，积极参与新一轮产业革命的技术研发、规范制定和战略分工，从被动跟随向主动引领的角色转换；以选择性关键技术发展为支撑，以重点产业和领域为载体，从技术突破和应用创新相对割裂向高度融合的转换；以信息技术的深度应用、广泛渗透为重点，改造提升制造业部门的产业链、价值链，引领服务经济新产业、新业态、新模式创新，从制造业、服务业各自分工发展到一体化发展的转换；以新一代智能化、网络化、低碳化智慧城市建设为契机，加强信息化与城市化的深度融合，从传统城市化道路向绿色智慧城市化道路的转换。其需要通过创新驱动和绿色导向，统筹利用国内外资源，提高资源配置效率，引领经济发展从低端向中高端迈进，提升中国经济的发展质量、效益和国际竞争力。

从环境政策的效果来看，以污染外部性内部化为导向的环境规制手段可以在一定程度上减少企业的污染排放行为，但也会导致企业生产成本的增加。由于各国的环境政策存在较大的差异，因此面对激烈的国际竞争，环境政策导致的企业成本上升必将使本国企业的国际竞争力受到一定的影响。为此，必须在环境政策中综合考虑包括节能减排、环境保护、企业市场竞争力提高、经济发展等在内的多重目标，将绿色技术创新导向纳入政策制定的框架。

纵观我国历年的科技创新政策，其对环境问题的关注非常少，只有1981—1989年的科技政策重点关注了环境问题。我国的经济增长仍将在很长的时间内保持较高的速度，而环境资源约束力也越来越强，一方面我国企业要积极参与国际竞争，另一方面民众对良好环境的要求也越来越高，上述问题的解决有赖于环境规制政策的创新，有赖于将绿色技术创新导向引入环境政策，使企业获得环境技术创新的内生动力，进而缓解我国当前面临的环境与经济发展之间的矛盾，推动经济社会的可持续发展。

第二节　创新政策与经济政策和能源政策的融合

自改革开放以来，我国经济保持了 40 多年的快速增长，发达国家百余年的工业化进程中出现的各种环境资源问题在短时间内在我国集中出现，经济发展与环境保护之间的矛盾更加突出。生态环境承载力有限、环境恶化、资源过度消耗，正在成为制约我国经济发展、人民生活水平提高的重大问题，环境政策的作用也随之不断得到加强。由于环境问题与经济发展和能源使用有密切的关系，因此，随着可持续发展理念不断深入人心，我国的环境政策与经济政策和能源政策的发展呈现逐渐融合的趋势。

一　环境政策与经济政策的融合

环境政策与经济政策的融合，一方面体现为在环境保护领域内逐步推广各种经济手段。其中，最为重要的一种方式就是不断得到完善的环境收费政策。从 20 世纪 80 年代开始，我国就引入了排污收费政策。经 2003 年改革后，排污收费政策开始实施。与过去相比，新政策对排污费的征收和管理环节的重视程度更高，从对排污费的征收来看，各地环保部门严格执行"收支两条线"的管理方式，将对排污费的征收所得严格用于治理环境污染。其还积极引导各种社会资金参与环保建设，比如采用 PPP 模式来推动污染治理的市场化运作和产业化进程。近几年来，在北京等地区出现的碳排放交易试点也是以市场化方式治理污染的典型案例，我国正在积极筹备建立一个全国统一的碳排放交易市场。

另一方面，环境政策与经济政策的融合则更多地体现为许多重大经济政策对环境保护的考虑越来越多。工业化和城市化是当前我国经济发展的重要方式。我国在大力推进工业化和城市化的过程中对环境质量的关注也与日俱增。

工业化方面，我国主要通过积极调整产业结构，推进清洁生产和发展循环经济来协调经济发展与环境保护的关系。一是淘汰和关闭技术落后、污染严重、资源浪费的企业。二是在工业聚集地区大力推动生态工业的发展，比如充分利用上游企业产生的废物，为下游企业提供必要的生产原料，延长企业的生产链条，推动污染物和废物的再利用。三是对环保产业的发展越来越重视。1990 年，国务院办公厅印发了《关于积极发展环境保护产业的若干意见》，这意味着经济决策者意识到了环境问题和环境市场对经济发展的潜在促进作用。2001 年，国家经济贸易委员会又出台了《环保产业发展"十五"规划》，对环保产品的生产与经营、资源综合利用、环境服务三大领域提出了指导性的规划。

在城市化过程中，我国政府针对城市环境问题采取了一系列措施。目前，我国的许多城市在制定和实施城市总体规划时，首先要考虑城市的环境容量以及城市的资源获取能力，进而规划城市的发展规模和方向，对城市的产业结构进行相应的调整，使城市的功能分区得到不断的优化。许多城市大力推进"退二进三"政策，也就是退出污染严重的第二产业，推动第三产业比重的提高，利用土地价格杠杆将高污染企业迁出人口分散的地区，以"工业入园、集中治污"为基本原则，推动技术改造以及污染集中控制。

此外，从农业建设领域来看，各级政府大力推广生态农业的发展，构建生态农业发展示范区，将生态农业提升到推动农村经济发展以及改善农村地区生态环境的重要位置。为了促进环境保护，我国政府还不断完善有利于环境保护的政策体系，包括价格体系、税收体系、信贷体系、政府采购等。对与绿色环保有关的生产企业给予税收优惠，对在绿色创新领域做出突出成绩的企业给予大力扶持。

尤其需要指出的是，随着环境保护地位的日益强化，环境已成为我国制定经济规划和经济政策的重要因素。2002 年党的十六大明确提出，我国要走新型工业化道路：以信息化来推动工业化的发展，使经济发展走上科技含量较好、经济效益较高、资源消耗较低、环境污染更少的新型发展道路。《国务院关于落实科学发展观加强环境保护的决定》（国发〔2005〕39 号）要求"经济社会发展必须与环境保护相协调"。为了贯彻落实《国务院关于落实科学发展观加强环境保护的决定》，2006 年 4 月，国务院第六次全国环境保护大会强调，未来我国环境保护的关键是推动三个转变的实现：首先，从过去的重视经济增长速度、轻视环境资源保护转变为发展经济和环境保护并重；其次，从环境技术创新落后于一般的技术创新与经济增长转型强调包括环境保护技术在内的整体技术进步；最后，从过去高度依赖行政手段节能减排转变为综合运用多种政策工具来缓解环境污染问题。上述三个重大转变是我国环境保护发展史上一个新的里程碑。

二　能源政策对环境的考虑

由于能源消费一般会直接导致大气污染，因此，能源政策的制定直接影响环境质量。但应当承认，我国的能源政策主要是为了满足经济社会发展而制定的，环境保护并不是能源政策考虑的重点。不过，随着可持续发展理念逐渐深入人心，能源政策对环境的考虑也越来越多。例如，当前"节能优先"就是一个十分有利于环境保护的能源战略，尽管其出发点是节约对能源的使用。而能源结构调整政策则更多地体现了能源政策对环境质量的关注。

从城市地区来看，能源消费结构的调整主要体现在大力推动清洁汽车的发展，推动天然气使用比重的提高，等等。自 2000 年 7 月开始，全国范围内禁止销售含铅汽油，每年铅排放的数量因此减少了 1500 吨。在"两控区"内大力推动能源消费结构的转型，鼓励企业采用清洁燃料，在农村地区则表现为开发与推广农村新能源。根据国务院新闻办公室在 2006 年公布的相关数据，在"十五"规划期间，国家投入了 35 亿元用于沼气项目的建设，截至 2005 年底，全国范围内的沼气用户数量超过了 1700 万户，沼气的年产量超过了 65 亿立方米，此外，国家还大力推动畜禽养殖废弃物的沼气建设工程，大力推广省柴灶，鼓励使用太阳能热水器，太阳能、风能、地热等可再生能源也得到了快速推广。[1]另外，由于我国以煤为主的能源结构特点非常突出，1994 年我国政府成立了洁净煤技术推广规划小组专门开展洁净煤技术推广工作；1997 年国务院又批准了《中国洁净煤技术"九五"计划和 2010 年发展纲要》。

从整个能源发展战略来看，能源结构调整的原因主要是国家希望在未来的能源构成中加大可再生能源比例。其中，重点发展的可再生能源主要是风能、生物质能和太阳能，具体发展目标是：风能要通过大规模开发，实现 2020 年总装机 3000 万千瓦；生物质能成型燃料，2020 年达到消费量 5000 万吨；沼气和生物质气化，2020 年达到 404 亿立方米；生物质液体燃料到 2020 年争取替代 1000 万吨成品油；燃料乙醇主要以甜高粱茎秆、甘蔗和木薯等为原料，2020 年产量达到 1000 万吨；生物柴油，2020 年产量达到 200 万吨；太阳能发电（PV），2020 年达到 180 万千瓦；太阳能热利用方面，太阳能热水器使用面积，2020 年达到 3 亿平方米（4500 万吨标准煤）。

---

[1] 《中国的环境保护（1996—2005）》，http://www.gov.cn/zwgk/2006 - 06/05/content 300288.htm。

为了促进可再生能源发展，2005 年国家还颁布了《可再生能源法》，并出台了一系列具体实施细则和政策。

此外，环境政策对能源政策的影响还体现在能源开发决策方面，其中主要是水能开发建设规划中生态环境保护已成为审批的重要内容。比如在塔里木河流域、澜沧江中下游、四川大渡河等流域的规划中，环境影响评价被提上了议事日程。例如，针对四川大渡河流域水电开发的环境影响评价中，对环境保护和经济发展的协调进行了充分考虑，从整体上对流域内的资源开发和环境保护做了具体安排，梯度淹没减少了大约 40 公里，耕地面积淹没减少了 1800 余公顷，淹没县城减少了 2 座，移民人口减少了 8.5 万人。[1]

三　需要进一步建立和完善经济政策—能源政策—环境政策协调机制

虽然我国的环境政策体系已经相当丰富，包括从环境污染预防到环境治理的各个环节。但是，由于我国正处于经济发展的特殊阶段——工业化的迅速推进，因此，我国制定环境政策时采取的不是"环境优先"的战略，而是环境与经济发展相互协调的战略。从我国的经济、能源和环境政策三者之间的相互影响来看，应该说我国的经济政策一直居绝对主导地位，它引导了能源政策的制定、实施，并限制了环境政策的制定、实施。但随着能源问题和环境问题的不断恶化，能源政策最终成为经济政策的重要组成部分；环境也逐渐成为制定经济规划和经济政策的重要因素。不同领域内的具体发展规划、出台的相关法律法规和实施的政策措施也逐渐出现相互协调的趋势。不少具体行动计划也纷纷得以

---

[1] 《中国的环境保护（1996—2005）》，http：//www.gov.cn/zwgk/2006 - 06/05/content 300288.htm。

落实，取得了一定进展。

　　但是，从我国当前的"经济政策—能源政策—环境政策"三类政策的协调程度来看，其还存在脱节的情况，相关的政策规划以及体制机制改革仍然显著落后于经济改革的步伐，尤其是缺乏政策制定的统筹考虑，同时政府和市场定位不清晰，各类政策之间的衔接、协调能力不够。[①] 当前我国能源行业的发展、能源消费结构的调整并未很好地实现与整个经济发展的协调，一方面，能源需求的规模不断增长，整个能源行业快速扩张，无序扩张、产能过剩超越了资源和环境的承受能力；另一方面，政府为了保证经济增长不受影响，往往通过非市场化的手段保障生产、增加供应。

　　各领域内政策实施的统一管理和协调机制需要进一步加强。例如，中央希望控制发展的一些高耗能、高污染行业通常是某些地区的支柱产业，因而中央的产业调节政策往往与地方的产业政策相冲突，难以贯彻落实。又如，许多跨部门、跨行业的能源政策因为部门分割、行业垄断，缺乏统一的能源管理机构和综合决策机制，因而在实施过程中面临重大障碍。有的政策很难在全国得到推广，比如建筑节能技术等；有的"政出多门"，不同的规划难以真正得到落实，例如推动可再生能源的有关政策措施。[②] 在环境领域，环保部制定的法规、条例往往难以得到有效实施，因为地方环保局由地方政府管辖，不隶属于环保部，难以独立地对地方经济建设进行环境监督和管理。各个领域内的政策尚难以统一协调，这严重影响了"经济政策—能源政策—环境政策"协调机制的形成。

　　因此，要构建起一个有效的"经济政策—能源政策—环境政策"的政策协调机制，仍然面临一定的挑战：第一，重化工业在我国当

---

① 高世宪、渠时远、耿志成：《能源战略和政策的回顾与评估》，《经济研究参考》2004 年第 83 期。

② 国家发展改革委宏观经济研究院课题组：《"十一五"能源发展思路和战略重点》，《宏观经济研究》2005 年第 10 期。

期的经济结构中仍然占据较高的比重，由数量型经济增长向质量型经济增长方式的转变仍然面临许多制约和困难；第二，区域发展不平衡的问题仍然存在，对于许多经济欠发达的地区来说，提高工业化的比重、保持传统行业的规模仍是地方经济发展的重要思路；第三，能源效率有待提高，在推动能源结构转型的过程中，我国尚且缺乏关键性的技术力量以及有力的措施；第四，我国的环境政策虽然日趋完善，但是在政策的实施环节方面还存在很多问题，即使在环保督查的压力之下，部分地方政府仍然为了维持经济增长而对污染活动予以庇护；第五，在当前的环境政策框架下，经济政策、能源政策难以监督环境保护的目标，"先污染后治理"的情况仍然没有得到根本的改变。

第三节　创新导向环境规制政策的激励机制

一　内部激励

环境技术是否存在创新，在很大程度上要看是否存在基于资源基础观和自然资源基础观两大理论的内部驱动力量。另外，包括管理的高阶理论、计划行为理论等在内的深层分析理论也会对内部创新造成一定影响。一般来说，在进行环境技术创新时，企业要创造相关条件和基础，或者对已经实现创新的企业开展组织层次方面的研究。一方面，要具备或者创造不同于其他企业的资源或能力。Hart 认为，获得这种资源或能力可能是由于该企业通过某种方式改善了自身的合法性，建立了特定的声誉，从而使其与其他企业区别开来。[1] 另一方面，基于前述获得的资源和能力，企业将这些优势很好地进行发掘和利用，并且这一过程也是其他企业所不能模仿的，

---

[1]　Hart S. L., "A Natural-Resource-Based View of the Firm", *Academy of Management Review*, 1995, 20（4）：986 – 1014.

这就是环境技术创新。[①]

　　Hart 对传统资源基础观理论进行了扩展，他认为企业在进行环境技术创新时要将自然环境纳入考虑范围，提出一种新的竞争优势理论。Porter 和 Linde 认为，政府制定的一系列环境规制虽然会在一定程度上提升企业的成本，但这也迫使企业进行必要的技术创新，进而规避规制的影响，而技术创新可以提升企业在市场上的盈利能力，从而使其获得竞争优势。[②] 另外，企业具备的异质性资源和能力就是企业在进行技术创新时的必要前提，其有助于企业在满足规制要求的同时提高产品的质量。

　　"波特假说" 提出了看似合乎逻辑的环境管理决策基础，但也并非会被所有企业采纳，其原因在于技术创新能否实现，不仅取决于该企业是否获得了异质性的资源和能力，还要看企业能否将这些优势较好地进行发挥，以及对已经实现创新保密的企业开展组织层次方面研究能力的大小。只有满足上述条件，企业才会进行环境技术创新。Sharma 认为，企业在进行环境战略决策时要考虑诸多因素，包括企业本身是否具有持续性和壁垒性的技术能力、良好的企业管理能力、对利益纠纷进行处理的公关能力等等。[③] 事实证明，企业规模大小和其选择的环境战略之间存在互相选择的关系，即企业越成熟，越有能力主动进行技术创新。[④] Darnall 等对企业拥有的一些特

① Chiavarino B., Crestoni M. E., Maître P. et al., "Determinants of Eco-Innovations by Type of Environmental Impact: The Role of Regulatory Push/Pull, Technology Push and Market Pull", *Zew Discussion Papers*, 2012, 78 (32): 112 – 122.

② Porter M. E., Linde CVD, "Green and Competitive: An Underlying Logic Links the Environment, Resource Productivity, Innovation, and Competitiveness", *Harvard Business Review*, 1995, 73 (5): 120 – 129.

③ Sharma S., "Managerial Interpretations and Organizational Context as Predictors of Corporate Choice of Environmental Strategy", *Academy of Management Journal*, 2000, 43 (4): 681 – 697.

④ Fankhauser S., Bowen A., Calel R. et al., "Who will Win the Green Race? In Search of Environmental Competitiveness and Innovation", *Global Environmental Change*, 2013, 23 (5): 902 – 913.

别的资源和能力进行了分析，如企业对产品的质量、安全方面的管理能力，出口导向，等，研究表明，虽然外部环境会给企业带来环境规制的压力，但企业还是会在慎重考虑自身资源之后才做出相应决策。[①]

相似的，Buysse 和 Verbeke 认为企业要想更主动地进行环境创新战略，必须先得到与之相适宜的资源和能力。[②] Delmas 和 Toffel 构建了一种新的模型，研究发现，企业对外部制度环境变化的反应受到一些特定因素和利益相关者的影响，也受企业当前的市场地位、内部组织架构以及环境绩效的影响。[③] Decanio 等通过网络模型研究了组织结构的作用，认为组织机构是影响技术创新扩散的决定性因素。因此，企业面对外部环境规制压力时，相应地，会制定多种环境，不仅外部制度压力会对企业组织行为造成影响，企业内部行为的动态变化也是重要的影响因素。[④]

基于以上文献研究，本章认为企业采取环境技术创新战略有三大内部激励因素：企业本身独特的竞争力、企业内部管理层的创新能动性及企业的公众形象。

企业本身独特的竞争力的形成可以从"供给"和"需求"两个方面进行分析。"供给"角度表现为：在面对外部环境规制的压力时，企业实施环境技术创新战略，与之相应，环境创新战略将使企业产品的成本有所提高。然而，这种创新战略的实施会给企业带来长期的收益，使企业在竞争时处于相对优势地位，这要求企业不能

① Darnall N., Henriques I., Sadorsky P., "Do Environmental Management Systems Improve Business Performance in an International Setting?" *Journal of International Management*, 2008, 14 (4): 364–376.

② Buysse K., Verbeke A., "Proactive Environmental Strategies: A Stakeholder Management Perspective", *Strategic Management Journal*, 2003, 24 (5): 453–470.

③ Delmas M., Toffel M. W., "Stakeholders and Environmental Management Practices: An Institutional Framework", *Business Strategy and the Environment*, 2004, 13 (4): 209–222.

④ Decanio S. J., Dibble C., Amir-Atefi K., "The Importance of Organizational Structure for the Adoption of Innovations", *Management Science*, 2000, 46 (10): 1285–1299.

过分短视。"需求"角度表现为：市场中的消费者对产品的环保要求不断提高，形成一种对绿色消费品的偏好，这样也促使企业改变经营策略，提供越来越多的环保消费品，最后形成企业本身独特的竞争力，同时帮助企业获利。

管理层是一个企业制定发展战略的主体，这就要求企业内部管理层要有洞察市场需求方向的敏感性，能够前瞻到市场未来的变化，之后根据自身的发展状况及时制定顺应市场变化的战略。同时，创新战略的制定也要求管理层本身要有富于创新、勇于开拓进取的精神，在拥有强大向心力的基础上有条不紊地带领员工实施已经制定的战略。

企业的公众形象是在上述两点的基础上，经过时间的积累，由消费者、政府和社会对企业的综合评价。内部管理者在避免短视利益的前提下制定出创新战略，之后进行企业形象的塑造，主动进行环境管理。这也是一个良性循环过程。当一个企业存在具有优秀企业家精神的管理层时，该企业会顺应环境规制采取创新性战略，创新技术的形成也会极大地提升企业竞争力，使之具有长期的利益回报，并且塑造良好的环保公众形象和品牌效应，使其获得消费者、社会和政府的更多支持。

二　外部激励

早期学者对环境创新主要从外部影响因素的角度进行研究，如政府制定环境规制政策，社会消费者对产品存在环保要求，行业新技术的突破，等，这也是新古典经济学的基本观点。之后，学者的研究方向发生了转变，主要围绕"波特假说"展开，从内部影响因素的角度进行阐述，认为企业环境战略的制定是根本性因素，并且会产生环境技术创新和改善社会环境两方面的正外部性。下面将从利益相关者理论与制度理论两个角度分析外部因素的作用。

（一）基于利益相关者理论的阐述

20 世纪 80 年代，利益相关者理论发展起来，进一步影响了企业的治理模式。该理论认为，企业在进行管理时必须要考虑政府、消费者、上下游企业及社会等其他群体的利益，将诸多利益相关者纳入发展战略。当然，与企业相关的利益者有很多，企业要在某种认知的基础上进行筛选，选出对自身影响最大的利益相关者，并且将来自这些利益相关者的诉求和压力作为制定发展战略的重要考量指标。那么，在选择的过程中难免受一些主观因素的影响，比如企业的认知能力，其对所处环境的分析能力及未来规划等。

不同的利益相关者对企业的诉求和压力也不尽相同。York 和 Venkataraman 将企业利益相关者分为政府、非营利组织和企业，分别探讨了三者对环境保护的影响。[1]

（1）政府通过制定环境规制，使企业依照规制进行经营管理，从而实现环境保护。但是，这种方式实现的前提是政府制定的环境规制是合理且有效的，是顺应环境变化的。同时，环境规制一般是基于社会中已经出现的环境问题而采取的，具有一定的被动性和低效性。

（2）非营利组织是作为一个独立的第三方机构而存在的，一般关注社会和公众福利问题。那么，在环境出现一系列问题之后，非营利组织通常不会直接影响企业采取某种措施，它们会通过影响政府制定法案、消费者对企业产品和形象的偏好，间接地迫使企业采取有利于环境保护的战略。

（3）企业是制定环境战略的主体，具有主观能动性，动因主要来自内部管理层的创新能力和外部政府、消费者和社会的偏好。企

---

[1] York J. G., Venkataraman S., " The Entrepreneur-Environment Nexus: Uncertainty, Innovation, and Allocation", *Journal of Business Venturing*, 2010, 25 (5): 449 – 463.

业在内外部因素的共同驱动下，改变经营战略，顺应发展需求，从而实现持续经营。

1. 规制机构

企业在采取新的环境友好战略时，必然要投入资本进行技术创新，这就使产品成本有所提高，但"波特假说"提出，行业技术创新在改善社会环境方面具有正外部性。这种正外部性难以全部实现内部化，这导致企业缺少进行创新和执行环境战略的动力。因此，想要实现"波特假说"中的观点，就需要企业在政府制定法规的压力下主动意识到环境保护的重要性，不能仅仅看到眼前成本的提高而放弃长远的、持续的利益回报，而是要积极地投身制定相应发展战略，不断积累技术创新方面的经验。此外，企业越尽早适应社会和政府规制的要求，越能占得市场先机，抢先其他竞争对手迅速占领市场，获得产品和技术壁垒，实现持续性收益。因此，环境规制作为外部因素对企业战略制定和技术创新具有重大影响，是主要动力因素之一。

目前，环境规制分为强制性规制和市场化规制。前者主要包括政府制定的污水排放、环保指标标准和其他硬性规定；后者主要是市场准入规则，如一系列排放许可和政府规定的特殊许可等。就企业在市场中的表现来看，前者的影响力虽然要大于后者，但后者更能激发企业的主动性，促使更多企业进行技术创新活动，进而获得市场准入许可。笔者通过回顾文献发现，许多学者对上述问题都做了一些实证研究。Khanna 以标准普尔（S&P）500 家公司为对象进行研究，实证结果表明，企业会迫于政府制定的环境规制而采取环境保护战略，从而适应硬性规制的要求，进而达到保护环境的目的。[1] Lanoie 等以 7 个经济合作与发展组织国家的 4200

---

[1]　Khanna M. , "Corporate Environmental Management: Regulatory and Market-Based Incentives", *Land Economics*, 2002, 78 (4): 539–558.

家企业为对象进行研究，实证结果表明，前述的强制性规制并不会对企业利润或环境保护产生显著影响，而市场化规制会对企业产生显著影响。① 该实证结果同样验证了前文的分析，即市场准入许可规制会激发企业主动采取环境战略，激发技术创新，为企业带来长久的壁垒性盈利能力，而强制性规制则没有这些功能。万宝珍从效率优先与环境保护两者之间的关系角度进行分析，研究结果表明，政府对未达到强制性规制的企业的处罚力度越大，企业在日后经营中的排污力度越小。②

除理论和实证方面的研究外，学者们也阐述了有关激发环境技术创新的规制的特点，为以后政府和企业自身制定规制奠定了基础。许多研究发现影响技术创新的主要因素不是制定了何种规制，而是这种规制背后蕴含的特点，也就是说政府在不完全了解某个企业的情况下，通过其制定的战略决策能够推断企业的性质，从而选择某种特定规制。企业在规制压力下的行为表现和规制特征的时间一致性可以产生更高的社会福利。

然而，企业在进行技术创新时不光会受到政府规制的影响，也会受到其他因素的影响。那么，研究者在分析规制对企业进行技术创新的影响时难免会掺杂不相关因素，导致规制选择引发规制成功这一假说难以立足。另外，大部分实证没有研究政府制定的规制本身会促使技术创新的产生。因此，相比于前述问题，我们要将关注点放在规制、利益相关者与环境战略理论三者对企业采取技术创新战略的影响上面。

2. 其他利益相关者

笔者回顾文献发现，许多学者也研究了社会中其他利益相关者

① Lanoie P., Laurent Lucchetti J., Johnstone N. et al., "Environmental Policy, Innovation and Performance: New Insights on the Porter Hypothesis", *Journal of Economics & Management Strategy*, 2011, 20 (3): 803 – 842.

② 万宝珍：《环境保护与效率优先的博弈分析》，《企业经济》2004 年第 6 期。

对企业环境技术创新的影响。Thornton 和 Kagan 以 30 年大洋洲及北美洲 14 家造纸厂的环境数据为研究对象进行研究，实证结果表明，来自当地环保组织、社会团体和消费者的诉求和压力与政府制定的强制性法规都会对企业环境技术创新产生正向影响。[1] Khanna 和 Anton 以标准普尔 500 家企业为对象进行研究，实证结果表明，规制带来的成本提升、社会消费者偏好改变等会促使企业改变经营策略，主动进行技术创新。[2] 同样地，Ilomäki 和 Melanen 以芬兰 41 家中小型企业为对象进行研究，实证结果表明，社会消费者增强环境保护意识的同时也对企业产品的环保标准提出要求，这迫使企业制定环境战略，提升产品的环保质量。[3]

在这种情况下，不能简单用单个的利益集团或者单一的集体来定义利益相关者所覆盖的人群，因为利益相关者所包括的群体非常广泛，要采取科学的定义方法。举例来说，同为企业的利益相关者，股东和普通员工就某事件的看法可能大相径庭。既然不能用单个的利益集团或者单一的集体定义利益相关者，那么企业的利益相关者可以分为四类：外部主要利益相关者、次要利益相关者、内部主要利益相关者和监管利益相关者。外部主要利益相关者主要指的是企业所面对的消费者和供应商，也就是企业所处产业链的上游和下游；次要利益相关者主要指的是企业所面临的竞争者、国际经济合作组织、非政府组织和传媒行业的企业；内部主要利益相关者指的是企业的股东、职员和社会上存在的金融企业，股东是企业的资金提供者，职员为企业的发展提供劳动力，社会上存在的金融企业为企业

---

[1]　Thornton D., Kagan R. A., Gunningham N., "Sources of Corporate Environmental Performance", *California Management Review*, 2003, 46 (1): 127 –141.

[2]　Khanna M., "Corporate Environmental Management: Regulatory and Market-Based Incentives", *Land Economics*, 2002, 78 (4): 539 –558.

[3]　Ilomäki M., Melanen M., "Waste Minimisation in Small and Medium-Sized Enterprises-Do Environmental Management Systems Help?" *Journal of Cleaner Production*, 2001, 9 (3): 209 –217.

的发展融通资金；监管利益相关者指的是国家、地方各级政府和监管机构，他们为企业的发展制定规则和秩序。因为企业面临的利益相关者类别不同，而不同类别的利益相关者有自己的特点，加上行业类型的影响，因此他们与企业的关系也有所不同，企业从不同的利益相关者处感受到的压力也不尽相同。

（二）制度约束

通过制度来对企业进行规制是社会影响企业的一个重要方面。企业会遵循制度，按照制度的要求改变其行为，从而获得社会的认可。那么在生产经营中企业不可避免地会影响所在地的自然和人文环境，社会会关注企业与环境之间的联系，在此背景下，企业要有所行动来应对社会对企业的要求，使企业的存在合法合规。国外学者用实用、道德和认知来定义组织的合法性，这个定义包括了三个方面的内容，每个角度都要区分个人所特有的态度和利益相关者所持有的态度。

新制度理论中就涉及了合法合规性的问题，因此，根据新制度理论，在生产经营的过程中，企业会趋向于使自己的行为合法合规化。制度同形即指企业的组织行为会表现出极大的相似性，即同质性，包括强制同形性、模仿同形性和规范同形性三种表现形式。当外在环境发生变化时，如竞争对手竞争力增强，政府鼓励创新，企业在此环境下会相应调整运行策略，进行技术革新。已有文献研究发现，大多数企业的环境表现比法律规制的标准要高，也就是说，企业更好地满足了法律规制的要求，同时企业面临的经济方面的压力越大，环境保护方面的表现就会越差。国外有学者认为，因为组织制度会影响一个集团或群体，所以无论是群体还是个人都没有太多选择的权利，由此可以看出，制度不仅可以规制一个企业的行为，而且可以影响其发展的方向。

通常情况下，利润是企业追寻的目标，企业作为市场重要的一部分，追求盈利是无可厚非的，但是在全球气候变暖、各国强调绿色发展的背景下，企业在生产经营过程中应当更加注重对自然环境的影响。企业应当追求包括环境在内的社会整体利益的最大化，而不应该仅仅关注自身的经济发展。与此相关的是外部性的概念，外部性可分为"正外部性"和"负外部性"两种，其中"正外部性"是指企业或个人的某种行为对其他人有利，而受益者不必提供报酬；"负外部性"是指企业或个人的某种行为不利于其他人。如果不对企业或个人的行为进行引导，就会出现所谓的"公地悲剧"，也就是对于自然环境、山川湖泊等公有的资源，使用者会倾向于提高自身的利益而过度使用，从而会影响其他人使用。如果政府和社会对企业或个人的行为加以引导，企业会采取一些举措来保护环境，在一定程度上避免"公地悲剧"的发生。

通过以上分析，我们可以发现，一方面，之前的文献主要分析影响环境技术的外部因素，但还需要进一步研究外部因素的具体影响者；另一方面，之前文献的实证方法对合法合规性的关注度不够，选取研究对象时应更加注重其代表性。更好地解决以上两个方面的问题，可以使研究更加合理和完整，也更加有利于提出合理的政策建议。

三　环境技术创新的内外共同驱动

理论研究方面，主要考察了内部和外部驱动因素对环境技术创新的影响，研究了内部和外部因素之间相互影响的作用机制后，发现企业规模的大小会影响环境技术创新的发展。其中，理性假设要求过于严格，而现实生活中存在的企业很难达到理性假设的要求，比如在推理总结、判断认识等各方面对企业的要求过于完美。企业进行各方面的努力，但是只能近似得到满足理性假设的结果。

Prakash 基于制度理论和利益相关者理论，认为企业在承担社会责任时，无论是来自外部的压力、内部的压力、利益相关者的压力，还是企业管理层的价值观和思维模式，都会影响企业做出相关的决策，企业因此会实施更加严苛的环境方面的行为。[①] 参考博弈论和空间经济学的理论，李永波认为企业的生产运营规模和政府对法律法规的执行力都会影响企业做出应对环境因素的行为。[②] 比如，企业管理层虽然被各方要求在决策时要考虑对其他群体或利益集团的影响，要综合考量各方的利益，但管理者还是会把利润最大化当作企业经营的最大目标，在生产经营中尽可能地增加企业的盈利，提高企业的盈利能力。又如，普通大众通过使用环境倡议这种方式来影响监管规则的制定，进而实现自己的影响力，这也是普通大众维护自身权利的一种方式。

在涉及实证研究方面的文章中，一些学者分析了环境规制对企业的影响和管理者决策方式之间的联系，关劲峤等认为，企业内外部因素互相作用会对企业行为产生影响。[③] 张嫚认为，影响企业的环境管理的要素主要包括企业内部的因素和企业外部的因素，其中企业内部的因素包括企业的技术情况、企业的市场地位、企业管理者的水平等；企业外部的影响因素包括环境规制的工具、当前市场行情、市场竞争状况、社会生活环境。[④] 通过对江苏省无锡市太湖地区的企业进行调查，陈江龙等研究发现，企业的生产经营规模越大，其生产环节会更加符合环境规制的要求，由此可以得到，政府的管理和来自市场的"无形的手"都会促使企业开展符合环境规制的生产经营行为。[⑤] 通过调查各地的中小型企业，李胜等研究发现政府管理、市场的"无形的手"和企业内部的要素都会影响企业适应环境

① Prakash A. , "Why do Firms Adopt Beyond-Compliance' Environmental Policies?" *Business Strategy and the Environment*, 2010, 10 (5): 286 – 299.
② 李永波：《多维视角下的企业环境行为研究》，《中央财经大学学报》2013 年第 11 期。
③ 关劲峤、黄贤金、刘晓磊等：《太湖流域印染业企业环境行为分析》，《湖泊科学》2005 年第 4 期。
④ 张嫚：《环境规制约束下的企业行为》，经济科学出版社，2005。
⑤ 陈江龙、陈雯、王宜虎等：《太湖地区工业绿色化进程研究——以无锡市为例》，《湖泊科学》2006 年第 6 期。

规制的行为。[1]

通过调查 100 余家制造行业企业供应链的运行情况，朱庆华认为，影响企业环境行为的主要因素包括政府管制、企业上下游的供应商和客户、市场上的竞争者等，这些因素会在一定程度上影响企业的环境行为。[2] 通过分析环保部门有关环境的数据，并对东部沿海各地区 100 余家在华的外资企业进行问卷访问，戈爱晶和张世秋利用组织行为的相关理论，研究发现，影响企业环境行为的首要因素是企业的地理位置，企业的所有制性质也会影响企业的环境行为，相比于私有或者外资企业，国有或者集体性质的企业的环境行为表现会更好。[3] 通过研究企业的社会责任，余飞侠认为影响企业环境行为的因素包括政府管理和社会经济活动等，这些因素会进一步影响企业的社会责任，而企业的社会责任也会影响企业的环境行为能力。[4] 从企业的社会责任的角度，曹景山和曹国志认为影响企业环境管理能力的因素包括企业股东、供应链、企业员工等内外部综合因素。[5] 通过研究企业所面临的外部压力和企业内部追求利润的压力，王宜虎等认为企业面临的社会、公众等的外部压力和追求盈利的内部压力使企业的生产行为符合环境规制，企业因此可以避免因为污染环境带来的处罚，并且追求优美环境也为企业带来了良好的社会口碑。该研究不仅仅局限于企业的内部，而且将研究环境技术的视角转移到产业链上来，从整体上实现了管理的绿色化。[6] 通过从内部

① 李胜、徐海艳、戴岱：《我国中小企业的环境战略及其选择》，《生态经济》（中文版）2008 年第 10 期。
② 朱庆华、耿勇：《中国制造企业绿色供应链管理因素研究》，《中国管理科学》2004 年第 3 期。
③ 戈爱晶、张世秋：《跨国公司的环境管理现状及影响因素分析》，《中国环境科学》2006 年第 1 期。
④ 余飞侠：《企业社会责任的驱动力及作用机制研究》，中国人民大学，2007。
⑤ 曹景山、曹国志：《企业实施绿色供应链管理的驱动因素理论探讨》，《价值工程》2007 年第 10 期。
⑥ 王宜虎、陈雯：《工业绿色化发展的动力机制分析》，《华中师范大学学报》（自然科学版）2007 年第 1 期。

和外部两个方面研究影响企业环境行为的机制，张劲松认为内部影响因素包括企业的管理机制、组织分布、技术情况和发展状况等；外部影响因素包括社会经济状况、来自市场的压力等。来自环境的风险和企业的形象也会间接影响企业的环境行为。[①]

通过以上分析可以发现，技术推力和技术拉力分别在研究阶段和推广阶段影响技术创新的发展。一般来说，企业之所以可以保持创新的能力在于其在创新方面的不断投入，但也应看到的是，技术推力和技术拉力对环境创新的影响与对一般的创新所产生的影响有所不同，需要通过法律和政府两个方面来对环境创新发挥作用，通过市场需求对环境创新产生拉动效应。技术拉力指的是来自企业下游也就是消费者的需求，会影响企业的创新研发，其对于企业来说，是一种外在的压力，需求是影响环境创新的重要因素。相比于自然环境，传统的组织理论认为环境更应该包括政治、经济、文化等方面的因素，忽视了自然环境产生的影响。"波特假说"是指通过对环境进行管制来刺激技术上的进步，即通过环境规制来影响企业在创新方面的举动，促进企业的发展。也就是说，企业通过实现环境技术创新不但可以实现追求经济盈利的目标，而且可以保护环境，实现绿色发展。

上文提到的"波特假说"不可避免地存在一些局限性，比如，关于企业环境的技术革新的影响因素是不断变化的。早期的理论研究更加强调政府和市场这些外部的因素，而近期的研究更加强调企业的组织结构等这些内部的因素。[②] 综上分析看出，为了更好地阐述影响环境技术创新的因素，研究者可以选择从内部因素和外部因素两个方面来进行研究，同时各学派之间观点的摩擦推动了对利益相关方的压力、组织的合法合规性和环境技术创新之间关系的研究。

---

① 张劲松：《资源约束下企业环境行为分析及对策研究》，《企业经济》2008 年第 7 期。
② Horbach J., "Determinants of Environmental Innovation New Evidence from German Panel Data sources", *Research Policy*, 2008, (37): 163 – 173.

如今，人们越来越意识到不但要实现经济利益的最大化，而且要注意保护自然环境，实现绿色发展。但也应看到的是，一方面由于衡量环境技术创新的指标单一，结果欠缺稳定性；另一方面，很难具体测算影响环境技术创新的因素和环境技术创新所处的阶段，因此很少有实证研究是关于利益相关者压力与组织合法性可以促进环境技术创新并能改善企业竞争力的。可以通过其他变量来提高指标量化程度，重点结合不同阶段研究行为的选择，将环境技术创新更加具体化，进而研究环境技术创新的行为选择机制。

第四节　创新政策与环境政策的融合

一　创新政策与环境政策的融合趋势

其他国家在环境政策的创新方面主要由政府的不同部门联合管理，此外，环境政策与创新政策在主要目标、价值基调等方面也是有差异的。创新政策主要通过知识的再生产和创新来增强产业竞争力、提高经济生产力，环境政策主要从解决环境实际问题入手。因此，只选取其中某项政策难以很好地解决绿色创新问题，为了提高解决问题的效率，我们需要创新部门与环境部门的合作，这其中既包括两部门政策的协调，也包括政策执行过程中的协调，以此实现对环境效益和经济效益的兼顾。

2008 年 11 月，经济合作与发展组织提出了一种新的技术创新测评方法，即以专利活动为基准进行测度，最后结果显示，通过这种方法可以很好地测评环境政策对技术创新层面的激励作用，此外，宏观经济稳定、资本市场功能全面、经济开放、教育系统高质量等因素对技术创新也有积极的效果。报告还探讨了技术创新与政策创新的关系以及技术创新与环境政策的关系。在没有政策创新的情况下，技术创新的效率会受到影响，从而引起经济竞争力下降和生产效率降低；在没有强有力环境政策的情况下，排污主体既可以不承担污染治理的责任，又可以收获利益，这使技术创新往往发生在污染更多的地方。

2011年3月，经济合作与发展组织认为环境友好型创新或生态型创新的战略目标主要是从产品创新到批量生产、从用户知道到用户了解、从标准模糊到标准明确。在政策走向上，其主要体现在四点：（1）注重绿色技术的研发和技术应用所产生的环境收益，不能只关注技术创新本身而忽视技术所带来的市场价值，即更加重视技术的效益；（2）当生态创新政策与产业及竞争产生关联时，政府的选择不再局限于一种方案，而是从多方面去考虑，选择一种更加多元化的解决方案；（3）生态创新需要随着相对优势、需求的变化适时调整政策措施和产业布局；（4）注重科技成果转化，尤其是通过参与国际合作的方法来学习和提升自身在相关领域的生态创新能力。

2011年9月，经济合作与发展组织发布了《加强区域合作 实现绿色发展》报告，报告总结了四条可以有效加快绿色创新的政策建议。（1）重视基础性研究，尤其是多学科的交叉与融合。鼓励具有变革意义的创新，对有研究意向的计划给予研究方向的指导建议，例如以优先主题和任务为主要研究方向，加强科研与企业之间的互动，缩短两者之间的距离，加速从研究到创新成果的获得。（2）参与国际合作，以减少对公共投资领域的投入成本，同时有助于对技术的学习和掌握，提高技术创新的效率。（3）对于市场失灵的问题，可以通过政府制定政策进行指导，从而避免此类现象的产生。（4）注意市场机制对绿色创新的扩散和吸收效用，例如市场是否提供了优质的知识产权保护机制以及创新是否能够根据市场需求的变化做出迅速的反应。

综上所述，从全球创新经济、绿色经济、绿色新政三者的发展趋势来看，创建一个绿色低碳、可持续发展的新型社会是经济发展的必由之路，应该围绕资金、政策、技术和市场四个方面给予支持，使他们能够发挥对绿色创新积极显著的作用。

二　国外创新政策与环境政策融合的做法

（一）整合环境投资与创新投资

欧盟特别重视创新，对创新的投入也非常大。2011 年 11 月，为整合欧盟各国资源，提高效率，促进创新，欧盟公布了"研究与创新框架计划（2014—2020）"，也称为"地平线 2020"。该项计划需要完成的战略目标有三项：杰出的科学、产业界的精英和迎接社会挑战。三项战略目标的资金投入分别是 246 亿欧元、179 亿欧元和 317 亿欧元，此外，其对于欧洲创新与技术研究院和非核领域联合研究中心也有资金的投入。"迎接社会挑战"主要包括五点内容，分别是：（1）健康、人口变化和幸福；（2）粮食安全、可持续农业、海洋和海事研究以及生物经济；（3）安全、清洁和高效的能源；（4）智能、绿色和集成交通；（5）气候行动、资源效率和原材料。这五个方面主要是根据应对挑战的不同方法进行分类的，不仅涵盖了不同的领域、技术和学科，还罗列了从研究到市场的各种相关的创新活动。

（二）对环境污染活动直接征税

2010 年 10 月，经济合作与发展组织发布了《税收、创新与环境》报告，报告认为对于目前存在的环境问题，应用现有的技术予以解决只会拉低经济增长，给经济发展带来巨大损失。因此对于目前社会上存在的大量破坏环境的现象，最有效果的方法是推出一套管控严格的环境政策，对产生污染的责任人或企业直接征税，因为征税在政策工具中是最有效的方法之一，同时，废除之前对环境创新问题征收污染税的做法。这样的做法可以对污染定价给予强大的创新激励，使企业和广大消费者探寻更加清洁的新技术新方法，从而实现各自的利益诉求，吸引产生污染的企业和第三方创新者投入资金进行新技术新产品的研发。此外，增加对环境技术和产品研发的税收抵免，可以鼓励更多的参与者进行绿色创新活动，但是最终产生的绿色创新不一定具备所要求的条件，所以还需要额外的政策进行支持，以保证最终技术和产品的成功研发。

（三）促进环境技术开发应用

2009年4月，日本经济产业省实施了一项制度，即企业之间可以不支付任何经济代价就可以使用那些还没有被应用的环境专利技术，即使企业只有一项没有被实际应用的环境专利技术也可以无偿使用其他企业的相应技术。这项制度的关键在于促进企业更快、更充分地利用现有的国内的高标准、高质量的环境技术，不仅可以促进各个企业之间关于技术和创新的交流，甚至合作，还可以通过协调创新的方法来提高整个日本环境技术研发的综合水平，以期最后能在全球气候变暖中给予世界更多的帮助。

2009年5月，美国商会也成立了一个针对绿色技术产业的联盟，即"创新、发展与就业联盟"，它的宗旨与日本环境政策宗旨相类似，即希望美国的政策制定者和民众认识到知识产权对绿色技术创新的促进作用。

（四）融合并更新环境标准和技术标准

目前，在发达国家和发展中国家之间存在这样一种现象，即污染转移行为和污染转嫁行为的发生，产生这种现象的主要原因还是在于各国环境标准体系、技术标准体系、标准执行尺度的不一致。为此，2011年9月，国际标准化组织颁布了ISO14006，该项标准的优点主要包括以下五方面：（1）可以提高技术的竞争力，减少企业的运营成本，从而吸引资金的投入，带来经济效益；（2）可以提高创新能力，从而创造出新的商业模式；（3）可以改善污染对环境的影响，提高公众的认知，从而减少环境破坏；（4）可以提升在公众中的形象，从而有助于社会和谐发展；（5）可以提升员工的积极度，从而提高组织的效率。其目标主要是帮助企业研发出更加先进、更加营利、更加可持续的产品和服务。此外，该项标准适用于任何机构，无论规模大小、地理位置、文化习俗、政策制度如何，也无论与环境相关的产品或服务是否简单和复杂，都可以帮助机构实现自身生态设计水平的提高。

（五）激励融合环境经济目标的绿色创新

绿色技术创新也称为生态技术创新，属于技术创新的一种。一般把以保护环境为目标的管理创新和技术创新统称为绿色技术创新。对绿色技术创新的界定，主要有两种方式：从绿色技术创新特征入手，概括主要特征得出定义；从生产过程考虑，对绿色技术创新过程做系统描述。从产品生命周期的角度分析，绿色技术创新是指在创新过程的每一阶段整合环境原则，以实现产品生命周期成本总和最小化为目的的技术创新，是绿色技术从思想形成到推向市场的全过程。这一过程可被概括成"为环境而设计—面向环境的制造—面向环境的营销"这一绿色经营链。此外，也有学者将绿色管理创新独立出来进行研究。此时，绿色生产技术创新主要包括绿色产品设计、绿色材料、绿色工艺、绿色设备、绿色回收处理、绿色包装等技术的创新；绿色生产管理创新包括制定绿色企业管理机制、绿色成本管理创新、采用先进生产方式、建立绿色营销机制、建立绿色网络化供应链、建立环境评价与管理系统。

从 2009 年起，德国联邦环境部、自然保护与核安全部和德国联邦工业联合会为了鼓励大家保护气候和环境一起设立了"气候与环境创新奖",该奖项的设立有效地推动了德国在环境方面的创新研发。2012 年,获得该奖项的三个公司和一个协会,分别是科德宝公司(环保科技奖)、爱乐普公司(气候保护工艺创新奖)、Celitement公司(产品与服务创新奖)和无国界工程师注册协会(技术转移奖),它们虽然从绿色创新的不同角度出发,但兼顾了经济效益和环境效益。

三 协同创新政策和环境政策的建议

近代科学技术发展的实践证明,许多重大科技成果都是不同的创新主体提供不同的资源和要素,进行深度交叉融合与相互合作最终完成的。协同度越高,整体性越强,竞争优势也就越突出,以多元主体协同互动为基础的协同创新模式,受到各国创新理论家和创新政策制定者的高度重视。当前,我国创新驱动发展已具备发力加速的条件。科技创新重心已由引进消化吸收再创新,逐步转向原始创新、集成创新,迫切需要提高创新驱动整体效率。只有大力推进协同创新,充分释放和有效集成人才、资本、信息、技术等创新资源和要素,才能够加快提升科技创新整体效能,增强创新驱动发展动力,赢得未来发展主动权。共同协作推动绿色创新的关键在于与国内知识的生产、科学技术的研发实力、市场大小和投资规模相匹配,同时政府出资投入公共研发、政府投资方向多元化、政府采购对环境危害小的产品、政府加大对环境规范的执行力度、政府根据市场调节对环境政策的制定以及政府加强环境监督的管理能力等一系列的政策工具的使用也是建立在此基础上的。但是目前我国存在产业发展不集中、技术科技含量低、科学研究不足等劣势,在这样的条件下,我们必须将劣势与优势进行互补,即将其与我国拥有巨大的市场需求、研发生产费用低、转型费用低、政策执行效果力度大以及大量资金没有良好的投资项目这些优点相结合,充分利用全社会，涵盖中央各部门、地方各部门、各级政府以及国外市场开创一个创新型的网络，开发绿色创新能力，尤其是对基础能力进行培养。与此同时，为了从国外获得领先的绿色技术，可以尝试通过环境外交、科技外交和签署贸易协定来加速实现，进一步提高我国在相关领域的技术能力。

但是我国在制定政策的过程中，缺乏部委制定协调所有与环境政策相关的各个重要环节，这严重影响政策的执行效率和监督的有效性。因此，在这样的背景条件下，想要大力改善国家绿色技术创新能力和积极能动性，必须从顶层战略设计的高度来考虑，加强政府在环境政策制定过程中与绿色技术创新之间的和谐度，厘清环境政策的内部影响机制，完善政府对绿色技术投资政策的制定，放松对环境技术投资融资的限制，加大对绿色技术的资金投入，加强知识产权意识的建立，同时，注重以市场为导向的政策支持，积极调动市场的主动性，激发企业的参与热情，最终实现政策与技术创新的协调发展。

第八章　结论和政策建议

第一节　结论

基于上文的研究分析，本书的主要结论如下。

一　制定基于创新导向的环境规制政策具有必要性和紧迫性

首先，若要制定出能够促进创新的环境政策，必须梳理清楚环境政策与创新之间的影响机制，从而制定出能够促进创新的环境政策。比如某个企业为了达到规制目标需要应用某项技术，而且也符合环境政策的相关要求，但是企业或许在追逐利益的过程中，失去了对环境技术进行创新的动力，在这种情况下，环境政策与创新之间就没有实现互动的效果，所以环境政策标准的制定一定要明确服务的对象。其次，市场力量不能自发实现清洁技术创新。因为技术的演变可能趋向于研发清洁技术，也可能趋向于研发污染技术，那么技术演变往哪个方向走，是由当前先进技术应用市场和市场对该项技术的定价决定的，如果单纯根据市场自发性的调节，而没有政策予以支持和指导，那么技术可能无法向预期的方向进行演变，会减少清洁技术创新的数量。最后，针对目前经济和环境之间的矛盾，以创新为导向的环境规制政策是解决矛盾的主要抓手。这样才能正确引导企业的绿色技术研发朝着清洁技术的方向进行，建立一个人与自然和谐相处的环境友好型社会，实现最终的可持续性发展。

二 当前环境规制政策与技术创新脱节

我国由于当前在技术创新方面的成果与发达国家相比，模仿的程度较高，原创的程度较低，也就是说，技术创新主要是通过技术转移实现的。目前我国环境政策中可以起到激励企业技术创新的手段还是单一的环境税收，但这种做法的结果只是引进了新技术而不是研发出了新技术，与政策想要达到的目的相悖。例如，某企业通过环境技术的升级换代降低了排污成本，使市场上的排污许可价格下降，利益的驱动，会影响其他企业对绿色新技术的研发和应用。对比发达国家，我们不难看出，生态创新政策不再是以单一的环境政策为主导的政策体系，而是环境政策与创新政策相互结合的综合性政策体系，并将监督执法部门从环境部门扩大到更多的部门共同合作、共同监督，保障政策目标的实现。

三 污染行业对环境规制的创新反应相比清洁行业更慢

本书的实证研究表明，无论是清洁行业还是污染行业，甚至是全行业，以价格为主导的环境规制强度指标的一次项的系数符号都是负号，二次项的系数符号都是正号，最终的统计结果为显著。该项结果表明当环境规制从弱转强时，技术创新呈现下降的趋势，但是当环境规制的强度继续进一步加大时，技术创新开始上升，这种关系符合"U"形关系。相比之下，清洁行业要早于污染行业达到拐点，即当环境规制强度相同时，清洁行业的技术创新程度比污染行业下降和上升得都要快，也就是说，污染行业的边际创新小于清洁行业。

四 环境规制对不同地区的影响存在一定差异

本书的实证研究表明，除去行业之间的差异，地区之间也是存在差异的。就东部地区和西部地区来说，其环境规制强度指标的一次项系数是负的，二次项系数是正的，表明东部和西部地区的技术创新与环境规制之间呈 "U" 形关系，即当环境规制从弱转强时，技术创新先呈现下降的趋势，但是当环境规制的强度继续进一步加大时，技术创新开始上升。同时，东部地区比西部地区对环境规制的反应更敏锐，即当环境规制强度相同时，东部地区的技术创新程度比西部地区的技术创新下降和上升得都要快，也就是说，西部地区的边际创新程度小于东部地区。

五　创新政策与环境政策的融合是大势所趋

目前技术创新和环境管理涉及不同的部门，加上创新政策和环境政策在目标制定、价值选择上的定位和方向不同，创新政策更重视知识的再生产和知识创新，以此来增强行业竞争力、提高生产效率，环境政策更重视针对目前存在的环境问题给出高效的解决方案。所以，只用创新政策或环境政策很难给绿色创新提出高质量的解决方法，我们需要做的是在实现环境、经济效益的基础上加强创新部门和环境部门之间的合作，从而在绿色创新这条路上更加明确方向、提高效率。

第二节　政策建议

在未来很长一段时期内，我国将会继续面对大气污染、水污染以及土壤污染等环境问题，随着生产活动以及人们出行活动的增加，温室气体排放也将继续影响我国的环境问题，总体来看，我国面临的环境问题不仅任务艰巨、问题复杂，而且多层次的环境问题交织在一起。面对这种情况，我国迫切需要以创新为重要的驱动力量，实现发展经济和节能环保的平衡。这对政策也提出了相应的要求，我国的环境规制政策已经从过去较为单一的命令控制型转为 "命令

控制 + 市场激励政策"，而在新的时代背景下，环境规制政策不仅要加入经济激励因素，更要加入创新导向因素。本书基于研究结论，提出如下政策建议。

一 倡导灵活的环境规制政策，构建环境规制影响评价制度

长期以来，我国的环境规制政策缺乏对灵活性的强调。由于地区差异以及行业差异的存在，我国的环境规制政策必须以地区特征、产业特征为依据，在规制力度、政策组合内容方面保持一定的灵活性。对于不同的环境规制工具来说，其对企业技术创新的影响受到多种因素的影响，比如企业所处地区的经济发展程度，企业所处的行业的具体特征和技术特点，企业低成本地迁移，等等。因此，对于单一环境规制政策而言，其政策效果如何并不简单取决于政策的严格程度，比如对于处于经济发展特定阶段的地区的企业来说，其对过于严格规制的反应可能不是加大对创新的投入，而是转移生产活动，或者"俘获"监管。因此，从环境规制政策的实践来看，其应该大力倡导在市场激励型政策与传统的命令控制型政策中实现融合，根据实际情况来构建政策组合，使环境规制政策真正发挥激励企业创新的作用。例如，对于部分污染企业，如纺织、造纸、化工等行业，要采用命令控制型政策工具，但由于这些行业中的企业的创新行为对环境规制政策的变化并不敏感，因此必须在政策工具中加入更多的创新激励，不仅包括排放权交易等传统方式，也可以考虑对企业的创新研发活动提供财政补贴，以更大的力度来加速企业的创新活动。

此外，要构建环境规制影响评价制度。环境规制评价是利用科学的评价方法对政府的环境规制行为进行衡量和判定。这一制度的建立有利于提高环境规制效率，加强环境保护能力。美国是最早建立规制影响评价制度的国家。从 20 世纪 80 年代开始，美国的环境保护机构（EPA）基于成本－收益分析的基本思路，对相关的规制

措施进行评价和预测。1997 年，经济合作与发展组织在其《监管改革报告》中指出，规制影响评价是规制制定、审查和改革过程中的重要环节。在我国，《环境影响评价法》已于 2003 年正式实施，重点就专家和公众参与战略规划和建设项目环境影响评价的相关内容作出明确规定，但尚未涉及对于各项环境规制政策的影响评价。综合来看，由于在法律保障、技术与资源储备以及公众参与等方面的不足，我国的环境规制影响评价制度还没有真正建立起来。因此需要做到如下三点。第一，制定环境规制影响评价专项法规。参考环境影响评价制度的建立过程，加快环境规制影响评价的立法工作，对规制的作用范围、制定程序、实施方式以及奖惩要求予以明确规定，保障各项环境规制的规范性与合法性。第二，构建环境规制影响评价体系。加强评价指标选取、数据搜集和评价方法选择等方面的技术能力，逐步提高环境规制影响评价体系的有效性和可行性。加快建立环境规制影响评价专家遴选库和信息储备库，大力培养具有评价资质的专业人才。第三，加大环境监督与惩处力度。加强对各类排污企业的监测检查和违规处罚，是保障环境规制有效实施的重要内容。目前，我国已建立起国家、省、市、县四级环境执法体系，环境执法能力得以不断提高，但由于环境行政部门监管不力、执法不严，一些地区仍然普遍存在环境违法行为。究其原因，监测设备、技术的相对落后和执法机制、程序的有待规范，使环境监管能力难以提高。同时环境处罚力度不够，远远小于污染排放造成的环境损失，间接导致排污企业的投机心理和寻租行为。相比之下，发达国家建立了较为完善的环境规制监管体系，有效加快了环境执法能力建设。如在酸雨治理上，美国制定了基于排污监测、报告和核查的技术体系，以确保二氧化硫排放权交易政策的实施。执法机构方面，第三方监管、公众监督等都是欧美国家的常用手段。在环境监督检查体系构建方面，加强环境监测基础研究、应用技术研发和前瞻性领域研究，提高环境监测质量和效率。提高基层环境管理人员的业务能力和综合素质，赋予环境行政部门查封、冻结、扣押等必要的强制执行权力，严格按照法律法规进行环境检查和处理。建立健全环境检查制度，提高环境执法的权威性和严肃性。加大对排污企业的环境执法力度，实行行政问责与刑事问责的污染双向问责制度，特别需要加大对交通干线两侧、重要化工区、环境敏感地区企业违法行为的查处。建立第三方监管制度体系，推进环境服务的外部化和专业化，加强环境监管的及时性、科学性、全面性。同时，加大对违规行为的处罚力度。重点加大对企业偷排超排行为的处罚力度，提高经济处罚标准，使罚款额与污染治理成本、污染排放量、违规时长、额外环境损失等因素挂钩，并与相关的环评审批、上市公司环保核查和环保专项资金安排等方面相联系。强化污染责任追究和处罚，建立环境污染责任终身追究制。

二　提高环境规制政策强度与合理选择环境规制类型相结合

随着环境问题被提上各级政府的议事日程，提高规制政策的强度往往成为一种简单做法。但事实表明，这一简单政策选择不仅可能达不成政策目标，还将导致其他政策目标难以实现，比如过于严格的环境政策可能大大加重企业的负担，导致经济增长的目标受损，而企业如果未能做出创新反应，那么就会出现双重甚至多重损失。当环境规制强度操作空间有限时，环境规制的作用效果就取决于环境规制的手段或形式。因此，环境规制强度的设定必须采取因地制宜的方式，对已经越过"U"形拐点的地区或者企业来说，只需保持既定的强度，同时加强对创新的激励；对于尚未跨越拐点的企业来说，要适当加大规制强度，同时要跟踪企业对政策变化的表现，做到及时调整政策力度和工具。

在对环境规制类型的选择上，任何环境规制工具都具有其优越性与局限性，推动绿色创新发展的某一最优规制政策并不存在。因此，为了加强环境规制对不同企业的绿色创新激励效果，构建适宜且灵活的规制工具组合是非常必要的。例如，为了减少温室气体排放，欧美国家和部分发展中国家就采用了集标准和管制政策、财政政策（政府预算拨款、税收减免与补贴、优惠贷款、政府采购等）、自愿协议（与财政政策相结合）、信息工具（能效标识、宣传教育等）、技术研发政策等于一体的政策集合。首先，要加大命令控制型工具的执行力度。命令控制型工具发挥效用不仅仅取决于构建完善的环保法律法规体系，更重要的是相关法律法规能够得到有效的执行。一方面，政府部门需要建立更加严格、明晰的环境保护法律法规；另一方面，政府部门应该加大环保执法投入，建立科学合理的环保执法绩效评价体系，推动环保执法人员能够更加积极主动地参与环保执法。其次，进一步健全市场激励型工具，建立更加弹性化的排污收费标准，推动排污权交易制度更广泛地实施。一方面要加大市场激励型惩罚和环保补贴等政策工具的执行力度，提高企业排污成本，切实促进企业提升资源利用效率，降低污染物排放；另一方面逐步加强运用市场机制解决外部性问题的手段，扩大污染物排放权交易的实施范围和区域，建立起全方位的交易网络和体系。再次，推动社会公众更加便捷地参与环境治理，降低公众参与成本，让公众更加科学规范、通畅透明、全面深入地参与环保事务，共同推动立体化环境治理体系的构建，使各种类型的环境政策工具均能最有效地发挥作用。最后，积极鼓励非政府组织、企业发起自愿性环保项目。尤其在当前经济发展阶段，企业和非政府组织发起的自愿环保项目，对于推动环保标准的逐步提升和环保法律法规的逐步完善，以及对提升公民和企业的环境保护意识都具有十分重要的意义。

三 环境规制强度要与地区的经济发展水平、人力资本水平以及科技创新水平相适应

我国当前环境规制政策的主要对象是全国范围内的全部行业。

其任务是在某一阶段达到节能减排的整体目标，对区域间产业结构差异以及行业特性的差异并未重视，这就增加了环境政策实际实施效果的不确定性。由于我国污染排放强度不同的行业以及区域在实施环境政策时确有差异，尤其是制造业中的重污染行业与中度污染地区可能面临较大的环境规制压力，而重度污染地区又可能有环境规制水平不足的现象，所以统一的环境规制政策虽然能够提高企业的技术创新水平、优化制造业产业结构，但并未最大限度地发挥作用，甚至会挫伤部分行业与地区产业升级的积极性。此外，我国当前的环境政策以及支持制造业绿色化发展的相关文献主要针对企业的控制污染排放进行规定，即主要采用"末端治理"的方法减少污染物排放，无法从根本上解决环境污染问题。

环境政策要与企业的创新活动形成良性互动，前提是跨越经济发展的门槛、人力资本的门槛以及科技创新的门槛，在此基础上，只有强度适当的环境规制才能有效发挥促进创新的作用。不能跨越经济发展的门槛，"资源诅咒"效应就会阻碍企业的创新活动；不能跨越人力资本的门槛，企业的创新活动就缺乏支撑力量；不能跨越科技创新的门槛，企业的绿色创新活动就难以开启。因此，对于东部地区来说，其经济发展已经跨越门槛，因此要在人力资本和研发投入上增加力度，通过政府的激励政策促进清洁生产技术的研发，促进人才的不断集聚，并最终跨越人力资本门槛和科技发展的门槛。相比之下，中西部省份在经济、人力资本以及科技等方面都显著落后于东部地区，因此仍然要努力提高经济发展水平，力争跨越经济门槛。但必须注意的一点是，经济相对落后的地区跨越经济发展门槛必须通过集约型的经济增长方式实现，否则，即使实现了经济的快速发展，仍然会走上"先污染后治理"的道路。

同时，我国社会经济等发展水平存在明显的地区差异，在制定环境规制政策时，应该充分考虑到不同地区、不同省份、不同发展程度、不同发展水平下的污染特征以及环境规制的倒逼机制所产生的空间异质性问题。只有采取合适的、适宜的环境规制政策，才能更加有利于经济健康发展。对于环境污染较严重的地区或者企业，政府应该适度提高现有环境规制水平，制定更加严格、更加具有约束性的环境标准，以规范企业剩餐行为，逐渐淘汰落后产能，淘汰落后产业，在根源上减少资源损耗型的生产模式和传统路径依赖。对于环境污染较轻的地区或企业，政府可以使用市场激励型环境规制政策工具（如排污权交易、环境补贴等），提高企业的环保意识，增强企业生产能力，保持竞争优势。

四 推动绿色税制改革

生态文明建设是习近平新时代中国特色社会主义思想的应有要义，而绿色税制则是生态文明制度体系的重要组成部分。当前，通过绿色税制改革，加快推进人与自然和谐共生的生态文明建设已处在制度顶层设计的战略机遇期。税制绿色化评估作为一国政府实施绿色税制改革的逻辑起点，其评估结果更是推动税制绿色化进程的主要决策参考。然而，我国税制绿色化评估的相关研究尚显不足，主要体现在环境税界定标准不客观、评估方法不科学等方面，进而导致研究结论不一致或缺乏可信度。理论研究的滞后性不仅制约了我国现代财税制度的构建，也无法为国家生态文明建设提供科学的决策支撑。绿色税收也称环境税收，以保护环境、合理开发利用自然资源、推进绿色生产和消费为目的，建立开征以保护环境的生态税收的"绿色"税制，从而保持人类的可持续发展。狭义的绿色税收即实现保护环境目的而专门征收的税收和对环境保护起作用的税收。在我国未来的税制改革过程中，应加大对环境问题和绿色创新问题的关注程度。在我国当前的财税制度下，各项政策对环保和绿色创新的关注不够，因此，探索新的环境税收改革方式，将成为我国税制领域中新的改革亮点。我国的财税制度改革进程与时俱进，不断吸收经济社会发展的新的因素。将环境因素纳入整个税制改革也是基于当前经济社会发展的需要。

　　首先，以税基为标准界定环境税内涵。任何一个税种的设立都需要明确、客观的税基，通过对税基的分析，可以甄别出不同的税种与目标。因此，以税基为标准对我国的环境税内涵进行重新界定，并详细列举出环境税类别及其相应税基等问题还需要进一步研究。在当前阶段，可先以经济合作与发展组织和欧盟的环境税的界定与分类为借鉴模板，初步构建我国环境税的研究框架。随着研究的逐步深入，中长期目标是建立起符合新时代中国特色哲学社会科学要求的绿色税制改革及其绿色化评估的理论体系。

　　其次，重新调整现行税目归属和税种设立。我国现行税种中消费税、资源税、车船税、车辆购置税和环境保护税可以划归环境税类别，但是，其中的消费税仅部分税目符合环境税内涵。因此，可以适时重新调整消费税税目，譬如将其中的电池和涂料两个税目划归环境保护税的税目，同时研究将成品油税目单独立法设立为能源税的可行性。

　　再次，构建适应我国税制绿色化评估的指标体系。环境税界定和类别划分仅是开展税制绿色化评估的首要步骤。在此基础之上，还需要进一步研究适应我国税制绿色化评估的指标体系。"双重红利"是绿色税制改革的核心目标，税制绿色化评估指标体系至少应分别与这两个"红利"相一致。当前国内外所采用的环境税收入所占比重指标，可以反映环境税收入规模，适合作为衡量减少扭曲性税种可能性的环境收入红利指标，而测度环境质量是否改善的红利指标尚未得到深入研究。由于在现实中难以实现庇古税的最优税率，通常都以政策目标实现程度为标准的次优价格法，所以测度环境质量改善的红利指标，应至少能反映环境税本身与课税标的物数量之间的变化关系，而且这种变化关系可以直接或间接地反映环境质量改善程度。

　　最后，建立符合绿色化评估的绿色财税账户。数据可获得性对税制绿色化评估至关重要。经济合作与发展组织和欧盟在开展税制绿色化评估的同时，均建立了相应的数据核算账户。而《中国统计年鉴》、《中国财政年鉴》和《中国税务年鉴》等官方相关数据统计尚存在重叠和宽泛问题，无法满足税制绿色化评估的数据精细化需要，客观上制约了我国税制绿色化评估研究的开展。因此，对我国官方数据统计体系，尤其是对《中国财政年鉴》和《中国税务年鉴》统计科目进行适当改革，抓紧建立符合税制绿色化评估需要的绿色财税账户已是当务之急。目前，可以先对《中国税务年鉴》中具有多个税目的税种补充"税目收入"科目。例如消费税，除了统计公布消费税收入总额之外，还应补充公布其各个具体税目的收入数据。随着相关研究的推进，也应对《中国财政年鉴》中的支出科目进行适时改革，调整和增补环境保护性质的支出与补贴，从而使得《中国税务年鉴》《中国财政年鉴》和《中国统计年鉴》之间形成数据互补且完整的绿色财税账户体系。

**专栏 5 - 1　发达国家税制改革对环境
的监管条目**

美国：1971 年，美国国会引入一个关于在全国范围内对向环境排放硫化物征税的议案，并在 1987 年建议对一氧化硫和一氧化氮排放征税。自此以后，美国政府逐步把税收手段引进环保领域，至今已形成了一套相对完善的环境税收制度，主要有对损害臭氧的化学品征收的消费税、汽油税、与汽车使用相关的税收和费用、开采税、固体废弃物处理税、二氧化硫税、环境收入税等，还有较多的环境税收优惠政策。

荷兰：荷兰在世界上以环境优美著称，也是较早开征环境税的国家之一。荷兰的环境税大都属于特定目的税收，以小税种为主，税种繁多并且深入国民生活的方方面面，而且各种环境税的税率也规定得十分详细。各个税种的税收收入大都作为专用基金，专款专用，全部用于环境保护方面的开支。同时，在环境税的征收管理上，荷兰也赋予了地方政府很大的灵活性，并充分协调了税务部门和各环境、资源部门的配合，保证了环境税征收的高效率。

日本：2012年10月1日起，日本开始对石油、天然气等化石燃料征收"地球温暖化对策税"，即环境税。所征环境税将主要用于节能环保产品补助、可再生能源普及等。不过，早在2004年，日本政府就开始对环境税方案进行反复修订，2005年10月方案成形，并于2007年1月正式执行征收，当时的方案规定了环境税税率为2400日元/吨碳。只不过，2012年3月，日本政府决定新设环境税，并从当年10月开征。

资料来源：龚清：《绿色税制改革：环保税见效要让时间和实践说话》，《中国经济导报》2018年2月2日。

五　提高环境政策的创新补偿水平和加大创新支持力度

我国强调环境政策的制定和对规制实施的力度，环保部门的执法权力、执法能力等因素比较多。在新的历史条件下，应该在环境政策中更多地体现对创新的补偿和支持。企业的绿色创新活动一般具有较大的正外部性，而企业往往难以获得全部收益，因此环境政策应该考虑对具有正外部性的创新企业进行补贴。除了必要的补贴之外，要从多个方面来加大对企业绿色创新的支持力度，比如加大知识产权保护力度，为企业进行研发投入、开展环境技术创新提供重要制度保障，提高企业开展研发活动和创新活动的预期收益。为政府与企业、企业与企业之间的沟通搭建平台，搭建有关环境技术的信息交流平台，降低创新型企业获取市场信息和技术信息的成本。此外，要调整对出口产品的补贴政策，重点支持具有较高的技术含量和较高的附加值的环境友好型产品的出口，为企业争取进行环境技术创新所需的资源。

六　调整环境政策决策思路，融入技术创新目标

传统环境政策的思路是实现企业环境污染外部成本的内部化，从理论上看，这一思路可以有效地遏制企业的污染，但现实中面临严重的信息不对称问题，因此缺乏可操作性。此外，这种政策也会大大增加企业的生产成本，各国环境政策由于存在较大差异，因此在国际竞争中可能会削弱本国企业的市场竞争力。在这种情况下，以环保和可持续发展为目标，同时包括提高企业竞争力目标的环境技术创新成为一种新的选择。

第一，环境技术创新政策应关注技术多样性与短期成本之间的平衡。资源环境问题的一个重要特点，是常伴随多样性的损失，不仅仅是生物多样性，而且包括文化和经济的多样性。文化和经济多样性的损失随着占支配地位的生活方式、技术、制度及生产方法的扩散而出现。在此过程中，某种技术、生产方法、制度或生活方式因人们的重复选择而导致"锁定"。与环境问题相关的"锁定"，最明显的是现代经济对化石能源的严重依赖。就与资源环境相关的技术创新而言，我们面临的问题是如何不被过早地锁入某种新技术。由于能源环境问题有巨大的不确定性，有效应对这种不确定性要求我们必须保持一定的灵活性，包括技术、组织和制度的灵活性。防止过早锁入特定技术并保持技术的灵活性要求合适的投资组合，也就是说，需要同时投资能应对特定环境问题的多种技术，而不是把所有鸡蛋放进一个篮子。这样，促进环境技术创新面临的一个重要选择，是如何保持多样性与短期成本的平衡。保持技术多样性和灵

活性，是应对能源环境问题不确定性的重要手段，能够有效降低与不确定性相关的风险损失。但从短期效率的角度看，同时发展解决环境问题的多种技术，对多种技术路线进行投资，以培育技术的多样性和灵活性，有可能是一种低效率的重复投资。这样，在长远效率与短期效率之间存在权衡取舍。传统的环境政策过于关注技术多样性的短期效率，而忽视长期效率。从演化的角度看，保持多样性代表着潜在的演化进步，提供了未来技术发展的多种可能性，使人们在一个充满不确定性的世界里拥有多种选择。这种灵活选择的权利能产生巨大的经济收益。为了避免被"锁定"在特定的结构或技术上，传统的"把价格搞对"的环境政策远远不够，而必须考虑需求和供给方的递增报酬、学习曲线效应等。

第二，应关注利基市场对环境技术创新的重要作用。对技术来说，利基是一种或多种相互关联的新技术的应用领域。利基在技术变迁中是相当重要的，因为它们为学习过程提供了便利。利基有利于创新的良性循环，因为它有助于克服新技术在发展初期面临的诸多障碍，如成本高、无法获得互补技术、与外部环境不适应等。从而，一个利基有利于赢得使用者的接受，改变已经确立的看法和预期，并从使用者关于其需求及技术性能的反馈中获益，这反过来有助于决定企业的研究、生产及营销决策。同样，它有利于在生产和技术使用中节约成本，并促进互补技术的开发。这样，利基就为学习、投资和调整过程提供了动力。因此，利基是技术转变的演化过程中的一个重要部分。

根据利基在创新中的作用，经济学家提出了策略性利基管理的政策方法。策略性利基管理旨在通过为新技术的使用创造空间，来协调社会技术变革的动力机制。在这些空间中，新技术部分地、暂时地受到保护，使其免于正常的市场选择的压力。环境问题，不管是区域性的，还是全球性的，在很大程度上与化石能源的巨大消费有密切关系。替代能源技术——太阳能、风能、生物质能等——并不存在技术上的问题，但迄今还没有得到广泛应用，是由于这些新技术的商业化还面临诸多障碍。最重要的障碍是，替代能源技术因生产规模小和生产成本高而无法与常规能源技术竞争。而生产规模之所以小，是由于可再生能源的成本高导致市场需求小。这样，可再生能源在生产规模小、成本高和市场需求小三者之间存在一个封闭的循环。打破这个封闭循环是促进替代能源技术发展的关键。策略性利基管理能在打破这个封闭循环，促进可再生能源技术的研发、应用和推广中起到特殊作用。

第三，环境创新政策应该关注社会因素对技术创新的促进作用。诱致性创新理论只考虑了资源相对价格变化对技术创新的影响，而把消费者偏好、消费观念等看作外生的因素。但是，从协同进化的角度看，技术创新和环境创新除了受资源稀缺性的影响外，还受各种社会经济文化因素如消费者偏好、消费观念等的影响。协同进化是指两个具有内部多样性的系统，以它们相互影响各自的选择环境这样一种方式相互作用，以致它们的演化机制被耦合。消费者偏好和消费观念的变化会明显影响技术创新的方向和速度。消费者对环境友好产品的偏好能刺激企业开发污染更少、资源利用效率更高的技术，也能推动政府建立更加有效的资源环境管理制度，反过来，更加严格的资源环境监管制度，以及更加清洁环保的产品及其生产技术也能促使消费者转变消费观念和消费模式。以协同进化的观点来衡量，其仅仅关注技术创新及相关政策，如技术推动和需求拉动的政策，政策视野显得较为狭隘。除了需要制定直接的技术创新政策外，还应该从改变消费者偏好和消费观念等着手，通过生态标签、能效标识等制度，披露产品在环境友好型方面的信息，促使消费者偏好和消费观念发生变化，促进广义的环境创新的实现。

七 结合我国当前实际情况，优化环境政策组合

对于不同国家来说，环境问题既具有共性，也具有特殊性。从

我国的国情来看，不管是环境问题的具体特征，还是当前面临的历史条件，都与其他经济体存在较大差异。任何政策的制定都必须充分考虑到我国的具体国情，这是环境政策决策的基本出发点。

首先，从历史来看，多数西方经济体在实现工业化的过程中都经历了"先污染、后治理"的模式，但我国人口多、环境承载能力有限，因此不能走西方国家的老路。我国应该逐渐加大环境规制强度，制定更加符合国情、更加贴合实际的环境规制政策。目前来看，我国环境保护规制与发达国家相比仍然存在很大的差距，特别是在对污染密集型企业的治理环节上。如果不对其严加管理，我国企业发展将受到很大程度的损失，对于环境也将造成极大的破坏。如果环境规制水平较低，那么势必会阻碍绿色技术创新。但是，如果政府加大对环境保护规制制度的研究力度，在政策层面加以管控，则会对市场运行具有更为直接的作用。提高环境规制水平，可以有效刺激企业加强技术创新，强化企业创新意识，减少不必要的污染与浪费，进而集中更优势的资源，配置更高的市场销量。与此同时，企业也应该积极配合政府出台相关环境规制，提高自身创新意识，提高绿色技术创新水平，提高企业生产效率，增加企业收益，这也就在很大程度上提高了企业的核心竞争力，帮助企业提高利润水平。如果企业对于环境规制的理解不到位，或者规制水平不高，则极容易导致企业创新力不强，不利于企业的成长。

其次，我国当前仍然处在社会主义初级阶段，实现经济持续发展仍然是一项关系人民幸福、社会稳定、国家综合实力提高的重要任务，因此，过高的环境规制要求并不符合我国的国情，不能完全按照当前西方国家的标准来要求我国。习近平总书记在十九大报告中强调，中国特色社会主义进入新时代，我国社会主要矛盾已经转化为人民日益增长的美好生活需要和不平衡不充分的发展之间的矛盾。改革开放40多年来，我国社会经济取得了举世瞩目的成绩，经济快速发展的同时，也带来了一定的环境问题，造成了很大程度的环境污染，亟待解决。2013 年以来我国经济进入发展新常态，经济发展处于转型时期，加快经济发展，必然要综合考虑资源、环境等因素，需要改变以往的粗放式发展方式为可持续发展道路。因此，环境规制的设定，应该将生态文明的理念融入经济发展，创造更好的生态环境。

此外，结合绿色发展理念的要求，建立绿色技术创新体系。绿色发展理念是对发展规律的科学反映，是中国共产党人对自然界发展规律、人类社会发展规律、中国特色社会主义建设规律在理论认识上的升华和飞跃，更是对全球生态环境的变化和我国当前发展所面临的突出问题的积极回应。习近平总书记在党的十九大报告中对此做了充分肯定："大力度推进生态文明建设，全党全国贯彻绿色发展理念的自觉性和主动性显著增强，忽视生态环境保护的状况明显改变。"其同时进一步指出，"发展是解决我国一切问题的基础和关键，发展必须是科学发展，必须坚定不移贯彻创新、协调、绿色、开放、共享的发展理念"。要建立绿色技术创新体系，就要加大人才引进力度，世界发达国家的发展历程表明，人才对于社会经济的发展具有至关重要的作用。目前，我国人力资本水平与发达国家还有很大的差距，人才培养机制尚待完善，在这种情形下，国家应该继续加大对教育的投入力度，重视对创新型人才的培养，积极学习西方发达国家的先进经验，通过加大人才培养和提高人才能力，进一步提高环境规制水平，以帮助协调完善绿色技术创新体系的构建。同时，要加大自主创新培育力度。创新是一个国家兴旺发达的不竭动力。企业要想取得长足发展，就必须在创新上下足功夫，通过不断创新，提高产品的竞争力，形成对外影响。建议将绿色技术创新的理念引入企业发展的各个环节，构建国家层面的可持续发展绿色技术创新体系。需要通过政府不断完善相关法律规范，增强对企业创新的保护和激励机制，有效帮助企业提高绿色技术创新水平。另外，还应该加大对企业的研发资金投入。2018 年 10 月 9 日，国家统计局、科技部、财政部联合发布《2017 年全国科技经费投入统计公报》，数据显示，2017 年，我国共投入研究与试验发展经费 17606.1 亿元，同比增长 12.3%，研究与试验发展经费投入强度为 2.13%，同比提高 0.02 个百分点。我国研究与试验发展经费投入总量与美国的差距正逐年缩小。2013 年我国研究与试验发展经费总量首次跃居世界第二位，当年研究与试验发展经费总量约为美国的 40%，2017 年这一比例接近 60%。但是，从科研投入占 GDP 的比重来看，其仍然有很大的提升空间。因此，政府应不断鼓励企业进行技术创新，为企业提供更多的资金支持和政策支持。

综上，我国的环境政策既要考虑环保目标，也要考虑经济发展目标；既要约束企业污染行为，也要激励企业创新行为。

附录一　中华人民共和国环境保护税法

（2016 年 12 月 25 日第十二届全国人民代表大会常务委员会第二十五次会议通过）

第一章　总则

第一条　为了保护和改善环境，减少污染物排放，推进生态文明建设，制定本法。

第二条　在中华人民共和国领域和中华人民共和国管辖的其他海域，直接向环境排放应税污染物的企业事业单位和其他生产经营者为环境保护税的纳税人，应当依照本法规定缴纳环境保护税。

第三条　本法所称应税污染物，是指本法所附《环境保护税税目税额表》、《应税污染物和当量值表》规定的大气污染物、水污染物、固体废物和噪声。

第四条　有下列情形之一的，不属于直接向环境排放污染物，不缴纳相应污染物的环境保护税：

（一）企业事业单位和其他生产经营者向依法设立的污水集中处理、生活垃圾集中处理场所排放应税污染物的；

（二）企业事业单位和其他生产经营者在符合国家和地方环境保护标准的设施、场所贮存或者处置固体废物的。

第五条　依法设立的城乡污水集中处理、生活垃圾集中处理场所超过国家和地方规定的排放标准向环境排放应税污染物的，应当缴纳环境保护税。

企业事业单位和其他生产经营者贮存或者处置固体废物不符合国家和地方环境保护标准的，应当缴纳环境保护税。

第六条 环境保护税的税目、税额，依照本法所附《环境保护税税目税额表》执行。

应税大气污染物和水污染物的具体适用税额的确定和调整，由省、自治区、直辖市人民政府统筹考虑本地区环境承载能力、污染物排放现状和经济社会生态发展目标要求，在本法所附《环境保护税税目税额表》规定的税额幅度内提出，报同级人民代表大会常务委员会决定，并报全国人民代表大会常务委员会和国务院备案。

第二章 计税依据和应纳税额

第七条 应税污染物的计税依据，按照下列方法确定：

（一）应税大气污染物按照污染物排放量折合的污染当量数确定；

（二）应税水污染物按照污染物排放量折合的污染当量数确定；

（三）应税固体废物按照固体废物的排放量确定；

（四）应税噪声按照超过国家规定标准的分贝数确定。

第八条 应税大气污染物、水污染物的污染当量数，以该污染物的排放量除以该污染物的污染当量值计算。每种应税大气污染物、水污染物的具体污染当量值，依照本法所附《应税污染物和当量值表》执行。

第九条 每一排放口或者没有排放口的应税大气污染物，按照污染当量数从大到小排序，对前三项污染物征收环境保护税。

每一排放口的应税水污染物，按照本法所附《应税污染物和当量值表》，区分第一类水污染物和其他类水污染物，按照污染当量数从大到小排序，对第一类水污染物按照前五项征收环境保护税，对其他类水污染物按照前三项征收环境保护税。

省、自治区、直辖市人民政府根据本地区污染物减排的特殊需要，可以增加同一排放口征收环境保护税的应税污染物项目数，报同级人民代表大会常务委员会决定，并报全国人民代表大会常务委员会和国务院备案。

第十条　应税大气污染物、水污染物、固体废物的排放量和噪声的分贝数，按照下列方法和顺序计算：

（一）纳税人安装使用符合国家规定和监测规范的污染物自动监测设备的，按照污染物自动监测数据计算；

（二）纳税人未安装使用污染物自动监测设备的，按照监测机构出具的符合国家有关规定和监测规范的监测数据计算；

（三）因排放污染物种类多等原因不具备监测条件的，按照国务院环境保护主管部门规定的排污系数、物料衡算方法计算；

（四）不能按照本条第一项至第三项规定的方法计算的，按照省、自治区、直辖市人民政府环境保护主管部门规定的抽样测算的方法核定计算。

第十一条　环境保护税应纳税额按照下列方法计算：

（一）应税大气污染物的应纳税额为污染当量数乘以具体适用税额；

（二）应税水污染物的应纳税额为污染当量数乘以具体适用税额；

（三）应税固体废物的应纳税额为固体废物排放量乘以具体适用税额；

（四）应税噪声的应纳税额为超过国家规定标准的分贝数对应的具体适用税额。

第三章　税收减免

第十二条　下列情形，暂予免征环境保护税：

（一）农业生产（不包括规模化养殖）排放应税污染物的；

（二）机动车、铁路机车、非道路移动机械、船舶和航空器等流动污染源排放应税污染物的；

（三）依法设立的城乡污水集中处理、生活垃圾集中处理场所排放相应应税污染物，不超过国家和地方规定的排放标准的；

（四）纳税人综合利用的固体废物，符合国家和地方环境保护标准的；

（五）国务院批准免税的其他情形。

前款第五项免税规定，由国务院报全国人民代表大会常务委员会备案。

第十三条　纳税人排放应税大气污染物或者水污染物的浓度值低于国家和地方规定的污染物排放标准百分之三十的，减按百分之七十五征收环境保护税。纳税人排放应税大气污染物或者水污染物的浓度值低于国家和地方规定的污染物排放标准百分之五十的，减按百分之五十征收环境保护税。

第四章　征收管理

第十四条　环境保护税由税务机关依照《中华人民共和国税收征收管理法》和本法的有关规定征收管理。

环境保护主管部门依照本法和有关环境保护法律法规的规定负责对污染物的监测管理。

县级以上地方人民政府应当建立税务机关、环境保护主管部门和其他相关单位分工协作工作机制，加强环境保护税征收管理，保障税款及时足额入库。

第十五条　环境保护主管部门和税务机关应当建立涉税信息共享平台和工作配合机制。

环境保护主管部门应当将排污单位的排污许可、污染物排放数据、环境违法和受行政处罚情况等环境保护相关信息，定期交送税务机关。

税务机关应当将纳税人的纳税申报、税款入库、减免税额、欠缴税款以及风险疑点等环境保护税涉税信息，定期交送环境保护主管部门。

第十六条　纳税义务发生时间为纳税人排放应税污染物的当日。

第十七条　纳税人应当向应税污染物排放地的税务机关申报缴纳环境保护税。

第十八条　环境保护税按月计算，按季申报缴纳。不能按固定期限计算缴纳的，可以按次申报缴纳。

纳税人申报缴纳时，应当向税务机关报送所排放应税污染物的种类、数量，大气污染物、水污染物的浓度值，以及税务机关根据实际需要要求纳税人报送的其他纳税资料。

第十九条　纳税人按季申报缴纳的，应当自季度终了之日起十五日内，向税务机关办理纳税申报并缴纳税款。纳税人按次申报缴纳的，应当自纳税义务发生之日起十五日内，向税务机关办理纳税申报并缴纳税款。

纳税人应当依法如实办理纳税申报，对申报的真实性和完整性承担责任。

第二十条　税务机关应当将纳税人的纳税申报数据资料与环境保护主管部门交送的相关数据资料进行比对。

税务机关发现纳税人的纳税申报数据资料异常或者纳税人未按照规定期限办理纳税申报的，可以提请环境保护主管部门进行复核，环境保护主管部门应当自收到税务机关的数据资料之日起十五日内向税务机关出具复核意见。税务机关应当按照环境保护主管部门复核的数据资料调整纳税人的应纳税额。

第二十一条　依照本法第十条第四项的规定核定计算污染物排放量的，由税务机关会同环境保护主管部门核定污染物排放种类、数量和应纳税额。

第二十二条 纳税人从事海洋工程向中华人民共和国管辖海域排放应税大气污染物、水污染物或者固体废物，申报缴纳环境保护税的具体办法，由国务院税务主管部门会同国务院海洋主管部门规定。

第二十三条 纳税人和税务机关、环境保护主管部门及其工作人员违反本法规定的，依照《中华人民共和国税收征收管理法》、《中华人民共和国环境保护法》和有关法律法规的规定追究法律责任。

第二十四条 各级人民政府应当鼓励纳税人加大环境保护建设投入，对纳税人用于污染物自动监测设备的投资予以资金和政策支持。

第五章 附 则

第二十五条 本法下列用语的含义：

（一）污染当量，是指根据污染物或者污染排放活动对环境的有害程度以及处理的技术经济性，衡量不同污染物对环境污染的综合性指标或者计量单位。同一介质相同污染当量的不同污染物，其污染程度基本相当。

（二）排污系数，是指在正常技术经济和管理条件下，生产单位产品所应排放的污染物量的统计平均值。

（三）物料衡算，是指根据物质质量守恒原理对生产过程中使用的原料、生产的产品和产生的废物等进行测算的一种方法。

第二十六条 直接向环境排放应税污染物的企业事业单位和其他生产经营者，除依照本法规定缴纳环境保护税外，应当对所造成的损害依法承担责任。

第二十七条 自本法施行之日起，依照本法规定征收环境保护税，不再征收排污费。

第二十八条 本法自2018年1月1日起施行。

附表一：

环境保护税税目税额表

税目		计税单位	税额	备注
大气污染物		每污染当量	1.2元至12元	
水污染物		每污染当量	1.4元至14元	
固体废物	煤矸石	每吨	5元	
	尾矿	每吨	15元	
	危险废物	每吨	1000元	
	冶炼渣、粉煤灰、炉渣、其他固体废物(含半固态、液态废物)	每吨	25元	
噪声	工业噪声	超标1—3分贝	每月350元	1. 一个单位边界上有多处噪声超标,根据最高一处超标声级计算应纳税额;当沿边界长度超过100米有两处以上噪声超标,按照两个单位计算应纳税额。 2. 一个单位有不同地点作业场所的,应当分别计算应纳税额,合并计征。 3. 昼、夜均超标的环境噪声,昼、夜分别计算应纳税额,累计计征。 4. 声源一个月内超标不足15天的,减半计算应纳税额。 5. 夜间频繁突发和夜间偶然突发厂界超标噪声,按等效声级和峰值噪声两种指标中超标分贝值高的一项计算应纳税额。
		超标4—6分贝	每月700元	
		超标7—9分贝	每月1400元	
		超标10—12分贝	每月2800元	
		超标13—15分贝	每月5600元	
		超标16分贝以上	每月11200元	

附表二：

应税污染物和当量值表

一、第一类水污染物污染当量值

污染物	污染当量值（千克）
1. 总汞	0.0005
2. 总镉	0.005
3. 总铬	0.04
4. 六价铬	0.02
5. 总砷	0.02
6. 总铅	0.025
7. 总镍	0.025
8. 苯并(a)芘	0.0000003
9. 总铍	0.01
10. 总银	0.02

二、第二类水污染物污染当量值

污染物	污染当量值（千克）	备注
11. 悬浮物(SS)	4	
12. 生化需氧量(BOD_5)	0.5	同一排放口中的化学需氧量、生化需氧量和总有机碳，只征收一项。
13. 化学需氧量(COD_{cr})	1	
14. 总有机碳(TOC)	0.49	
15. 石油类	0.1	

污染物	污染当量值(千克)	备注
16. 动植物油	0.16	
17. 挥发酚	0.08	
18. 总氰化物	0.05	
19. 硫化物	0.125	
20. 氨氮	0.8	
21. 氟化物	0.5	
22. 甲醛	0.125	
23. 苯胺类	0.2	
24. 硝基苯类	0.2	
25. 阴离子表面活性剂(LAS)	0.2	
26. 总铜	0.1	
27. 总锌	0.2	
28. 总锰	0.2	
29. 彩色显影剂(CD—2)	0.2	
30. 总磷	0.25	
31. 单质磷(以 P 计)	0.05	
32. 有机磷农药(以 P 计)	0.05	
33. 乐果	0.05	
34. 甲基对硫磷	0.05	
35. 马拉硫磷	0.05	
36. 对硫磷	0.05	
37. 五氯酚及五氯酚钠(以五氯酚计)	0.25	
38. 三氯甲烷	0.04	

续表

污染物	污染当量值（千克）	备注
39. 可吸附有机卤化物（AOX）（以 C1 计）	0.25	
40. 四氯化碳	0.04	
41. 三氯乙烯	0.04	
42. 四氯乙烯	0.04	
43. 苯	0.02	
44. 甲苯	0.02	
45. 乙苯	0.02	
46. 邻—二甲苯	0.02	
47. 对—二甲苯	0.02	
48. 间—二甲苯	0.02	
49. 氯苯	0.02	
50. 邻二氯苯	0.02	
51. 对二氯苯	0.02	
52. 对硝基氯苯	0.02	
53. 2,4—二硝基氯苯	0.02	
54. 苯酚	0.02	
55. 间—甲酚	0.02	
56. 2,4—二氯酚	0.02	
57. 2,4,6,—三氯酚	0.02	
58. 邻苯二甲酸二丁酯	0.02	
59. 邻苯二甲酸二辛酯	0.02	

续表

污染物	污染当量值(千克)	备注
60. 丙烯腈	0.125	
61. 总硒	0.02	

三、pH 值、色度、大肠菌群数、余氯量水污染物污染当量值

污染物		污染当量值	备注
1. pH 值	1.0—1,13—14	0.06 吨污水	pH 值 5—6 指大于等于 5,小于 6;pH 值 9—10 指大于 9,小于等于 10,其余类推。
	2.1—2,12—13	0.125 吨污水	
	3.2—3,11—12	0.25 吨污水	
	4.3—4,10—11	0.5 吨污水	
	5.4—5,9—10	1 吨污水	
	6.5—6	5 吨污水	
2. 色度		5 吨水·倍	
3. 大肠菌群数(超标)		3.3 吨污水	大肠菌群数和余氯量只征收一项。
4. 余氯量(用氯消毒的医院废水)		3.3 吨污水	

四、禽畜养殖业、小型企业和第三产业水污染物污染当量值

(本表仅适用于计算无法进行实际监测或者物料衡算的禽畜养殖业、小型企业和第三产业等小型排污者的水污染物污染当量数)

类型		污染当量值	备注
禽畜养殖场	1. 牛	0.1 头	仅对存栏规模大于 50 头牛、500 头猪、5000 羽鸡鸭等的禽畜养殖场征收。
	2. 猪	1 头	
	3. 鸡、鸭等家禽	30 羽	

续表

类型		污染当量值	备注
4. 小型企业		1.8 吨污水	
5. 饮食娱乐服务业		0.5 吨污水	
6. 医院	消毒	0.14 床	医院病床数大于 20 张的按照本表计算污染当量数。
		2.8 吨污水	
	不消毒	0.07 床	
		1.4 吨污水	

五、大气污染物污染当量值

污染物	污染当量值（千克）
1. 二氧化硫	0.95
2. 氮氧化物	0.95
3. 一氧化碳	16.7
4. 氯气	0.34
5. 氯化氢	10.75
6. 氟化物	0.87
7. 氰化氢	0.005
8. 硫酸雾	0.6
9. 铬酸雾	0.0007
10. 汞及其化合物	0.0001
11. 一般性粉尘	4
12. 石棉尘	0.53
13. 玻璃棉尘	2.13
14. 碳黑尘	0.59
15. 铅及其化合物	0.02
16. 镉及其化合物	0.03
17. 铍及其化合物	0.0004
18. 镍及其化合物	0.13
19. 锡及其化合物	0.27

污染物	污染当量值(千克)
20. 烟尘	2.18
21. 苯	0.05
22. 甲苯	0.18
23. 二甲苯	0.27
24. 苯并(a)芘	0.000002
25. 甲醛	0.09
26. 乙醛	0.45
27. 丙烯醛	0.06
28. 甲醇	0.67
29. 酚类	0.35
30. 沥青烟	0.19
31. 苯胺类	0.21
32. 氯苯类	0.72
33. 硝基苯	0.17
34. 丙烯腈	0.22
35. 氯乙烯	0.55
36. 光气	0.04
37. 硫化氢	0.29
38. 氨	9.09
39. 三甲胺	0.32
40. 甲硫醇	0.04
41. 甲硫醚	0.28
42. 二甲二硫	0.28
43. 苯乙烯	25
44. 二硫化碳	20

附录二 中华人民共和国环境保护 税法实施条例

第一章 总则

第一条 根据《中华人民共和国环境保护税法》（以下简称环境保护税法），制定本条例。

第二条 环境保护税法所附《环境保护税税目税额表》所称其他固体废物的具体范围，依照环境保护税法第六条第二款规定的程序确定。

第三条 环境保护税法第五条第一款、第十二条第一款第三项规定的城乡污水集中处理场所，是指为社会公众提供生活污水处理服务的场所，不包括为工业园区、开发区等工业聚集区域内的企业事业单位和其他生产经营者提供污水处理服务的场所，以及企业事业单位和其他生产经营者自建自用的污水处理场所。

第四条 达到省级人民政府确定的规模标准并且有污染物排放口的畜禽养殖场，应当依法缴纳环境保护税；依法对畜禽养殖废弃物进行综合利用和无害化处理的，不属于直接向环境排放污染物，不缴纳环境保护税。

第二章 计税依据

第五条 应税固体废物的计税依据，按照固体废物的排放量确定。固体废物的排放量为当期应税固体废物的产生量减去当期应税固体废物的贮存量、处置量、综合利用量的余额。

前款规定的固体废物的贮存量、处置量，是指在符合国家和地方环境保护标准的设施、场所贮存或者处置的固体废物数量；固体废物的综合利用量，是指按照国务院发展改革、工业和信息化主管部门关于资源综合利用要求以及国家和地方环境保护标准进行综合利用的固体废物数量。

第六条　纳税人有下列情形之一的，以其当期应税固体废物的产生量作为固体废物的排放量：

（一）非法倾倒应税固体废物；

（二）进行虚假纳税申报。

第七条　应税大气污染物、水污染物的计税依据，按照污染物排放量折合的污染当量数确定。

纳税人有下列情形之一的，以其当期应税大气污染物、水污染物的产生量作为污染物的排放量：

（一）未依法安装使用污染物自动监测设备或者未将污染物自动监测设备与环境保护主管部门的监控设备联网；

（二）损毁或者擅自移动、改变污染物自动监测设备；

（三）篡改、伪造污染物监测数据；

（四）通过暗管、渗井、渗坑、灌注或者稀释排放以及不正常运行防治污染设施等方式违法排放应税污染物；

（五）进行虚假纳税申报。

第八条　从两个以上排放口排放应税污染物的，对每一排放口排放的应税污染物分别计算征收环境保护税；纳税人持有排污许可证的，其污染物排放口按照排污许可证载明的污染物排放口确定。

第九条　属于环境保护税法第十条第二项规定情形的纳税人，自行对污染物进行监测所获取的监测数据，符合国家有关规定和监测规范的，视同环境保护税法第十条第二项规定的监测机构出具的监测数据。

第三章　税收减免

第十条　环境保护税法第十三条所称应税大气污染物或者水污染物的浓度值，是指纳税人安装使用的污染物自动监测设备当月自动监测的应税大气污染物浓度值的小时平均值再平均所得数值或者应税水污染物浓度值的日平均值再平均所得数值，或者监测机构当月监测的应税大气污染物、水污染物浓度值的平均值。

依照环境保护税法第十三条的规定减征环境保护税的，前款规定的应税大气污染物浓度值的小时平均值或者应税水污染物浓度值的日平均值，以及监测机构当月每次监测的应税大气污染物、水污染物的浓度值，均不得超过国家和地方规定的污染物排放标准。

第十一条　依照环境保护税法第十三条的规定减征环境保护税的，应当对每一排放口排放的不同应税污染物分别计算。

第四章　征收管理

第十二条　税务机关依法履行环境保护税纳税申报受理、涉税信息比对、组织税款入库等职责。

环境保护主管部门依法负责应税污染物监测管理，制定和完善污染物监测规范。

第十三条　县级以上地方人民政府应当加强对环境保护税征收管理工作的领导，及时协调、解决环境保护税征收管理工作中的重大问题。

第十四条　国务院税务、环境保护主管部门制定涉税信息共享平台技术标准以及数据采集、存储、传输、查询和使用规范。

第十五条　环境保护主管部门应当通过涉税信息共享平台向税务机关交送在环境保护监督管理中获取的下列信息：

（一）排污单位的名称、统一社会信用代码以及污染物排放口、排放污染物种类等基本信息；

（二）排污单位的污染物排放数据（包括污染物排放量以及大气污染物、水污染物的浓度值等数据）；

（三）排污单位环境违法和受行政处罚情况；

（四）对税务机关提请复核的纳税人的纳税申报数据资料异常或者纳税人未按照规定期限办理纳税申报的复核意见；

（五）与税务机关商定交送的其他信息。

第十六条　税务机关应当通过涉税信息共享平台向环境保护主管部门交送下列环境保护税涉税信息：

（一）纳税人基本信息；

（二）纳税申报信息；

（三）税款入库、减免税额、欠缴税款以及风险疑点等信息；

（四）纳税人涉税违法和受行政处罚情况；

（五）纳税人的纳税申报数据资料异常或者纳税人未按照规定期限办理纳税申报的信息；

（六）与环境保护主管部门商定交送的其他信息。

第十七条　环境保护税法第十七条所称应税污染物排放地是指：

（一）应税大气污染物、水污染物排放口所在地；

（二）应税固体废物产生地；

（三）应税噪声产生地。

第十八条　纳税人跨区域排放应税污染物，税务机关对税收征收管辖有争议的，由争议各方按照有利于征收管理的原则协商解决；不能协商一致的，报请共同的上级税务机关决定。

第十九条　税务机关应当依据环境保护主管部门交送的排污单位信息进行纳税人识别。

在环境保护主管部门交送的排污单位信息中没有对应信息的纳税人，由税务机关在纳税人首次办理环境保护税纳税申报时进行纳税人识别，并将相关信息交送环境保护主管部门。

第二十条　环境保护主管部门发现纳税人申报的应税污染物排放信息或者适用的排污系数、物料衡算方法有误的，应当通知税务机关处理。

第二十一条　纳税人申报的污染物排放数据与环境保护主管部门交送的相关数据不一致的，按照环境保护主管部门交送的数据确定应税污染物的计税依据。

第二十二条　环境保护税法第二十条第二款所称纳税人的纳税申报数据资料异常，包括但不限于下列情形：

（一）纳税人当期申报的应税污染物排放量与上一年同期相比明显偏低，且无正当理由；

（二）纳税人单位产品污染物排放量与同类型纳税人相比明显偏低，且无正当理由。

第二十三条　税务机关、环境保护主管部门应当无偿为纳税人提供与缴纳环境保护税有关的辅导、培训和咨询服务。

第二十四条　税务机关依法实施环境保护税的税务检查，环境保护主管部门予以配合。

第二十五条　纳税人应当按照税收征收管理的有关规定，妥善保管应税污染物监测和管理的有关资料。

第五章　附则

第二十六条　本条例自 2018 年 1 月 1 日起施行。2003 年 1 月 2 日国务院公布的《排污费征收使用管理条例》同时废止。

参考文献

1. Acemoglu D. , Aghion P. , Bursztyn L. et al. , "The Environment and Directed Technical Change", *American Economic Review*, 2012, 102 (1).

2. Acemoglu D. , Akcigit U. , Hanley D. et al. , "Transition to Clean Technology", *Social Science Electronic Publishing*", 2014, 124 (1).

3. Acemoglu D. , "Directed Technical Change", *Review of Economic Studies*, 2002, 69 (4).

4. Aghion P. , Dechezleprêtre A. , Hémous D. et al. , "Carbon Taxes, Path Dependency and Directed Technical Change: Evidence from the Auto Industry", *Social Science Electronic Publishing*, 2013, 124.

5. Alpay E. , Kerkvliet J. , Buccola S. , "Productivity Growth and Environmental Regulation in Mexican and U. S. Food Manufacturing", *American Journal of Agricultural Economics*, 2002, 84 (4).

6. Ambec S. , Cohen M. A. , Elgie S. , Lanoie P. , "The Porter Hypothesis Regulation at 20: Can Environmental Regulation Enhance Innovation and Competitiveness?" Paper Presented at the DiME Final Conference 6 – 8, 2011, Maastricht.

7. Anselin L. , Griffith D. A. , "Do Spatial Effecfs Really Matter in Regression Analysis?" *Papers in Regional Science*, 2010, 65 (1).

8. Anselin L. , "Lagrange Multiplier Test Diagnostics for Spatial Dependence and Spatial Heterogeneity", *Geographical Analysis*, 2010,

20 (1).

9. Arimura T. , Hibiki A. , Johnstone N. , "An Empirical Study of Environmental R&D: What Encourages Facilities to be Environmentally-Innovative?" in: Johnstone N. (ed.), *Corporate Behavior and Environmental Policy*, Cheltenham UK: Edward Elgar in Associate with OECD, 2007.

10. Barbara A. J. , Mcconnell V. D. , "The Impact of Environmental Regulations on Industry Productivity: Direct and Indirect Effects", *Journal of Environmental Economics & Management*, 1990, 18 (1).

11. Batabyal A. , "Leading Issues in Domestic Environmental Regulation: A Review Essay", *Ecological Economics*, 1995, 12 (1).

12. Becker G. , "An Examination of the Capture Theory of Regulation: The Development of a General Empirical Model and Its Application in Two Case Settings", Boston College, 1983.

13. Becker R. , Henderson V. , "Effects of Air Quality Regulations on Polluting Industries", *Journal of Political Economy*, 2000, 108 (2).

14. Brännlund R. , Färe R. , Grosskopf S. , "Environmental Regulation and Profitability: An Application to Swedish Pulp and Paper Mills", *Environmental & Resource Economics*, 1995, 6 (1).

15. Brunnermeier S. B. , Cohen M. A. , "Determinants of Environmental Innovation in U. S. Manufacturing Industries", *Journal of Environmental Economics & Management*, 2003, 45 (2).

16. Buysse K. , Verbeke A. , "Proactive Environmental Strategies: A Stakeholder Management Perspective", *Strategic Management Journal*, 2003, 24 (5).

17. Cai H. , Chen Y. , Gong Q, "Polluting the Neighbor: Unintended Consequences of China's Pollution Reduction Mandates", *Journal of Environmental Economics & Management*, 2016, 76.

18. Calel R. , Dechezlepretre A. , "Environmental Policy and Directed Technological Change: Evidence from the European Carbon Market", Centre for Economic Performance, LSE, 2014.

19. Calel R. , Dechezlepretre A. , "Low-Carbon Innovation is Up in Europe, but not Because of the EU Emissions Trading Scheme", Blog Post from London School of Economics & Political Science, 2012.

20. Cesaroni F. , Arduini R. "Environmental Technologies in the European Chemical Industry", Laboratory of Economics and Management (LEM), Sant' Anna School of Advanced Studies, Working Paper, 2001.

21. Chen Z. , Kahn M. E. et al. , "More Regulations and Better Environment?" Changing Geographic Locations of Water Polluting Industries along the Yangtze River, Fudan University Working Paper, 2014.

22. Chiavarino B. , Crestoni M. E. , Maître P. et al. , "Determinants of Eco-Innovations by Type of Environmental Impact: The Role of Regulatory Push/Pull, Technology Push and Market Pull", Zew Discussion Papers, 2011, 78 (32).

23. Christainsen G. B. , Haveman R. H. , "The Contribution of Environmental Regulations to the Slowdown in Productivity Growth", *Journal of Environmental Economics & Management*, 1981, 8 (4).

24. Conrad K. , Wastl D. , "The Impact of Environmental Regulation on Productivity in German Industries", *Empirical Economics*, 1995, 20 (4).

25. Cropper M. L. , Oates W. E. , "Environmental Economics: A Survey", *Journal of Economic Literature*, 1992, 30 (2).

26. Damania R. , "Environmental Regulation and Financial Structure in

an Oligopoly Supergame", *Environmental Modelling & Software*, 2001, 16 (2).

27. Darnall N., Henriques I., Sadorsky P., "Do Environmental Management Systems Improve Business Performance in an International Setting?" *Journal of International Management*, 2008, 14 (4).

28. DeCanio S. J., Dibble C., Amir-Atefi K., "The Importance of Organizational Structure for the Adoption of Innovations", *Management Science*, 2000, 46 (10).

29. Delmas M., Toffel M. W., "Stakeholders and Environmental Management Practices: An Institutional Framework", *Business Strategy and the Environment*, 2004, 13 (4).

30. Dijkstra B. R., "Time Consistency and Investment Incentives in Environmental Policy", Discussion Papers in Economics, 2002 (4390).

31. Duvivier C., Xiong H., "Transboundary Pollution in China: A Study of Polluting Firms'Location Choices in Hebei Province", *Environment & Development Economics*, 2013, 18 (4).

32. Ehrlich I., Posner R. A., "An Economic Analysis of Legal Rulemaking", *Journal of Legal Studies*, 1974, 3 (1).

33. Eskeland G. S., Harrison A. E., "Moving to Greener Pastures? Multinationals and the Pollution Haven Hypothesis", *Journal of Development Economics*, 2003, 70 (1).

34. Fankhauser S., Bowen A., Calel R. et al., "Who will Win the Green Race? In Search of Environmental Competitiveness and Innovation", *Global Environmental Change*, 2013, 23 (5).

35. Fujii H., Managi S., "Determinants of Eco-Efficiency in the Chinese Industrial Sector", *Journal of Environmental Sciences*, 2013, 25 (S1).

36. Goulder L. H. , Schneider S. H. , "Induced Technological Change and the Attractiveness of CO_2, Abatement Policies", *Resource & Energy Economics*, 1999, 21 (3-4).

37. Gray W. B. , Shadbegian R. J. , "Pollution Abatement Cost, Regulation, and Plant-Level Productivity", Working Paper, National Bureau of Economic Research, Cambridge, Mass, 1995.

38. Greaker M. , Heggedal T. R. , "A Comment on the Environment and Directed Technical Change", CREE Working Paper, 2012.

39. Grimaud A. , Rouge L. , "Environment, Directed Technical Change and Economic Policy", *Environmental & Resource Economics*, 2008, 41 (4).

40. Hart S. L. , "A Natural-Resource Based View of the Firm", *Academy of Management Review*, 1995, 20 (4).

41. Hémous D. , "Environmental Policy and Directed Technical Change in a Global Economy: The Dynamic Impact of Unilateral Environmental Policies", *Social Science Electronic Publishing*, 2012.

42. Hirsch G. B. , Levine R. , Miller R. L. , "Using System Dynamics Modeling to Understand the Impact of Social Change Initiatives", *American Journal of Community Psychology*, 2007, 39 (3-4).

43. Hockenstein J. , Stavins R. , Whitehead B. , "Crafting the Next Generation of Market-Based Environmental Tools", *Environment Science & Policy for Sustainable Development*, 1997, 39 (4).

44. Horbach J. , "Determinants of Environmental Innovation New Evidence from German Panel Data Sources", *Research Policy*, 2008, 37 (1).

45. Ilomäki M. , Melanen M. , "Waste Minimisation in Small and Medium-Sized Enterprises—Do Environmental Management Systems Help", *Journal of Cleaner Production*, 2001, 9 (3).

46. Jaffe A. B. , Stavins R. N. , "Dynamic Incentives of Environmental Regulations: The Effects of Alternative Policy Instruments on Technology Diffusion", *Journal of Environmental Economics & Management*, 1995, 29 (3).

47. Jaffe A. B. , Peterson S. R. , Portney P. R. , "Environmental Regulation and the Competitiveness of U. S. Manufacturing: What does the Evidence Tell Us?" *Journal of Economic Literature*, 1995, 33 (1).

48. Jiang T. , McKibbin W. J. , "Assessment of China's Pollution Levy System: An Equilibrium Pollution Approach", *Environment and Development Economics*, 2002, 7 (1).

49. Jin Y. , Lin L. , "China's Provincial Industrial Pollution: The Role of Technical Efficiency, Pollution Levy and Pollution Quantity Control", *Environment & Development Economics*, 2014, 19 (1).

50. Johnstone N. , Haščič I. , Popp D. , "Renewable Energy Policies and Technological Innovation: Evidence Based on Patent Counts", *Environmental & Resource Economics*, 2010, 45 (1).

51. Kahn M. E. , Li P. , Zhao D. , "Water Pollution Progress at Borders: The Role of Changes in China's Political Promotion Incentives", *American Economic Journal Economic Policy*, 1945, 7 (4).

52. Kanada M. , Fujita T. , Fujii M. et al. , "The Long-Term Impacts of Air Pollution Control Policy: Historical Links between Municipal Actions and Industrial Energy Efficiency in Kawasaki City, Japan", *Journal of Cleaner Production*, 2013, 58 (7).

53. Keller W. , Levinson A. , "Pollution Abatement Costs and Foreign Direct Investment Inflows to U. S. States", *Review of Economics & Statistics*, 2002, 84 (4).

54. Kemp R. , Pontoglio S. , "The Innovation Effects of Environmental

Policy Instruments—A Typical Case of the Blind Men and the Elephant?" *Ecological Economics*, 2011, 72 (1725).

55. Kemp R. , "Environmental Regulation and Innovation: Key Issues and Questions for Research", *Waterlines*, 2012, 31 (3).

56. Khanna M. , "Corporate Environmental Management: Regulatory and Market-Based Incentives", *Land Economics*, 2002, 78 (4).

57. Lanjouw J. O. , Mody A. , "Innovation and the International Diffusion of Environmentally Responsive Technology", *Research Policy*, 1996, 25 (4).

58. Lanoie P. , Patry M. , Lajeunesse R. "Environmental Regulation and Productivity: Testing the Porter Hypothesis", *Journal of Productivity Analysis*, 2008, 30 (2).

59. Lanoie P. , Laurent Lucchetti J. , Johnstone N. et al. , "Environmental Policy, Innovation and Performance: New Insights on the Porter Hypothesis", *Journal of Economics & Management Strategy*, 2011, 20 (3).

60. Lin L. , "Enforcement of Pollution Levies in China", *Journal of Public Economics*, 2013, 98 (1).

61. Liu L. , Zhang B. , Bi J. , "Reforming China's Multi-Level Environmental Governance: Lessons from the 11th Five-Year Plan", *Environmental Science & Policy*, 2012, 21 (8).

62. Liu Z. , Mao X. , Tu J. et al. , "A Comparative Assessment of Economic-Incentive and Command-and-Control Instruments for Air Pollution and CO_2 Control in China's Iron and Steel Sector", *Journal of Environmental Management*, 2014, 144 (350).

63. Magat W. A. , "The Effects of Environmental Regulation on Innovation", *Law & Contemporary Problems*, 1979, 43 (1).

64. Magat W. A. , "Managing the Transition to Deregulation-Introduction", *Law & Contemporary Problems*, 1981, 44 (1).

65. Majumdar S. K. , Marcus A. , " Do Environmental Regulations Retard Productivity? Evidence froin US Electric Utilities ", University of Michigan Business School Working Paper, 1999.

66. Manne A. , Richels R. , " The Impact of Learning-by-Doing on the Timing and Costs of CO Abatement", *Energy Economics*, 2004, 26 (4).

67. Markandya A. , Shibli A. , "Regional Overview: Industrial Pollution Control Policies in Asia: How Successful Are the Strategies?" *Asian Journal of Environmental Management*, 1995, 3.

68. Mckibbin W. J. , Jiang T. , "Assessment of China's Pollution Levy System: An Equilibrium Pollution Approach ", *Environment & Development Economics*, 2002, 7 (1).

69. Meyer J. W. , Rowan B. , "Institutionalized Organizations: Formal Structure as Myth and Ceremony", *American Journal of Sociology*, 1977, 83 (2).

70. Mohr R. D. , "Technical Change, External Economies, and the Porter Hypothesis", *Journal of Environmental Economics & Management*, 2002, 43 (1).

71. Murty M. N. , Kumar S. , "Win-Win Opportunities and Environmental Regulation: Testing of Porter Hypothesis for Indian Manufacturing Industries", *Journal of Environmental Management*, 2003, 67 (2).

72. Mythen G. , *Ulrich Beck: A Critical Introduction to the Risk Society*, Pluto Press: London, UK, 2004.

73. Nordhaus W. D. , *Managing the Global Commons: the Economics of Climate Changes*, MIT Press, Cambridge, 1994.

74. Palmer K. , Oates W. E. , Portney P. R. , "Tightening Environmental Regulation Standard: The Benefit-Cost or the No-Cost Paradigm?" *Journal of Economic Perspectives*, 1995, 9 (4).

75. Peltzman S. , "The Effects of Automobile Safety Regulation", *Journal*

of Political Economy, 1975, 83 (4).

76. Popp D. ,"ENTICE: Endogenous Technological Change in the Dice Model of Global Warming", *Journal of Environmental Economics & Management*, 2004, 48 (1).

77. Porter M. E. , Linde CVD, "Green and Competitive: An Underlying Logic Links the Environment, Resource Productivity, Innovation, and Competitiveness", *Harvard Business Review*, 1995, 73 (5).

78. Porter M. E. , Claas VDL, "Toward a New Conception of the Environment-Competitiveness Relationship", *Journal of Economic Perspectives*, 1995, 9 (4).

79. Porter M. E. , "America's Green Strategy", *Scientific American*, 1991.

80. Prakash A. , "Why do Firms Adopt Beyond-Compliance' Environmental Policies?" *Business Strategy and the Environment*, 2010, 10 (5).

81. Sharma S. , "Managerial Interpretations and Organizational Context as Predictors of Corporate Choice of Environmental Strategy", *Academy of Management Journal*, 2000, 43 (4).

82. Simpson R. D. , Bradford R. L. , "Taxing Variable Cost: Environmental Regulation as Industrial Policy", *Journal of Environmental Economics & Management*, 1996, 30 (3).

83. Sinclair-Desgagné B. , "Remarks on Environmental Regulation, Firm Behavior and Innovation", Cirano Working Papers, 1999.

84. Suchman M. C. , "Managing Legitimacy: Strategic and Institutional Approaches", *Academy of Management Review*, 1995, 20 (3).

85. Suzuki Y. , Iwasa Y. , "Conflict between Groups of Players in Coupled Socio-Economic and Ecological Dynamics", *Ecological Economics*, 2009, 68 (4).

86. Suzuki Y. , Iwasa Y. , "The Coupled Dynamics of Human Socio-

Economic Choice and Lake Water System: the Interaction of Two Sources of Nonlinearity", *Ecological Research*, 2009, 24 (3).

87. Thornton D., Kagan R. A., Gunningham N., "Sources of Corporate Environmental Performance", *California Management Review*, 2003, 46 (1).

88. Veugelers R., "Which Policy Instruments to Induce Clean Innovating?" Research Policy, 2012, 41 (10).

89. Viscusi W. K., Harrington J. E, Vernon J. M., *Economics of regulation and antitrust*, MIT Press, 2005.

90. Wang H., Wheeler D., "Financial Incentives and Endogenous Enforcement in China's Pollution Levy System", *Journal of Environmental Economics & Management*, 2005, 49 (1).

91. Wang H., "Pollution Regulation and Abatement Efforts: Evidence from China", *Ecological Economics*, 2002, 41 (1).

92. Wu H., Guo H., Zhang B. et al., "Westward Movement of New Polluting Firms in China: Pollution Reduction Mandates and Location Choice", *Journal of Comparative Economics*, 2017.

93. Xepapadeas A., Zeeuw A. D., "Environmental Policy and Competitiveness: The Porter Hypothesis and the Composition of Capital", *Journal of Environmental Economics & Management*, 1999, 37 (2).

94. Xing Y., Kolstad C. D., "Do Lax Environmental Regulations Attract Foreign Investment?" *Environmental & Resource Economics*, 2002, 21.

95. Xu J. H., Fan Y., Yu S. M., "Energy Conservation and CO_2, Emission Reduction in China's 11th Five-Year Plan: A Performance Evaluation", *Energy Economics*, 2014, 46 (10).

96. York J. G., Venkataraman S., "The Entrepreneur-Environment Nexus: Uncertainty, Innovation, and Allocation", *Journal of*

Business Venturing, 2010, 25 (5).

97. Yu Y., Wang X., Li H. et al., "Ex-Post Assessment of China's Industrial Energy Efficiency Policies During the 11th Five-Year Plan", *Energy Policy*, 2015, 76.

98. Zheng S., Sun C., Qi Y. et al., "The Evolving Geography of China's Industrial Production: Implications for Pollution Dynamics and Urban Quality of Life", *Journal of Economic Surveys*, 2014, 28 (4).

99. Zwaan, Gerlagh R., Klaassen et al., "Endogenous Technological Change in Climate Change Modelling", *Energy Economics*, 2002, 24 (1).

100. 曹景山、曹国志:《企业实施绿色供应链管理的驱动因素理论探讨》,《价值工程》2007年第10期。

101. 陈江龙、陈雯、王宜虎等:《太湖地区工业绿色化进程研究——以无锡市为例》,《湖泊科学》2006年第6期。

102. 陈诗一:《中国碳排放强度的波动下降模式及经济解释》,《世界经济》2011年第4期。

103. 陈舜友、丁祖荣、李娟:《清洁生产中企业与政府之间的博弈分析》,《环境科学与技术》2008年第1期。

104. 董敏杰、梁泳梅、李钢:《环境规制对中国出口竞争力的影响——基于投入产出表的分析》,《中国工业经济》2011年第3期。

105. 高世宪、渠时远、耿志成:《能源战略和政策的回顾与评估》,《经济研究参考》2004年第83期。

106. 戈爱晶、张世秋:《跨国公司的环境管理现状及影响因素分析》,《中国环境科学》2006年第1期。

107. 关劲峤、黄贤金、刘晓磊等:《太湖流域印染业企业环境行为分析》,《湖泊科学》2005年第4期。

108. 国家发展改革委宏观经济研究院课题组:《"十一五"能源发展思路和战略重点》,《宏观经济研究》2005年第10期。

109. 黄德春、刘志彪:《环境规制与企业自主创新——基于波特假设的企业竞争优势构建》，《中国工业经济》2006 年第 3 期。

110. 江珂：《环境规制对中国技术创新能力影响及区域差异分析——基于中国 1995～2007 年省际面板数据分析》，《中国科技论坛》2009 年第 10 期。

111. 江珂、滕玉华：《中国环境规制对行业技术创新的影响分析——基于中国 20 个污染密集型行业的面板数据分析》，《生态经济》（中文版）2014 年第 6 期。

112. 蒋军成：《地方政府治污的博弈分析与激励制度重构》，《中南财经政法大学研究生学报》2008 年第 3 期。

113. 金碚：《经济全球化背景下的中国工业》，《中国工业经济》2001 年第 5 期。

114. 李斌、彭星：《环境规制工具的空间异质效应研究——基于政府职能转变视角的空间计量分析》，《产业经济研究》2013 年第 6 期。

115. 李玲、陶锋：《污染密集型产业的绿色全要素生产率及影响因素——基于 SBM 方向性距离函数的实证分析》，《经济学家》2011 年第 12 期。

116. 李胜、徐海艳、戴岱：《我国中小企业的环境战略及其选择》，《生态经济》（中文版）2008 年第 10 期。

117. 李伟伟：《中国环境治理政策效率、评价与工业污染治理政策建议》，《科技管理研究》2014 年第 17 期。

118. 李永波：《多维视角下的企业环境行为研究》，《中央财经大学学报》2013 年第 11 期。

119. 林伯强、邹楚沅：《发展阶段变迁与中国环境政策选择》，《中国社会科学》2014 年第 5 期。

120. 林伯强：《西部发展力避环境污染转移》，《西部大开发》2014 年第 Z1 期。

121. 刘志荣、陈雪梅：《论循环经济发展中的政府制度设计——基于政府与企业博弈均衡的分析》，《经济与管理研究》2008 年第4 期。

122. 卢方元：《环境污染问题的演化博弈分析》，《系统工程理论与实践》2007 年第 9 期。

123. 彭星、李斌：《不同类型环境规制下中国工业绿色转型问题研究》，《财经研究》2016 年第 7 期。

124. 浦徐进、吴亚、路璐等：《企业生产行为和官员监管行为的演化博弈模型及仿真分析》，《中国管理科学》2013 年第 S1 期。

125. 乔晓楠、段小刚：《总量控制、区际排污指标分配与经济绩效》，《经济研究》2012 年第 10 期。

126. 邱中华、金栩：《基于进化博弈论研究一类监察博弈》，《南京邮电大学学报》（自然科学版）2006 年第 5 期。

127. 人民日报评论：《依法推行清洁生产实施可持续发展战略》，《人民日报》2002 年 7 月 5 日，第 5 版

128. 沈能、刘凤朝：《高强度的环境规制真能促进技术创新吗?——基于"波特假说"的再检验》，《中国软科学》2012 年第 4 期。

129. 沈能、刘凤朝：《空间溢出、门槛特征与能源效率的经济增长效应》，《中国人口·资源与环境》2012 年第 5 期。

130. 沈能：《环境效率、行业异质性与最优规制强度——中国工业行业面板数据的非线性检验》，《中国工业经济》2012 年第 3 期。

131. 苏晓红：《环境管制政策的比较分析》，《生态经济》2008 年第 4 期。

132. 孙米强、杨忠直：《环境污染治理的博弈分析》，《生态经济》（中文版）2006 年第 10 期。

133. 陶建格、薛惠锋、韩建新等：《环境治理博弈复杂性与演化均衡稳定性分析》，《环境科学与技术》2009 年第 7 期。

134. 万宝珍：《环境保护与效率优先的博弈分析》，《企业经济》

2004 年第 6 期。

135. 王班班、齐绍洲：《市场型和命令型政策工具的节能减排技术创新效应——基于中国工业行业专利数据的实证》，《中国工业经济》2016 年第 6 期。

136. 王兵、王丽：《环境约束下中国区域工业技术效率与生产率及其影响因素实证研究》，《南方经济》2010 年第 11 期。

137. 王国印、王动：《波特假说、环境规制与企业技术创新——对中东部地区的比较分析》，《中国软科学》2011 年第 1 期。

138. 王俊豪、李云雁：《民营企业应对环境管制的战略导向与创新行为——基于浙江纺织行业调查的实证分析》，《中国工业经济》2009 年第 9 期。

139. 王宜虎、陈雯：《工业绿色化发展的动力机制分析》，《华中师范大学学报》（自然科学版）2007 年第 1 期。

140. 乌拉尔·沙尔赛开：《世界人口展望：人口、资源与环境》，《生态经济》2017 年第 9 期。

141. 吴军、笪凤媛、张建华：《环境管制与中国区域生产率增长》，《统计研究》2010 年第 1 期。

142. 熊鹰、徐翔：《环境管制对中国外商直接投资的影响——基于面板数据模型的实证分析》，《经济评论》2007 年第 2 期。

143. 许庆瑞、王伟强、吕燕：《中国企业环境技术创新研究》，《中国软科学》1995 年第 5 期。

144. 姚江芬、张晓玲：《基于演化博弈的钢铁企业环境污染问题研究》，《价值工程》2012 年第 2 期。

145. 余飞侠：《企业社会责任的驱动力及作用机制研究》，中国人民大学，2007。

146. 约翰·H. 霍兰：《隐秩序：适应性造就复杂性》，周晓牧、韩晖译，上海科技教育出版社，2000。

147. 张朝华：《市场失灵、政府失灵下的食品质量安全监管体系重构——以"三鹿奶粉事件"为例》,《甘肃社会科学》2009 年第 2 期。

148. 张成、陆旸、郭路、于同申:《环境规制强度和生产技术进步》,《经济研究》2011 年第 2 期。

149. 张劲松:《资源约束下企业环境行为分析及对策研究》,《企业经济》2008 年第 7 期。

150. 张嫚:《环境规制约束下的企业行为》,经济科学出版社,2005。

151. 张平、张鹏鹏、蔡国庆:《不同类型环境规制对企业技术创新影响比较研究》,《中国人口·资源与环境》2016 年第 4 期。

152. 张其仔、郭朝天、孙天法:《中国工业污染防治的制度性缺陷及其纠正》,《中国工业经济》2006 年第 8 期。

153. 张世秋:《环境权益理论与环境资源公共管理制度研究》,北京大学,2004。

154. 张世秋:《环境政策边缘化现实与改革方向辨析》,《中国人口·资源与环境》2004 年第 3 期。

155. 张夏、胡益鸣:《环境管制与中国省际技术进步——基于 Malmquist-Luenberger 指数研究》,《宁夏大学学报》(人文社会科学版)2010 年第 9 期。

156. 张晓:《中国环境政策的总体评价》,《中国社会科学》1999 年第 3 期。

157. 张学刚、钟茂初:《政府环境监管与企业污染的博弈分析及对策研究》,《中国人口·资源与环境》2011 年第 2 期。

158. 赵红:《环境规制对中国企业技术创新影响的实证分析》,《管理现代化》2008 年第 3 期。

159. 赵玉民、朱方明、贺立龙:《环境规制的界定、分类与演进研究》,《中国人口·资源与环境》2009 年第 6 期。

160. 周黎安:《中国地方官员的晋升锦标赛模式研究》,《经济研究》2007 年第 7 期。

161. 朱平芳、张征宇、姜国麟:《FDI 与环境规制:基于地方分权视角的实证研究》,《经济研究》2011 年第 6 期。

162. 朱庆华、耿勇:《中国制造企业绿色供应链管理因素研究》,《中国管理科学》2004 年第 3 期。

图书在版编目（CIP）数据

环境规制与企业创新／翟柱玉著． －－ 北京：社会
科学文献出版社，2019.5
ISBN 978 - 7 - 5201 - 4527 - 5

Ⅰ．①环…　Ⅱ．①翟…　Ⅲ．①环境规划 - 影响 - 企业
创新 - 研究 - 中国　Ⅳ．①F279.23

中国版本图书馆 CIP 数据核字（2019）第 048572 号

环境规制与企业创新

著　　者／翟柱玉

出 版 人／谢寿光
责任编辑／宋　静
文稿编辑／张春玲

出　　版／社会科学文献出版社·皮书出版分社（010）59367127
　　　　　　地址：北京市北三环中路甲 29 号院华龙大厦　邮编：100029
　　　　　　网址：www.ssap.com.cn
发　　行／市场营销中心（010）59367081　59367083
印　　装／三河市龙林印务有限公司

规　　格／开 本：787mm × 1092mm　1/16
　　　　　　印 张：16.5　字 数：221 千字
版　　次／2019 年 5 月第 1 版　2019 年 5 月第 1 次印刷
书　　号／ISBN 978 - 7 - 5201 - 4527 - 5
定　　价／89.00 元